跨境电商B2B运营

阿里巴巴国际站运营实战118讲

张志合（@5颜6色的世界） 著

電子工業出版社
Publishing House of Electronics Industry
北京•BEIJING

内 容 简 介

本书是一本关于阿里巴巴国际站（简称阿里国际站）电商平台运营的图书，书中的众多思维和技巧也适用于其他电商平台，甚至是非电商平台。关于商业的本质，很多内容都是相通的。本书最大的亮点在于，系统化地讲述了运营的底层思维，对运营知识中很多难以理解的核心内容使用了非常通透的语言进行讲述，可以帮助读者快速弄懂那些难以理解的名词和现象。

本书作者长期奋战于电商一线，从打工到创业，深知运营人员成长的艰辛，也深知一不小心就会走上“弯路”，从而产生巨大的试错成本。本书从理论结合实战角度出发，对运营过程的众多环节进行核心干货提炼和思维引导，可以帮助读者快速掌握运营知识体系，俯视运营全局。相信读者在认真阅读和反复磨炼后，解决运营的常见问题时都能够做到游刃有余，具备独立运营店铺的能力。

图书在版编目（CIP）数据

跨境电商 B2B 运营：阿里巴巴国际站运营实战 118 讲 / 张志合著.—北京：电子工业出版社，2022.3

ISBN 978-7-121-42691-9

Ⅰ. ①跨… Ⅱ. ①张… Ⅲ. ①电子商务－商业经营 Ⅳ. ①F713.365.2

中国版本图书馆 CIP 数据核字（2022）第 009724 号

责任编辑：李利健　　特约编辑：田学清
印　　刷：三河市良远印务有限公司
装　　订：三河市良远印务有限公司
出版发行：电子工业出版社
　　　　　北京市海淀区万寿路 173 信箱　　邮编：100036
开　　本：720×1000　1/16　印张：18.5　字数：352 千字
版　　次：2022 年 3 月第 1 版
印　　次：2022 年 3 月第 3 次印刷
定　　价：102.00 元

凡所购买电子工业出版社图书有缺损问题，请向购买书店调换。若书店售缺，请与本社发行部联系，联系及邮购电话：（010）88254888，88258888。

质量投诉请发邮件至 zlts@phei.com.cn，盗版侵权举报请发邮件至 dbqq@phei.com.cn。

本书咨询联系方式：010-51260888-819，faq@phei.com.cn。

前　　言

各位读者，大家好。非常荣幸能把这本书展示在大家的面前，希望它能够给大家带来一些帮助。

在运营岗位经营店铺时，很多人都会关注技巧、追求技术，这一点没有错。技巧可以让我们走得更快，然而却很少有人能够清楚地明白自己想要什么、要去向哪里，学了很多技巧却依然不知道如何运营店铺。当没有业绩时，所有的技巧都显得乏力。在追求技巧之前，我们更应该思考运营岗位本身的价值和意义。

运营，即运作经营。经营一家网店也好，一家实体店也好，所谓运作经营，就是要把它打理好，产出好的业绩。它考核的是运营人员的规划能力和各种不如意情景下的决策能力。

规划能力是更高级的计划能力，即面对一家店铺、一个项目，如何从一个点到达另一个点，其间的步骤如何设计，每一步的逻辑是否严谨可行，最终实现预定的设想。规划能力是运营人员的核心能力之一。此外，在运营过程中，还会出现各种各样的不如意情景。比如，店铺曝光率低、转化率不高、推广乏力、客户不下单等。面对这些习以为常的不如意情景时，运营人员应该如何保持放松的姿态，并做出一系列决策以改善局面，是经营店铺核心且高频的工作内容。

包括笔者自己在内，特别是初次创业经营店铺时，经常会遇到不知道如何下手的情况。迷茫，是因为我们看不清全局，不清楚自己在哪里，也不清楚去向哪里，更是缺少这两个点之间的线路规划。不论是经营店铺，还是经营人生，这都是十分重要的问题，我们有必要花时间进行认真思考。

在经营店铺时，一方面，我们要学习各种知识和技巧，建立属于自己的知识体系；另一方面，我们也要不断地自我追问，学会自己给自己命题，并自己解答问题。当我们静下来面对问题、面对现实去思考时，其实很多问题都可以自己找出答案。千万不要小瞧自己的思考能力，不怕出错，行动起来。

最后，呼吁读者有时间时自学一些数据处理软件的使用，特别是 Excel 软件的使用。因为在经营店铺的过程中，有很多逻辑需要数据支撑，数据处理能力和数据分析能力是高频用到的。给自己一年半载的时间，相信你可以成为数据领域的半个专家。

为了让读者尽快掌握运营知识体系，并透彻理解运营内容中的众多名词和现象。本书从运营基本功、单品的成长路径、内容和视觉运营、客户运营、活动运营、数据分析和直通车推广几个层面，逐一讲述运营过程中那些核心且重要的内容，尽量用通俗易懂的文字让读者厘清运营的底层思维。

本书注重理论结合实战，以步骤或要点的形式提炼总结运营各个模块的“干货”内容，帮助读者快速建立自己的知识体系。读者亦可以将本书当作培训书或工具书来使用，在遇到运营问题时，查阅相关模块内容来寻找答案或启发。

由于笔者能力有限，书中错漏之处，恳请读者批评、指证。

张志合（@5 颜 6 色的世界）

目　录

第1篇　运营基本功

第 2 篇　单品的成长路径

第 3 篇　内容和视觉运营

第 4 篇　客户运营

第 5 篇　活动运营

第 6 篇　数据分析

第7篇　直通车

第 1 篇 运营基本功

本篇主要介绍的是运营基础工作相关的一些常用思维和技巧，旨在帮助读者快速了解运营的基础工作。大部分内容围绕产品发布和店铺定位展开，这是运营新手接触运营工作首先需要“扫盲”的内容。

运营基本功是运营人员从事相关工作需要掌握的基本功底。大量运营人员刚刚接触运营工作时，都会不可避免地接触到产品发布和优化工作，本篇围绕产品发布的细节技巧展开，帮助读者快速弄懂产品的标题拼写、视觉策划等各个细分模块。同时，本篇对于同行调研和店铺定位等全店运营方向也做了简练的剖析，是新手快速扫盲、熟悉基础运营工作的启蒙内容。

第 1 讲　写标题

标题就是产品名称，它是产品上架时必须填写的内容。

标题的作用主要有两个，一是准确地描述产品名称，让买家通过标题就能清楚地识别产品及产品属性；二是当买家在搜索产品关键词时，让搜索引擎能够匹配到我们的产品。

在拼写标题时，要能准确地描述产品，简单地说，就是文能对题。最好通过产品标题就可以让买家直接感知或想象出产品的大致样貌。应尽量避免使用描述不准确的词语，特别是模棱两可的属性词或修饰词，尽可能多地使用一些可以清楚描述产品属性、画面感强的词语，同时避免特殊字符的使用。

另外，我们还应让标题尽可能多地包含有热度的词，确保我们的用词是有买家搜索的，是可以匹配到我们产品的，同时要参考竞争度进行取舍，优先选择搜索热度高和竞争指数低的词。

1. 标题拼写的步骤

标题拼写的步骤如下。

（1）收集词库素材，即找词。

找词时，建议以“后台关键词指数中的热搜词”和“首页搜索下拉框词”为主，这两个渠道是以阿里国际站站内的搜索词频次进行统计和收集的，参考价值相对较大，其他渠道可以作为辅助收集关键词的渠道。产品关键词的常见找词渠道如表 1-1 所示。

表 1-1　产品关键词的常见找词渠道

类　型	找词渠道
出口通后台数据分析板块（金品店铺为数据参谋板块）	关键词指数
	引流关键词
	产品 360 分析—关键词分析
	访客详情—进店关键词
阿里国际站前台搜索页面	PC 和无线端的搜索下拉框
	同行产品标题
外贸直通车后台	关键词工具

续表

类　　型	找 词 渠 道
其他找词渠道	谷歌指数（谷歌趋势）
	谷歌产品相关网页
	主流社交软件挖掘用词
	从客户询盘中挖掘用词
	其他跨境电商网站挖掘用词

（2）对词库进行整理。

当我们拓展了大量的关键词后，其中难免会有很多不相关或不合适的词。这时就需要我们耐心挑选并进行整理，剔除不相干的词，对其余词按照核心词或属性词进行分组，以及参照词的搜索指数和竞争指数进行排序。

（3）将整理后的词进行组合。

将整理后的词进行组合时，应让标题尽可能多地含有有搜索热度且能准确描述产品的属性词。核心词尽量放在后面，确保语句通顺。注意，核心词一定不能缺失。

2. 标题拼写的要求

在目前的阿里国际站规则中，标题最长可以包含 128 个字符，且其中不能包含非法字符。除了上述所说的用词要准确，在写标题时，我们还应遵守以下原则。

（1）建议写满，让标题包含更多的词根，目的是让搜索引擎识别出更多的关键词。这里的词根是指一个标题能拆分成的最小词组。词根通过自由组合可以形成不同的关键词。

（2）尽量通顺，符合语法，目的是让买家阅读起来舒适、易理解。

下面举例说明。

示例标题： Updated Version Wi-Fi Wireless Remote Control Smart 3Gang 1 2 3 Way Glass Touch Light Wall Electrical Switch

翻译： 升级版本 Wi-Fi 无线远程控制智能 3Gang 1 2 3 Way 玻璃触摸灯光壁挂电气开关

解读： 标题中的“升级版本”并无热度，它是一个营销词，旨在加深客户对产品的印象，进而让客户感觉这款产品和一般的产品不一样。这里还可以加上年限词，如 2021 等，以传达产品为最新版本的营销信息。

在营销词“升级版本”后面的用词中，可以让标题中的词根组合出更多的优质关键词。我们可以看到，从标题后续用词中随便挑出几个单词所组成的词组都是有热度的。例如，无线开关、智能开关、无线智能开关、电气开关、触摸开关、灯光开关、灯光电气开关、Wi-Fi 开关、Wi-Fi 无线开关、无线远程控制开关，等等。这些词大多可以准确地描述产品，并且带有一定的搜索热度。这样的标题组合算是不错的，涵盖的热搜词数量较多，且每个词的搜索指数也相对较高。长短词覆盖范围广，对流量的获取有较高的帮助。

（3）拼写标题的一些注意事项。

在写标题时，我们应该注意以下几点。

- 要先确认所用词的类目是否合适，不合适的词慎用。
- 禁忌文不对题，描述不准。不要为了拼凑词而拼凑词。
- 禁忌关键词重复堆砌，既占标题空间，对搜索引擎匹配也无帮助。
- 禁忌使用违规词、侵权词。
- 可根据运营目的酌情添加品牌词。
- 不同阶段推广的侧重词应该不同，前期可推广竞争度相对低的词。
- 禁忌抱有一次性写出爆款标题的想法，因为一款产品最终能否成为爆品也与营销和推广手段等因素有关。
- 标题要根据引流词的曝光量、点击量等数据定期做优化，前期写标题无须过于纠结，以免浪费大量精力。
- 禁忌大幅度修改，特别是爆款标题，修改时应谨慎，每次修改幅度不宜过大。
- 标题拼写后，可多发测试，优胜劣汰，留下那些表现不错的产品再做标题优化。
- 标题拼写后，要时常关注引流词的曝光量、点击量、点击率等数据的变化，以此判断是否有必要进行优化。
- 标题用词最好多使用具象词或有明显成交方向的词，如防水、超静音、大容量等。

第 2 讲　主图策划

对电商运营来说，一张好的主图，就意味着一个好的产品。在阿里国际站后台的产品发布规则中要求发布产品时可以上传至少 1 张、最多 6 张的主图。为了充分利用主图的展示位置，向买家传达更多更丰富的信息，建议 6 张主图的位置全部用上，并精心策划每一张主图的展示内容。

主图作为产品视觉传达的载体，是与买家沟通的首要内容。在众多的产品中，一张有吸引力的主图无疑代表着流量的获取能力，这是电商运营中十分重要的一个节点。所以，我们策划主图时应制作出一张比较优秀的、能带来不错的点击率和流量的产品首图，以及 5 张能透传产品核心信息的图片。通过第一张主图引起买家点击我们的产品的欲望，并通过其余主图抓住买家心理，快速透传产品的核心卖点信息，促进交易产生。

在策划主图时，我们需要重点思考以下内容。

- 关于主图的内容，我们要表达什么？
- 我们要表达的内容应该如何用视觉设计来呈现？
- 策划后的主图与同行主图混在一起看，是否仍然满意？

下面进行详细说明。

1. 产品主图要表达什么信息

产品主图的表达内容首先是产品自身。但是围绕产品本身，一款产品有很多种表达方式：是表达产品的样式样貌、某个卖点，还是表达一些先进的技术，或者表达产品拥有多种款式？在策划过程中，不同品类的产品具有不同的侧重点。

主图策划工作本身并不复杂，只要想清楚我们要表达什么内容即可。一些服饰、饰品侧重表达款式，对于产品及呈现的美观度要求很高。策划这类产品主图时，我们需要着重考虑产品呈现的角度、背景、光线及陈列方式等，可通过多参考一些好的同行主图来找灵感。一些电子产品则可以侧重表达样式和功能，如新的功能、新的外观设计、新的型号等都是买家容易关注的点。

我们还可以围绕产品卖点进行表达。例如，卖收纳包的，主图可以围绕大容量来进行设计；卖防水书包的，主图可围绕防水来进行设计。重点是我们要清楚地知道我们到底要向买家表达什么内容，以及为何要表达这些内容，这是我们进行主图策划时的首要工作。

在策划产品主图如何呈现、如何表达前，如果确实不知道该表达什么，可以先花一些时间去参考同行的产品。例如，打开阿里国际站首页搜索产品核心词，把系统呈现出来的产品都浏览一遍，然后收集主图信息，总结特征，以拓展思路。

在浏览同行的产品时，我们可以边浏览边做一些简单的记录，然后进行汇总，对各自主图的内容和卖点进行提炼及排序，以便思考对于自家的这类产品，买家到底关心的是什么，如是静音、轻便还是小巧？知道这些后，便把握了大的方向，再针对性地进行设计。

2. 如何用视觉呈现主图表达的信息

确认好了要表达的内容后，接下来就要思考如何用视觉呈现这些信息。在做设计前，我们要尽可能遵守以下标准。

（1）要表达的内容要突出表达。

我们在做设计构思时，特别是第一张主图的设计，需要传达出我们想表达的信息，尤其是卖点信息。比如，我们想强调产品的防水性能，那么主图的设计就要围绕防水元素或遇水场景来做设计。如果我们想表达产品新的款式，就要让产品的外观质感更加突出，尽可能让主图所表达的内容易理解、易感知。

（2）不要让客户思考。

客户在浏览产品页面的过程中，在页面中的元素上停留的时间都是很短的，一旦我们所表达的主题内容不清晰、不到位，理解起来较为困难，就很容易被客户忽略。所以在表达卖点的时候，呈现形式一定要能够让买家“秒懂”。这就需要我们在制作前仔细策划到底该如何表达，并反复思考这种形式是否可以实现简单“秒懂”。

（3）产品视觉尽可能大。

大的产品主图在一堆排序产品中具有一定的视觉冲击力，能够引人注意，也更容易被理解和点击。所以产品主体应尽量放在图片中间，并尽可能放大。

（4）画面干净舒适。

舒适的主图无形中就会增加产品的点击率。所以在制作主图时，为了保证图片的简单舒适，提高信息的传达率，应尽量避免添加不必要的东西，以免让画面显得异常杂乱、质感差。如果要添加 Logo（商标），也应尽量保证美观，首图尽量不要加注文字，如果一定要加，用简单明了的几个词就可以了。

另外，要注意色彩。有些产品是白色的，在白底下就会显得很苍白，在这种情况下可以稍微加深一点产品的颜色，或者更换合适的背景色，形成鲜明效果，让买家可以快速识别产品。如果大多数同行都使用了白色属性作为主图，不妨在主图中试试黑色的产品属性，这样在搜索结果中也许更容易被点击。

（5）六张主图的逻辑。

第一张主图主要是为了让买家快速注意到并识别产品，所以在第一张图片上花费的精力会更多一些。另外 5 张主图也不建议胡乱放上几张图片凑数，而是最好具备一定的逻辑关系。比如，第一张展示了产品的正面或三维面，则后面 5 张主图可以分别展示产品的侧面、背面、上面、底面、细节面等其他内容；或者第一张主图展示了产品的三维面，后面的主图可以介绍这款产品的其他功能特性，如防水、防摔，静音等，甚至可以加一些简单的文字标注。除了第一张图片参与图片质量分的考核，后面的图片对产品分数没有影响。所以可以利用这一点在图片上标注更多的信息传递给买家，而无须担心图片质量分的问题。

思考 6 张主图的逻辑，可以让买家在观看我们的产品主图时，对产品有更深、更全面的印象。这相当于一份微详情，对于买家了解产品、增强转化有一定的促进作用。尤其是在无线端，主图滑屏式观看，也更加符合买家的人体工程学轨迹，所以主图的功能和作用要充分地利用起来。

（6）不过度追求差异化。

在策划主图时，尤其是刚刚掌握了一些思路的时候，往往容易陷入纠结。过度思考怎么去策划表达其实完全没有必要。很多好的创意都是不经意间想出来的。一味地追求表达或差异化反而会让思路更乱。很多时候，我们需要的只是一张很普通的图片，因为同一种产品不会轻而易举地有很多差异化表达。策划主图时若实在没有方向，不妨先选一张顺眼的图片，经过简单的加工先试试看，初期做到及格即可。

（7）注意收集点击率数据。

产品发布后，要养成刻意重视点击率的习惯，尤其是在引流词精准的时候，对于同一种产品，不同的产品主图点击率往往不同，要养成对比的习惯，并在脑海中形成印象。要知道谁的点击率高，谁的点击率低；它们的主图设计有何区别，区别点是什么，为以后的主图优化提供思考方向。

3．对比策划后的主图与同行的主图，是否满意

当我们做好主图的策划草案后，最好将其与收集到的同行主图信息放置在一起来看。主要看我们这样的策划和设计是否有竞争力，突出的卖点是否有真实需求。如果不满意，还需要反复打磨和修改，或者搁置一两天后再来审视它，看是否满意。

在策划和设计主图的过程中，我们通常需要反复修改打磨，一点一点地完善，最终形成一个当时满意的作品。当然，对于这个过程也不必过于计较。这里说的满意是能够达到七八十分就可以。构思好之后应尽快执行，上架推广并收集点击量、点击率等数据反馈。

第 3 讲　详情页策划

买家通过平台浏览、对比、点击了我们的产品之后，能否产生进一步的交易动作，主要取决于买家进入产品页面后看到了哪些内容、拾取了哪些信息，这些都会影响买家的行为决策。在这个过程中，产品详情页的作用显得尤为重要。所以我们需要策划出一份高转化率的详情页来做产品营销。

在第 2 讲中，我们提到了主图策划前要重点思考想要表达的内容，详情页的策划过程也是一样的，首先需要思考我们要向买家传达哪些信息更有益于达成产品的交易。

在思考这个问题前，可以先收集一些能带来灵感的素材，再做策划行动。例如，先对同行做调研，了解同行的详情页都涵盖了哪些内容，哪些值得借鉴，哪些值得优化；然后思考自己的详情页要表达哪些内容。

1. 提前收集要表达的信息素材和框架

在策划要表达的内容和框架之前，我们不妨先去平台上搜索一下同类型的产品，然后拿出一张 A4 纸或打开一个文本文档，一边观察一边做记录，把它们表达的卖点、卖点展现形式、使用场景等值得参考的内容记下来，包括每一个详情页内容的展示顺序、第一屏表达的是什么、第二屏表达的是什么，按照一屏一屏的展示逻辑做简单记录，并用几个关键字标记出来一个流程图。

不要怕浪费时间，我们可以专门花费一两个小时去完成这一步。跨网站收集也可以，如阿里国际站、1688、淘宝天猫等的产品详情页都可以参考。这是我们策划前收集素材的一项十分重要的准备工作，如果策划前我们的脑海里没有内容，完成策划工作将非常费力。

2. 确定要表达的内容

策划详情页要表达的内容时，我们可以先设定详情页的结构。例如，我们的详情页预计要表述 7～8 块内容，第一模块准备表达展示什么，第二模块准备表达展示什么，等等，以此类推。当把这个框架设定好之后，详情页大概的样貌也就出来了，然后仔细思考每一个点具体要如何做表达呈现。

详情页策划草案展示如图 3-1 所示。

详情页策划草案（以圆珠笔为例）
首屏图片：展现产品整体样貌 ——展示场景拍摄图，拟定办公桌场景拍摄，多只圆珠笔摆拍
第二屏：场景化展示产品核心卖点功能 ——展示书写流畅、速干不脏手卖点（可带入人物烘托气氛，加强代入感）
第三屏：展示产品核心卖点或其他卖点罗列 ——罗列产品其他卖点：大容量书写时间长、新外观设计、耐摔、人体工程学设计等卖点罗列
第四屏：详细的功能、参数表信息 ——规格、材料、尺寸等参数信息展示
第五屏：展示产品细节/功能/卖点 ——速干不脏手展示
第六屏：展示产品细节/功能/卖点 ——大容量书写耐用展示
第七屏：展示产品细节/功能/卖点 ——人体工程学设计，长时间握笔写字也不痛不累展示
第八屏：类似产品超链接 ——类似产品或互补产品的介绍及超链接
第九屏：展示公司信息、实力 ——展示公司整体概括、定制能力、人员规模、技术成就等
第十屏：展现发货和售后相关内容 ——展示有库存、快速发货，以及定制产品发货等内容
第十一屏：展示常见问题 ——收集常见问答罗列，帮助买家了解常见问题
第十二屏：引导联系发送询盘或跳转到首页 ——欢迎联系我们，引导点击发送询盘或跳转到店铺首页

图 3-1　详情页策划草案

除了先设定详情页结构的策划方式，我们还可以先设定要表达的内容。但先不做模块的预设，也不做数量的要求，单纯地罗列出产品的属性卖点和买家关心的点，把我们想表达的、觉得重要的点都一一写出来，甚至可以参考、收集同行的表述信息。把这些信息汇集在一起，这样我们就有了一个丰富的素材库可供调用。

那么，大量的信息要点要如何取舍，则完全取决于商家自己的喜好和评判。商家觉得哪一个点重要，哪一个点就靠前展示；哪一种排列顺序合适，就采取哪一种方式。依据重要程度做筛选，之后对筛选出的内容再做排序、排版，便可以做出一套详情页策划草案。

其实不论采用哪一种方式，详情页策划的首要目的都是要围绕转化率进行的。在开始策划之前，我们很难知道这份详情页策划好不好，也许我们呕心沥血，但设计出的详情页并不如意。这就需要我们对买家、对产品、对竞争对手有着充分的了解，在静心分析、思考后，再去考虑如何与买家对话、如何向买家做信息传达，这样成功的系数会提高很多。

3. 根据内容做视觉呈现策划

确定要表达的内容之后，接下来就是要对这些内容进行视觉呈现。我们可以根据每一屏要表达的点做一个草案。比如，第一屏要表达产品的全貌，就使用三维立体图；第二屏要表达产品的细节，就使用细节图，等等，以此类推，对每一屏的内容做一个草案设计，进而延伸到所涉及的内容分别用什么样的图片、什么样的色系等，是自己拍摄还是使用已有素材，或者是修改一下源头厂家的图片来使用，对全版面的预设有一个细致的规划和衔接，从而完成详情页策划。

总之，策划详情页的好处是：不论是自己设计，还是找美工设计，我们都可以清晰明了地描述出自己需要什么样的详情页面，整体的版式基调用什么颜色、什么风格，然后准备设计几个模块、每个模块分别表达什么内容、如何呈现、呈现的逻辑是什么，等等。这样一个点一个点地列出来，进行清晰的阐述，对提升团队内部的沟通效率和详情页设计的制作效率都是十分有益处的。

第 4 讲　店内流量设计、关联和促销

关联和促销是商家营销的常见方法，在电商平台上，买家通过搜索产品进入产品页面后，如果能够在其视线范围内，推荐其他更多类型的产品供其选择，可以在一定程度上加强买家的购物体验。因为在实际的购物过程中，不乏有些买家的需求是宽需求，不是仅想要单一的产品，而有些买家则是没有明确的需求，试图通过随意浏览的方式找到自己感兴趣的产品。

如果我们在推广某款产品时能够精心挑选出一些与之相关或互补的产品并“简明”地呈现在买家面前，则有机会激发起买家更多的兴趣，加大成交概率。毕竟我们自己买东西时也是这样，如搜索烧烤架产品，可能也会买一些竹签回来。

笔者自己在 1688 上进行选品上新时，偶尔也会随意浏览一些新出的产品来看看是否有上架的必要。

设置产品关联和推荐，是充分利用电商流量的一个基础动作。由于普遍 B 端平台遗留的传统问题，不少商家在上传产品时，都会发布一些重复铺货的产品，产品分组混乱，以至于买家在找寻产品时，需要花费很大的力气，最后甚至放弃找寻产品。所以设置合理的关联和推荐产品，有助于增强买家的购物体验，减少买家寻找产品的搜寻成本，从而在流量不变的情况下提升店铺的销售业绩。

设置产品关联的方法众多，但是较为好用的有以下几种。

1. 在详情页和首页设置关联产品模块

如图 4-1 所示，在店铺后台“数据分析”—“流量来源”中，可以看到店铺的主要流量来源于搜索。事实上，大部分店铺的流量结构都是如此的，搜索流量占据主要部分，从店铺分析中可以看到承接流量页面主要是详情页。所以，在详情页、首页做好关联规划，对于促进产品营销有益无害。

流量来源	店铺访问人数		店内询盘人数		店内TM咨询人数		商机转化率		操作
搜索	1029	↑26.2%	14	↑39.9%	48	↑17%	5.34%	↓7.4%	趋势
系统推荐	409	↑2.5%	5	↓44.5%	32	↑14.2%	7.82%	↑0.7%	趋势
导购会场	226	↑182.5%	3	↑200%	6	↑200%	3.54%	↓5.7%	趋势
频道									
New Arrival	3	↓78.6%	0	--	0	↓100%	0%	↓100%	趋势
Top-ranking suppliers	1	--	0	--	0	--	0%	--	趋势
Top-ranking products	8	↓38.5%	0	--	0	--	0%	--	趋势
Weekly Deals	5	↓77.3%	0	--	0	--	0%	--	趋势
互动									
站内互动	81	↑68.7%	1	--	14	↑55.5%	17.28%	↓17.1%	趋势
信保订单	59	↑210.5%	0	↓100%	12	↑200%	20.34%	↓3.4%	趋势
询盘&TM	117	↑16.9%	6	--	45	↑36.3%	40.17%	↑21.7%	趋势

图 4-1　流量来源

产品的关联推荐既要做到美观简明，也要做到推荐产品和关联产品确实是买家想了解的产品，不能胡乱搭配。要想做好这一点，我们可以通过后台“数据分析”板块的数据来做决策支持。

在行业版“数据参谋”—“关键词指数”中输入一款产品的核心词进行搜索，即可看到与之相关的产品词。这些关联词数据是系统根据大量买家在站内的搜索行为统计出来的，具备一定的参考价值。我们初期可以将关联度较强的产品进行关联推荐。

如果没有行业版“数据参谋”可用，也可以通过主观的规划，思考“需要这款产品的买家还需要什么产品”，或者在业务聊天过程中，统计买家咨询产品的情况，将与之关联性较强的产品挑出来，做成一个推荐板块放置在这款产品的详情页中，做好超链接和文案指引，从而为买家提供更多选择。

在做页面的关联和推荐板块时，有一点不可忽略，那就是简明。简明的推荐可以给买家豁然、舒适的感觉，易于买家理解和决策，所以我们应尽量让产品的排版元素简单、一目了然。建议使用“智能编辑”工具，这样既可以在无线端实现超链接的跳转，操作起来也比较方便。有必要的话，也可以在推荐板块上简要注明产品的价格或卖点，以提高营销信息传达的效果。

当然，实际的效果还是要根据测试结果不断调整。关联推荐的效果并不会像我们想象的那么巨大，但在一定程度上可以给买家提供更多的选择。

2. 价格表关联

有些客户既不喜欢直接浏览产品页面，也不习惯在网站上检索店内相关品类，而习惯通过向商家索要目录和价格表来了解商家更多的产品。如果我们在某一类产品的目录或价格表中放置一些相关联的其他类别产品，可以获得加强成交和提升客单价的机会。有一点需要注意的是，在制作目录和价格表的时候，要注意主次分明，精心思考“需要这款产品的客户，还可能需要什么产品”之后，再添加相关联的产品，不要胡乱地添加一大堆信息，反而让客户理解起来更加困难。

3. 业务员推荐关联

最后一个常见方法就是业务员主动推荐。业务员在与客户聊天的过程中，如果能设身处地地站在客户的角度思考问题、收集客户需求并与之建立良好的沟通氛围，那么其采用主动推荐一些合适的产品的方法是非常合适的。对于客户来讲也不会很反感，反而还会觉得这是在替他思考。只要气氛到位，让客户下单或多购买一些也并不是什么难事。

业务员在谈单的时候，对于沟通愉快的客户除了可以主动推荐相关产品，还可以要求客户尽量多购买“一点点”。比如，客户要买 8 个，可以询问能不能买 10 个；客户要买 200 个，可以询问能不能买 300 个。当然，我们在对客户做要求的时候，也需要给客户一个能接受的理由，如增加几个产品运费不变，或者可以和客户说我们在做活动，满多少之后还能给他一点折扣，对他来说更划算，等等。要有一个充分的理由让客户心动，如果客户不愿意，那么千万不要再提起，不要让客户觉得不舒服。

总的来说，主动推荐是充分利用流量的一种手段，对于性格开朗、沟通融洽的客户，不妨多“撩”一下，除了有机会提升业绩，还可以增进与客户之间的关系。

4．促销

让客户多买产品，有时候还需要我们“临门一脚”，为客户快速做决策提供一些动力。促销和折扣通常是有效的手段。

在设置促销和折扣的时候，首先要求运营人员和业务人员对自身产品的成本和利润有充分的了解，要考虑到能给出的最大折扣是多少，有没有亏本。只有对这一点做到心中有数，我们在与客户谈单的时候才能游刃有余，给出合适的折扣或减价金额来周旋或刺激客户，让谈单过程更加灵活。如果在说服买家多购买一点时，我们也做出相应的促销或折扣让步，这样谈单的效率也会提高很多。

当然，促销和折扣并不是每单逢人就要说：“我给你折扣”“你来买一点吧”“我们的产品买一送一”等。这样会显得产品和销售太过廉价。而是在与客户进行了充分的沟通后，觉得时机差不多的时候提及。将促销和折扣作为促进成交的一个手段，让客户觉得自己占了一个便宜，减少一些成本计算过程中的纠结。

对于一些利润极其微薄的订单，哪怕一个 8 折或 9 折这样的小折扣都会让这份订单的利润几乎为零。对于这类订单我们不可能给出很大的折扣。对于这种情况，我们可以根据订单的总价做一个适当的抹零动作：比如，210 美元的订单给出 10 美元的折扣，470 美元的订单给出 20 美元的折扣，诸如此类。最为重要的是，我们要让客户知道，我们是在设身处地地为他着想，表明我们的诚意与立场：这是为了长期合作及促进友好关系给出的折扣。话术要让客户觉得占了便宜，觉得温暖，而不是一个冷淡的抹零动作。

第 5 讲　标题优化

产品上架一段时间之后，通常会产生一些数据积累，这时我们要根据其数据表现来判断它是否需要优化，其中一种方法就是对标题的检查。对于因初期疏忽导致的标题拼写不准、用词不当等情况肯定是需要优化和改正的，我们只需要按照正确的用词和标题拼写技巧把它改正即可，这一步我们称其为“有错纠错”。

除了纠错，标题优化的第二个重心则是让产品获得更多的搜索曝光和转化。众所周知，标题的一个核心作用就是用来匹配搜索流量，或者获得搜索曝光。对于曝光量和转化率较差的词根，我们需要对其进行调整。这里为什么要考虑转化因素呢？因为在运营的过程中，我们追求的最终目的是转化，是销售额。如果只是带来大量的曝光，而没有产生点击和转化购买行为，那么曝光也就没有了意义。

1. 如何评判标题效果

我们主要通过评判标题中所包含的关键词的效果，或者说标题中词根的表现效果来判断标题的效果表现。因为搜索引擎在匹配搜索流量时，是依据买家输入的关键词词根来无序匹配符合条件的产品的。其中，标题作为第一匹配要素，其好坏直接影响着流量的匹配。

在标题优化之前，我们先来看一下标题是如何被搜索引擎匹配的。当买家搜索一个词的时候，系统会对买家搜索的词进行拆分，拆分成词根的形式。而词根与产品匹配的过程，主要是词根的无序匹配，简单理解就是包含即初步相关（包括单复数等归一处理形式，视为同一个词），不考虑词序和位置的关系。即使位置分离、词序颠倒，理论上也是可以匹配到的。

举一个词根无序匹配的例子：买家搜索关键词 AB，你的标题是 ABCDE、CDEAB、ACDEB、ACBDE、BCDAE、CBADE 等，都是可以被匹配到的，不区分顺序，也不区分是否紧密和大小写。这是阿里官方公布的说法，在前台实际搜索中也可以验证这一点。

依据这个例子，我们很容易知道，在标题中有人搜索的词根，即能带来流量的词根，是我们所需要的，轻易不能改动。在后台“产品分析”—“360 分析”的搜索词数据中，我们可以找到哪些词根是有用的，哪些是从来没有人搜索过的。

2. 标题效果的衡量工具—曝光矩阵

利用数据优化标题之前，先讲述一个笔者自己总结的概念——曝光矩阵，即标题的总效果=标题所含关键词的总数量×各自的效果表现后求和。直白一点，就是标题包含的所有单词能组合出多少有效的关键词，我们把这些关键词写出来排成一排，作为横坐标值；将每一个关键词能带来的曝光量做成纵坐标值。这个坐标矩阵的面积，就是这个标题能带来的所有曝光效果。如图 5-1 所示。

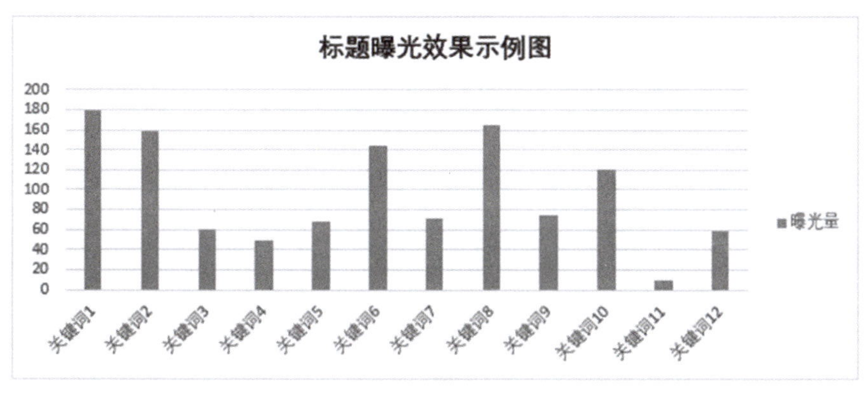

（a）

标题：ABCDEFGHIJK

140
120
100
80
60
40
20
0

ABK　AC　AFK　ABD　BFK　BFJD　DIJK　CJK　AJK

曝光量

（b）

图 5-1　曝光矩阵图

至此，我们知道要想让标题的效果最大化，也就是让图中效果面积变大，只有增长横坐标值和加高纵坐标值，也就是让有效词数量更多，以及让有效词曝光量更大。

（1）让标题中有效词的曝光量更大。

让某些关键词的曝光量更大，这里涉及关键词的搜索量大小和产品排位的权重赛马[①]。这个点后面会单独提及和讲述。

（2）让标题中有效词的数量更多。

有效词的数量由词根决定。标题能存放的词根数是有限的，标题总字数不超过 128 个字符。如何利用标题中有限的词根组合出更多有效的关键词？答案是“适者生存，优胜劣汰”。

这里我们需要参考现有的搜索词数据来做调整，让有效果的词根保留，无效果的词根剔除。剔除后换上更优质的词根，以组合出更多的有效词。我们可以参考后台数据分析板块中的“产品分析”—“360 分析”里面的搜索词数据，依据词的效果表现数据来进行调整（见图 5-2）。

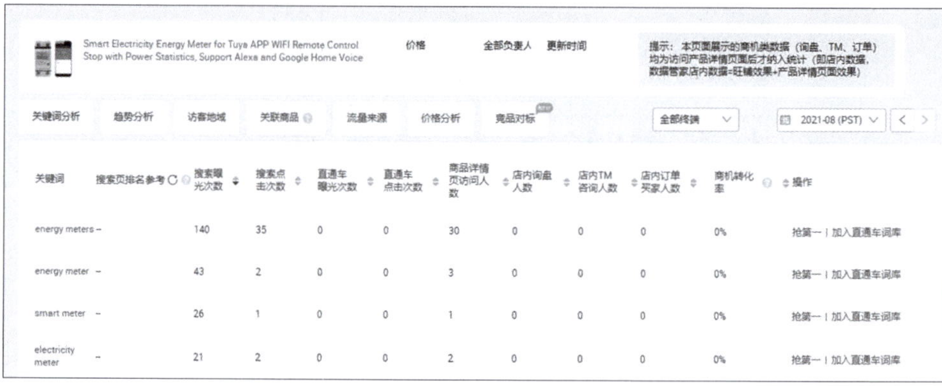

Smart Electricity Energy Meter for Tuya APP WIFI Remote Control Stop with Power Statistics, Support Alexa and Google Home Voice　价格　全部负责人　更新时间

提示：本页面展示的商机类数据（询盘、TM、订单）均为访问产品详情页面后才纳入统计（即店内数据，数据管家店内数据=旺铺效果+产品详情页面效果）

关键词分析　趋势分析　访客地域　关联商品　流量来源　价格分析　竞品对标　全部终端　2021-08 (PST)

关键词	搜索页排名参考	搜索曝光次数	搜索点击次数	直通车曝光次数	直通车点击次数	商品详情页访问人数	店内询盘人数	店内TM咨询人数	店内订单买家人数	商机转化率	操作
energy meters	–	140	35	0	0	30	0	0	0	0%	抢第一 ∣ 加入直通车词库
energy meter	–	43	2	0	0	3	0	0	0	0%	抢第一 ∣ 加入直通车词库
smart meter	–	26	1	0	0	1	0	0	0	0%	抢第一 ∣ 加入直通车词库
electricity meter	–	21	2	0	0	2	0	0	0	0%	抢第一 ∣ 加入直通车词库

图 5-2　“产品分析”—“360 分析”

对比标题和搜索词数据我们发现，标题中 Smart 这个词在所有的搜索词数据中自始至终都没有产生任何的曝光和点击数据，那么这个词对于这款产品来说，目前是没有任何意义的，因为自始至终都没有人搜索过它。没有任何的买家搜索行为数据，也就自然不会有什么权重；没人搜索也自然不会带来曝光，更不会有后续的买家行为。所以可以放心地删除它。

在删除无效词的过程中，尽量保证不破坏其他词根的词序和紧密程度，特别是在优化效果较好的产品标题时，尽量不要做太大的改动，每次只修改一两个词根即可，以防破坏标题的相关性。如果发现修改后的标题的曝光量跌得严重，可以在短时间内修改回来，权重依然还在。这样在词的后续数据表现中，也能发现是修改了哪些词导致的数据变动。

---

① 权重赛马：系统收集各款产品的自然综合权重进行较量，按照一定的排序规则来对产品进行先后展现位置的次序排列和流量分发。

对于有曝光效果，但长期没有带来点击和转化的词根，我们也可以考虑删除它。如果仅能带来曝光，而不能带来有效的点击、转化等行为，那么这个词根的意义也不是很大。毕竟商家最终追求的都是转化，是销售额。

删除了这些无意义的词根，空出来的位置，可以挑选一些有热度且精准的词补充进去。这样就可以保证，在不破坏原有效果的情况下，进一步提升标题的引流能力。让标题更换血液，重新去面对市场，去跑数据。

替换词参考的维度，无非曝光矩阵长和高的延伸。优先挑选“能与标题中现有单词组成更多有热度词组”的单词。也就是说，既要覆盖到更多的关键词组合，又要保证大多数关键词具备一定的搜索热度。如果不能同时满足，则退而求其次，选择更多覆盖或追求搜索热度之一。

这里需要注意一点，在优化标题时，可能某个词或词根没有效果，但包含这个词或词根的其他词是有效果的，这种词万万删不得，会影响有效词的文本相关性，进而影响排名。所以删除的时候要确保删除的词准确。

值得一提的是，在标题优化过程中，除了参考数据表现，还要看这个词根的物理意义。有些词根的曝光、点击数据相对弱一些，但是会带来几个询盘转化。通常是由于这类词带有一定的买家需求，涵盖一些明确的产品属性，但热度不是很高，排名不是很靠前，所以带来的曝光和点击相对较弱。这类词建议保留。

而有一些词虽然会带来大量的曝光和点击，但不具有描述产品的概念，产生的转化能力也不强，这就是广泛词。例如，Low Price、Cheap Price、Novel、High Quality、Cheap wholesale 等词。通常搜索这些广泛词的买家的购买欲望不是很强烈，需求也不是很明确。他们只是好奇地来看一看都有哪些产品。对于这类词，如果长期没有带来转化行为，也建议删除掉，添加一些容易产生转化的属性词、需求词，以加强标题的引流质量。

最后，标题优化。不建议频繁改动标题，也不建议一直不改动标题。

对于数据表现异常优秀的标题，尽量不要改动，以免破坏了它的效果。当然，按照数据严格地改动，也是可以的。对于数据表现一般或不好的标题，可以放心地改动，不要担心修改标题会降低权重，或都影响标题的效果，事实证明基本不会产生影响。

关于市面上流传的改动产品标题会降低权重的说法，显然是极为不合理的。系统不会无聊到写一条程序来监控商家的标题是否被修改，如果商家敢修改标题，则执行降低权重的命令。这毫无道理。再者，标题表现本来就平平，更不用担心修改它会影响什么了，该优化时就要优化。标题优化的效果，取决于优化后的表现，如果优化后的表现高于优化前，则标题带来的效果会越来越好，反之，则会变差。前提是看标题优化的过程是否合理，合乎逻辑。

第 6 讲　主图优化

主图优化通常是为了提升搜索点击率，让产品在曝光量不变的情况下，尽可能多地引进进店流量。主图对于点击率的意义不言而喻。买家搜索一个词之后，系统呈现的搜索结果中，最容易被关注的就是图片。它是买家识别页面，识别产品的第一聚焦点。

好的主图可以带来更高的点击率。以笔者自己的店铺为例，有一款产品，用白色款式作为主图时，点击率约为 0.9%，当用黑色款式的产品作为主图时，点击率一下提升至 2%左右。虽然只提升了 1%左右，点击率却翻了两倍多。相当于面对同样的曝光，原本只能带来 50 次点击，这下可以带来 100 多次点击。换算成访客约增加 30～40 人。长此以往，它能带来的效果绝不仅是两倍的差距。

一家好店铺与一家坏店铺的差别，往往就藏在这些细微的效果之中。好的数据通过权重算法循环会让产品表现越来越好，差的则会越来越差。优化的本质是做提升，通俗一点，就是把现有的替换为更好的。所以主图优化的第一步，就是如何评判主图的好坏。

1. 如何评判主图的好坏

首先，要养成重视图片点击率的习惯。经常关注产品的点击率，特别是同类产品，思考点击率高和点击率低的主图的区别在哪里。刚开始并不一定要准确地说出好在哪里、差在哪里，但至少应该有一个粗略的感知。主图不一样，点击率也不一样。

在评价点击率指标之前，我们重点关注这两个指标：曝光量和有效词。曝光量越高的产品，点击率越有参考意义。有效词越相似的产品，点击率越有参考意义。为什么这么说呢？曝光量就不用解释了，如果曝光量数据太小，点击率存在的偶然性也较大，每天的数据波动也较大。所以在查看点击率的时候，曝光量低于 200 的就没必要过分关注了，可以选取一周或更长周期的数据进行观察，以防止样本量较少产生的误差。

而落实到词，买家搜索不同的词，所产生的需求是不一样的。既然图和词都影响着点击率，怎么让图片的点击率更加有说服力呢？那就是关注产品的有效词是不是高度统一。比如，有曝光和点击的词分别是学生书包、学生拉链书包、学生双肩包，那么这组词就属于高度靠近的。这样的图片对于这一类词，基本都有着高度类似的效果。

如果有曝光和点击的词是这样一组：学生书包、大容量书包、防水书包、学生电脑包，从词的细分功能上来看，这组词所面对的需求差异性较大。图片会因不同词的点击率产生较大的差异。所以我们在查看图片点击率的时候，也要看一下有效词的词意。将点击量最高的一两个引流词与图片关联起来分析，尽量做到图片与最大的引流词，视觉表达上高度合一，这样的点击率更容易长期稳定。

2．主图优化的本质是用更好的替换现有的

优化的本质是做提升，用更好的主图替换现有的主图，所以我们需要找出更好的主图。在没有数据之前，我们策划和挑选优质的主图更多靠经验。然而，不论是有经验还是没经验，都需要经历一个必经的过程，那就是对比择优，用不同主图的点击率数据说话。

在对比择优之前，我们需要先收集一些数据。这里我们最好能够建立一个表格用来记录，表格中要记录的内容有产品的主图、标题，以及主要的推广引流关键词、测试的时间段、曝光量、点击率和咨询量等指标，用于后期不同图片点击率的综合比对，从而选出优质主图，以及总结优质主图的特征。

3．如何优化主图

分析图片的点击率，我们可以先从图片的组成要素入手进行分析。拿图片来说，构成一张图片的主要要素有构图、色彩、主体、主体的款式、摆放、陈列、卖点等内容。进行日常运营工作时，不妨着重注意一下同类同款产品的主图特征及各自的效果表现，看一下哪些图片的点击率高、哪些图片的点击率低。将图片调换一下，观察数据是否会产生明显的预期变化。着重对比不同主体、配色、排版、陈列、卖点等展示样式对点击效果的反应，观察不同点击率的图片的差异点在哪里，进行总结形成行业经验。

除了自身数据的测试和择优，还可以去前台搜索，看看同行的产品用了怎样的主图，有什么值得借鉴的地方。然后收集起来，同样进行对比测试和择优选择。如果觉得数据测试太慢，还可以借助直通车等辅助工具，快速地带来曝光。当收

集了一定数量的可以证明点击率好坏的数据后，就可以替换另外认为优质的图片进行测试，以此验证哪一张图片的点击率更高、更受买家喜爱。

大多时候，我们只要对自身认为优秀的主图和收集的优秀同行的主图进行一些简单的分析和测试，往往就可以有所收获，筛选出点击率较高类型的主图。甚至不需要刻意去推广，只需要经常关注它，就可以发现一些点击率分层的图片。在此基础上，再去研究它的特征，以及测试、择优，就可以获得一些经验，这也是这个行业的经验。

除了关注点击率，还需要关注图片呈现有没有犯一些错误。可以参考主图策划的一些要点，如图片是否干净整洁、主体是否置于中心且最大化、是否直观易懂、是否符合平台的规定等。如果图片呈现犯了一些低级的错误，也要及时改正。

第 7 讲　详情页优化

详情页优化通常是为了提升流量的使用价值。在实际运营店铺的过程中，难免会产生转化效果很差的产品，甚至有些店铺没有一款产品可以支撑起进店流量的转化，造成流量的大量浪费。一直以来，这都是一个非常令人头疼且不易解决的难题。

详情页优化也可以称为详情页的重新设计。一些小的改动其实很难影响买家的行为。为什么要做优化，而不是一下就设计到位呢？事实上，没有人可以一下就设计出完美的详情页，很多东西都是在修改几次之后才能做到满意，包括标题和主图的策划。即便第一次设计的时候就花费了很多心思，当时觉得很完美，隔一段时间之后，也会有些不一样的看法。

而且，当已上架产品的转化数据可以量化的时候，一切都要按照数据来做调整。当产品转化率低，或者觉得详情页不够完美时，都要去思考详情页是不是应重新设计优化。当然，并不是说转化率低就一定是详情页的问题，我们可以在逐一排查了产品的引流词、款式、价格、评价和同行产品差异之后，去审视我们的详情页是否存在问题，以及是否有必要重新设计。

这里说的详情页重新设计，并不是说要将整个页面全部推倒重来的意思，而是对要修改的传达要素、模块进行重新设计和包装，用更好的传达要素、更好的表现形式来替换这些原有模块，让详情页的内容更加命中买家心智。下面介绍 3 种详情页优化的常用方式。

1. 围绕进店关键词数据思考详情页优化的方向

我们在设计主图和进行主图优化应注意“词图一致”，尽可能地让产品的引流词和产品主图、详情页的表达内容高度一致。当产品上架一段时间，有了一些沉淀数据之后，通过挖掘产品的引流词数据，观察买家搜索词中都含有哪些属性、功能或卖点，也可以重新思考详情页的设计是否要和主图、主推词传达方向保持高度一致。将详情页的一些冗余信息高度简化，增加一些与买家搜索词相关的属性、功能等卖点，以完善整体的转化效果。

在分析产品的进店关键词时，为了减少分析的干扰，我们只需要分析进店关键词中点击量最大的 3 个有效词即可。买家通过搜索这个词进入我们的产品详情页，他最需要了解什么信息？我们应该传达什么样的内容和画面？这些会影响买家购买过程的决策心智，我们应对这些问题进行分析，进而提升买家询盘或下单的欲望。它通常要求我们对这个行业、这款产品有着充分的了解，甚至成为这个行业的“意见领袖”才能做到游刃有余。但是我们依然可以通过冷静思考和同行调研来提升、完善我们所要传达的内容和展示形式，做到当下力所能及的最好。这也是通过详情页优化向买家传达信息的一种方式。

2. 围绕市场环境变化思考详情页优化的方向

对于一款产品来说，随着时间的推移，其卖点或功能可能会被不断升级，甚至每一年都在更新迭代。以我们的一款产品为例，其内部芯片在两年内已经升级了多个版本，但是其外观设计没有改变。如果我们不跟随产品的变化去展示产品的升级点，而是沿用老旧的详情页，那么买家是很难发现此产品与历史版本有什么不同或有什么增长价值的。当我们的产品无法与同行产品建立价值区隔时，对于很多细小的改变我们可以放大其价值进行宣传，从而让买家认为我们的产品与其他产品不一样。

即便是同样的产品，随着时间的推移，往往也会有一些新的同类商家进入，老商家也会优化详情页。所以某产品在市场上的展示内容和展示形式也是一直在变化的。我们需要时常关注市场风向的变化，也许会发现更好的详情页、更加优秀的卖点、更加惊艳的展示形式、更加合理的营销策略（如关联营销、组合推荐、好玩的促销活动等），这些都可能给我们带来新的启发。对于转化率较差的产品，特别是高曝光、高点击、低转化的产品，不妨考虑对一些详情模块进行升级设计，也许会产生一些新的变化。

3. 推倒重来，重新思考和设计详情页

在很多时候，我们为了快速上架产品，或者批量上架产品。由于时间紧张，往往会随便做一份产品详情页来使用，没有经过营销层面的思考和斟酌。这类产品如果在上架后表现优秀，可以拿到不错的咨询转化，那么我们可以不去管它。但是如果转化较差，在检查了引流词、价格、款式、运费、评价等方面都没有什么大的问题后，不妨依据第 3 讲“详情页策划”的内容进行重新思考、重新设计，当作一个新的产品去设计上架。

另一个需要重新设计的场景是，产品上架经过了很长的一段时间，如一两年后，单纯地想优化一下详情页，想换一种风格，或者完善一些表达内容、重新设计展示形式，我们也是可以推倒重来的。经过重新设计草案，更换设计风格和展示形式，让产品焕然一新，重新走上新的征程，跟上时代的潮流。

详情页优化一直都是一个比较有争议的话题，大体是因为很多运营人员对视觉营销的知识点了解不多，不知道从哪里入手。视觉营销也确实是一个较为庞大的体系，是电商视觉中较为重要的内容。详情页作为向买家传达信息的介质，不建议频繁优化，但也不建议一直不优化，特别是非标品，到底要向买家传达什么信息，是一件非常值得认真思考的事情。

第 8 讲　用好“数据分析”板块

数据分析是运营过程中必不可少的环节，也是我们认识店铺、认识效果最直接的手段。阿里国际站后台“数据分析”板块为我们提供了店铺运营所需的大量数据，相信大家都已经不陌生了。如果是第一次接触阿里国际站的新伙伴，也可以通过熟悉浏览和查看系统显示的名词解释来快速了解“数据分析”板块的功能和用处。在“数据分析”大多数板块的右上角，系统都有详细的名词解释。

1. 熟悉“数据分析”板块

在“数据分析”板块中，哪些数据对我们来说是比较重要的呢？首当其冲的是“数据概览”板块。它是呈现店铺整体效果的必要板块，通过它我们可以了解店铺的曝光、点击、询盘、访客、订单等效果的详细数据。“店铺分析”和“流量

来源”板块则介绍了店铺流量从哪里来，访问了哪些页面等统计数据。“产品分析”和“引流关键词”板块记录了关键词和产品的效果表现数据。这些店铺和产品效果的详细数据，是我们运营决策和优化的强力参考依据。

“数据分析”板块除了包含上述提到的板块，还包含其他板块，如“访客详情”“关键词指数”“市场洞察”“市场参谋”“商品洞察”“商品参谋”等也都是很重要的功能板块，其分析价值也是较高的。只是在日常查看分析店铺效果和产品效果时，这些板块的使用频率并不是很高，而“数据概览”“产品分析”等是高频用到的数据板块，我们有必要去深度了解这些常用板块数据指标的定义。

2.“数据分析”板块的应用

我们经营一家店铺，需要对店铺效果有着充分的了解。每天的曝光、点击、询盘情况，以及每周和每月的爆点反[①]、访客等情况如何，是否超过了同行，与 TOP 店铺的差距还有多少，这些都可以在“数据分析”的“数据概览”板块和“店铺分析”板块中看到。这是我们了解自己情况最直接的数据板块。

在应用这些数据之前，笔者想给大家分享一个概念——店铺效果结构。店铺效果结构是一种拆分模型，主要是对业绩层面进行拆解。通常以店铺询盘量或销售额为顶点，依次向下拆解。例如，以店铺销售额为顶点，依次向下拆分成订单销量×平均单价，订单销量又拆分成 A 产品销量和 B 产品销量，A 产品销量又拆分为 A 产品的询盘量×A 产品的询盘订单转化率，等等。利用诸如此类的拆解方式，多层级依次拆解。

这种业绩拆解的方式多种多样，其实不论是哪一种拆解方式，基本上都属于结构化拆解，是我们了解自家店铺效果结构的数据化应用，对我们后续提升和寻找问题突破口有着很大的帮助。

举一个例子，我们以店铺询盘量为顶点进行拆解，拆解为询盘产品 A、询盘产品 B、询盘产品 C 等，其中询盘产品 A 又可以向下继续拆分，拆分成询盘产品 A 的访客量、点击量、曝光量等分支，曝光量又可拆解为每一个词的曝光量等。这样就有了一个以询盘量为顶点逐级拆分的效果结构图。这份结构图对于我们了解店铺效果结构和数据表现是非常有帮助的。我们可以思考如何稳定住图中已有的效果，以及对表现不足的地方想办法进行改进、提升，从而找到业绩增长的方向。

除了以店铺询盘量为顶点，我们还可以以访客量、曝光量等任何一个指标为顶点，拆分成各款产品的访客量、曝光量等。别小看这种拆解的方式，它是我们加深

---

① 爆点反：即曝光点击和反馈，系阿里国际站运营常见叫法。

店铺认知非常有效的手段，笔者把这个过程称为“让运营对店铺心中有数”。笔者曾经多次问及一些运营人员关于效果结构的问题，结果能回答出来的寥寥无几。

这里做一个小测试：你是否能在一秒内说出你的店铺中点击量排名第二的产品？它最大的引流词每个月的点击量的大致范围是多少？

如果不能，不妨花点时间去梳理一下店铺的效果结构，花上一两个小时的时间去梳理它，去深入了解它，这会让你觉得很有趣味。当对自家店铺的效果结构和数据表现做到心中有数的时候，我们的运营思维也会大有不同。

第 9 讲　全店规划

全店规划是为了对店铺的产品布局、运作手段、效果结构有一个主观预设的发展方向，防止团队漫无目的地游走，让运营工作有目的、有计划、有逻辑。

有不少的商家在运营店铺的过程中，经常会这么操作：准备好发布的产品，每一款产品发布时上架 5～10 件产品，甚至更多。然后挑一些产品加入直通车进行推广，每天调调直通车的出价，到此，运营工作基本就结束了。这种做法，不能说好，也不能说不好，说到底这也是一种运营的方法。上架、推广，不行继续上架、推广，循环往复总会遇到好的。这种运营方式缺少一种主观预设的发展方向，实际效果通常“听天由命”。但是，遇到靠自然生长就能轻易成功的产品的概率很低。

所以，建议商家在操作店铺之前，先对店铺未来的发展方向做一个主观规划，规划至少要包括店铺要做什么，以及如何去做。笔者把它概括为 3 个大的框架。

1. 店铺的产品布局与关键词布局

店铺的产品布局决定了店铺现在乃至未来要销售哪些产品，是围绕一个大的类目去做旗下各个细分类目的所有产品，还是只做某细分类目的产品，抑或者围绕一个场景去做产品布局，如只销售厨房这个场景的产品，包括厨具、厨房小家电等围绕厨房这个场景的多种类目产品。确认了店铺的产品布局，接下来定位哪些店铺是我们的同行，以及定位我们的目标市场也会更准确。

规划了店铺要销售哪些产品，接下来就是从所要销售的这些产品中挑出一些来做优先级排序：哪些产品的利润高，能赚钱；哪些产品的需求大，可以用来低价引流；哪些产品的关联性比较大，可以成套销售；等等。对店铺产品有一个分层，方便后期针对性定价和推广。分层也是为了便于管理，厘清思路。

当确定好了店铺产品覆盖的方向，还需要思考这些产品在推广和引流时是否会出现关键词冲突。特别是类目大词，出现重叠冲突的情况是不可避免的，这个类目下所有的产品几乎都是这个核心叫法，我们也不可能完全躲避开。在这种情况下，我们规划关键词布局时，要先对关键词进行细分分类。尽量将不同功能、不同属性的词分隔开来，然后围绕每一类功能、属性去规划合适的产品。这样有助于我们有针对性地去做推广，避免内部冲突杂乱，厘清思绪。对于同类关键词的产品，我们需要择优进行推广。通常同一个关键词下，最终会在众多产品中沉淀下来 1～3 款表现较优秀的产品。这是我们需要提前就有心理准备的，防止推广数据过于分散，导致单品综合权重不足。总之，产品布局和关键词布局本质上都是一种细分分类，目的是帮助我们更好管理产品和关键词。

2. 店铺的运作手段规划

当对店铺的产品和关键词做了布局，上架了一些产品之后，我们还需要主观地操作这些产品，知道要主推哪些词、辅推哪些词，是要快速地打造爆款，还是要缓慢地增长。不同的效果规划所对应的运作手段完全不同。所以在实际操作的过程中，我们要结合自己的实力和风险承受能力，选择合适的玩法。

对于大多数商家来说，选择打造爆款的玩法是不太建议的，因为这需要花费很大的精力和金钱。尤其是小商家，建议先上架一些产品，做好产品发布的细节和思考，保证上架的产品页面质量足够高，然后推广一些精准词（大小词混搭），静静地等待数据的反馈。一段时间后，根据数据进行择优推广，优先推广一些表现好的词和产品。这样下来，效果通常不至于太难看。对于数据表现很好的产品，也可以多安排一些关键词来推广它。对于这种多词推广一款产品的方式，也许有人会说这不就是常说的打造爆款的方式吗？其实严格来说，这算不上打造爆款的方式。爆款的“爆”是一个短时间从 0 到巨大的过程，短时间的迅速增长才能称为“爆”。而那些靠一个较长时间段，从 0 到 20，再到 50 的过程，我们把它称为“将表现好的产品数据进行放大”更合适。不论是哪一种叫法，将优秀产品的流量进行放大，对表现平平的产品进行检查优化，总是没错的。

真正适合打造爆款的产品并不多，像一些消费电子产品、饰品等产品，具备热度高、单价低、需求量大等特点，这类产品通常具备短期爆发的一个条件。并不是所有的产品都有打造爆款的潜质，所以选择运作手段，不仅要看自身的安排，也要看自己的产品是否适合在短期内打造成爆款。除了在短期内打造爆款，还有其他的运营方式可供选择。比如，老客户推荐、关联营销、直通车测试后择优推广、新品搬单、营销活动、推广大量精准长尾词等，虽然难以在短期内迅速爆发，但也都是提升和稳定店铺效果的方式。

3. 依据店铺效果结构做规划

在第 8 讲中，我们提到了店铺效果结构，以某一个核心业绩指标为顶点，依据结构和公式向下进行多层级拆解。这份效果结构中的每一个要素，都是我们诊断问题和寻找提升方案的发力点。比如，诊断点击率、转化率等指标是否合格；点击量和访客量是否不足，等等。依据结构的逻辑性和公式的准确性，不论是电商还是实体，这种效果结构的拆解都是发掘问题和寻找提升方案的优质手段。

最后，面对店铺运营，也许我们最初设定的方案并不是最后实际使用的方案，看好的主推款也许会被一个不看好的款取代，推广的方案也可能不断调整，但面对复杂的运营方向，规划可以引导我们思考更多，对运营全程的把控更加清晰。梳理流程，做计划也是我们运营好店铺的非常重要的能力。

第 10 讲　做同行调研

为了更好地了解产品市场和产品所在行业，我们往往需要对同行做一些调研。例如，了解阿里国际站平台上同行店铺的名字、公司性质、店铺品类布局，以及运营业绩，以实现在与人交流、分析问题或做报告时，能轻松、准确地说出同类产品有多少家同行店铺、分别叫什么名字、在哪里、是工厂还是贸易公司、它们的销售情况如何等。接下来分享如何对同行做调研。

1. 收集同行店铺的名字和特征

当我们在阿里国际站前台搜索产品核心词的时候，呈现出来的大多数产品是我们的竞争产品（简称竞品）。我们需要对搜索结果页呈现出的竞争环境有一个初步的了解。在调研时，认真浏览和记录竞品的商家信息。通过对搜索结果页的调研，我们可以轻松了解到以下信息。

（1）公司地点和名称。

（2）店铺年限。

（3）是否为金品诚企。

（4）交易星级。

（5）近 6 个月的订单数和成交信保金额。

（6）产品评分。

通过以上信息，我们可以对同行店铺做一个初步评判，是新店还是老店，产品卖得是好还是不好，甚至我们可以进入店铺公司简介页面深入了解这个店铺的信息，还可以在百度、企查查、1688 等网站搜索这个公司的名称，以便查看公司的规模，以及是工厂还是贸易公司。如果这家公司位于工业园区，那么它是工厂的可能性就大一些；如果这家公司位于写字楼里面，那么基本可以猜测它是一家贸易公司。

当然，在做初步调研时，我们并无必要如此细致地去了解同行。在实际运营的过程中，我们会经常浏览到同类型产品，从而逐步加深对同行的了解。但在以同行调研为目的时，一定要刻意地记住同行的特征和变化，最好能够通过不同时期的前后比对，有意识地去发现同行做了什么动作、起了哪些效果，来作为分析问题的参考依据，这是一项非常有价值的调研工作。不要小看这项工作，在笔者与很多运营人员聊天的过程中，很少有人能清楚地说出自己有哪些同行，更别提具体的分析了。

2. 了解同行店铺的品类和产品布局

除了店铺的基础信息，我们还需要知道同行的产品和产品布局；他们的产品和我们的产品是完全一致的，还是高度相似的；如果是完全一样的产品，我们的价格是不是有优势。当然这里不是说没有优势就不能做了，而是要知道在市场上我们的价格处于哪个位置，是均值，还是较高值，或者是较低值，以此来了解市场环境和调整自身战略。

进入同类产品店铺，浏览它的首页和产品分组，就可以明确地知道它是不是我们的同行。如果它所销售的产品和我们销售的产品的产品线大部分重叠，那它就是我们的同行无疑了。如果它只是恰巧销售了个别和我们一样的产品，那么我们可以看其主营品类是什么，以及观察同类型产品详情页显示的交易数据，来定义它算不算真正意义上的同行。

还有一个也很重要的点，那就是同类型产品的研究。同类型产品的调研主要分为两种情况。一种情况是同行产品和我们的产品完全一样。在这种情况下，我们重点关注同行产品的价格、起订量，以及详情页设计。在浏览同行产品的过程中，如果发现有销量较好的同类产品则应格外重视，思考是否可以通过模仿或升级优化的方式进行跟进。通常买家在搜索结果中看到相仿一致的产品和页面时，会产生高度类似的心理和行为，可以通过模仿优秀产品的展示特征进行展示来进行效果的测试。如果能在此基础上寻求具备真实价值的差异化表达，进行升级和完善，那么就更值得去尝试了。

另一种情况是同行产品和我们的产品不完全相同，但是高度相似。这种情况需要分析两种产品之间的差异点在哪里，是样式不同，还是功能有些许差异。在今后浏览网页的过程中，着重关注这些产品的排名和销量变化。把高度相似的产品作为同类产品进行分析，也是了解买家喜好及市场风向的一个参考手段。

3. 了解竞品的详细信息

当定义了竞品的概念之后，笔者建议对搜索结果的前三页竞品进行特征记录以方便后期的分析。当然，我们也可以通过直接浏览页面的形式进行分析，只是记录的形式会让人观察得更加直观、深刻，也便于分析存档。我们需要记录竞品的以下特征来进行分析总结。

（1）记录竞品的价格和起订量。

价格是市场竞争中非常重要的一个因素。如果我们的产品价格在同类型产品中过高，恰巧这款产品又是进入门槛非常低、竞争环境十分激烈的产品，那么这款产品的操作难度就会高很多。所以，关注同类型产品的价格信息，是我们了解自身竞争力的一种方式手段。在设计促销、活动和新品起步时，我们也可以针对市面上竞品的价格水平，做一个价格上有竞争力的促销活动，以此来快速积累询盘量或销量。

（2）记录竞品的标题。

标题是搜索引擎匹配买家搜索词的第一匹配要素，其用词的重要性不言而喻。通过收集和记录同行竞品的标题进行分析比对，可以审视自身标题是好还是坏、是否存在不足、有哪些词没有覆盖到、有哪些词用得不如同行，从而进行修正。一般情况下，确定好具体的竞争对手之后，我们再进行一对一或一对多的比对和用词。

（3）记录竞品的主图。

主图是影响买家识别搜索结果页面很重要的一个要素，通常是买家浏览产品的第一关注点。一张有吸引力的主图可以提升产品的点击率，增加进店流量。要想做出一张优秀的主图，首先需要了解同类型产品的详情页都是如何设计的，观察、总结它们的主图构图、色彩、陈列、款式和表达内容的优缺点。对于优点可以学习借鉴，对于缺点则要进行规避。经过大量的分析对比，为自家产品的主图设计提供灵感。

（4）记录竞品的属性。

浏览产品详情页时，在详情页顶端会显示该产品的一些参数，这些参数有些是发布产品时，平台要求商家必须填写的，有些是商家填写的自定义属性。其中重要的属性，我们也可以收集起来。当然，这里的属性信息并非必要收集的，我们可根据需要来进行选择性的收集，甚至不收集。一些新的功能属性是建立产品区隔、塑造卖点的有利抓手，分析产品特性也是同行调研不可或缺的一个环节。

（5）记录竞品详情页的要点。

调研竞品的详情页，以及收集和分析同类型产品的卖点和展示方式，有助于我们审视自家产品详情页的设计水平。在记录竞品详情时，我们着重记录竞品详情的展示逻辑和展示形式。记录第一屏展示的内容、第二屏展示的内容，以此类推。每一屏表达的内容、卖点和展示形式都可以记录，可用于后续营销层面的分析。

（6）记录竞品的销量/交易额。

点击进入产品详情页后，可以看见，详情页上系统记录了该产品的销售数据。通过销量、订单数和买家数我们可以了解到该产品的销售情况。对于销量比较高的产品，我们需要重点查看其价格、主图、卖点等信息。通过销量和系统显示的当前价格，我们也可以预估该产品的线上销售额。但如果某些商家隐藏了产品的交易信息，那么就没有办法了。

（7）记录竞品的销售密度/客户国家。

在详情页销量信息的下方，有更加具体的销售数据，我们可以看到这款产品的销售时间和运输目的国。销售时间的密度可以反映这款产品的热销情况，通过客户运输目的国分布可以看出这款产品主要销售到了哪个国家。这些都是我们了解市场、了解同行非常重要的数据，对我们规划自家产品也有着很大的辅助意义。

表 10-1 所示为围绕单款产品的竞品调研表，如果我们确实有需要，还可以添加更多维度的调研。比如，增加同行店铺名称、所在城市、是否为金品诚企、店铺年限等维度，不过到这里，就已经算是比较全面的单品调研了，太细致的调研会花费更多的时间，对我们的研究价值也开始边际递减。对同行的店铺和竞品有全面的了解之后，再去分析问题就会更加容易。

表 10-1　同行产品信息收集调研表

日期	产品主图	标题	价格	起订量	重要属性	详情特征	销量	主要销售国家	是否热销

第 11 讲　选品

选品的重要性是很多运营人员都比较认可的，但选品不是每一个运营人员都应该做的。选品这件事与运营人员的职位和权利有着必然的关系。对于有些公司、有些工厂来说，其本身就是生产这款产品的，运营人员只需要把它卖出去，几乎不需要去选用来销售的产品。这时运营人员应该侧重于测品和单品规划，选出效果相对优质的产品去布局操作。

首先，选品对于一些纯商业导向只想卖货赚钱、不想注入产品情怀的贸易公司和初创公司更加适合。在茫茫大海中，没有任何约束地去调研和选择高利润、高需求、低竞争的产品。从零开始，总要选择相对容易的产品去操作。其次，对于想基于现有类目进行相关品类拓展的公司，选品动作也是比较适用的。

选品的目的很简单，要么是从茫茫大海中选择想要切入的类目，做某一个系列的产品；要么是从一些产品中，选择出要操作的具体产品；抑或是从茫茫大海中，直接选择产品。总之，最终都是以挑选出产品为结果。图 11-1～图 11-3 所示为常见的一些选品方式。

图 11-1　围绕类目结构选品

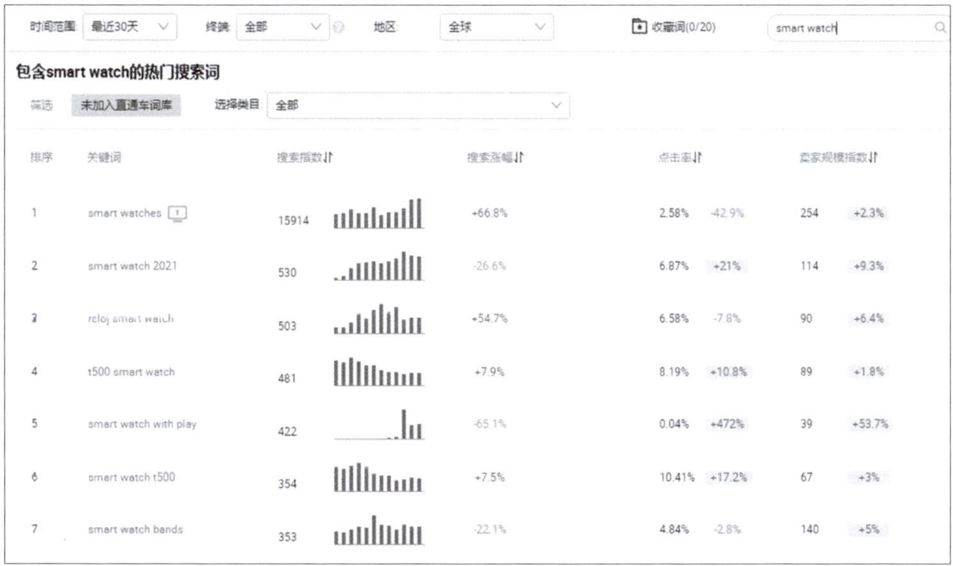

排序	关键词	搜索指数	搜索涨幅	点击率		卖家规模指数	
1	smart watches	15914	+66.8%	2.58%	-42.9%	254	+2.3%
2	smart watch 2021	530	-26.6%	6.87%	+21%	114	+9.3%
3	reloj smart watch	503	+54.7%	6.58%	-7.8%	90	+6.4%
4	t500 smart watch	481	+7.9%	8.19%	+10.8%	89	+1.8%
5	smart watch with play	422	-65.1%	0.04%	+472%	39	+53.7%
6	smart watch t500	354	+7.5%	10.41%	+17.2%	67	+3%
7	smart watch bands	353	-22.1%	4.84%	-2.8%	140	+5%

图 11-2　围绕关键词搜索热度选品

	A	B	C	D	E	F	G	H	I	J
1	细分品类及细分属性需求统计									
2	细分类目	细分分布	细分属性1	热度汇总	细分属性2	热度汇总	细分属性3	热度汇总	细分属性4	热度汇总
3	头巾		穆斯林	85652	针织	886544	男士	8556	冬季	45888
4	头巾		土耳其	586	聚酯	53852	女士	758924	夏季	779265
5	头巾		马来西亚	785	丝绸	35975	儿童	45897	春秋	58352
6	头巾				棉	8653				
7	头巾				羊绒	35896				
8	头巾									
9	围巾		风格	热度汇总	材质	热度汇总	人群	热度汇总	季节	热度汇总
10	围巾		穆斯林	968357	针织	865325	男士	8653	冬季	8657
11	围巾		土耳其	35864	聚酯	86674	女士	685237	夏季	85697
12	围巾		马来西亚	6125	丝绸	39761	儿童	9684	春秋	3697
13	围巾		巴基斯坦	3791	棉	6853				
14	围巾				羊毛	9687				
15	围巾									
16	披肩		风格	热度汇总	材质	热度汇总	人群	热度汇总	季节	热度汇总
17	披肩		穆斯林	98638	针织	369852	男士	5688	冬季	165834
18	披肩		土耳其	3568	聚酯	145837	女士	36749	夏季	56872
19	披肩		马来西亚	786	丝绸	51874	儿童	195	春秋	6894
20	披肩		巴基斯坦	128	棉	259731				
21	披肩				羊毛	98637				
22	披肩									
23	披肩									
24	帽子		风格	热度汇总	材质	热度汇总	人群	热度汇总	季节	热度汇总
25	帽子		穆斯林	8569	针织	26853	男士	2589	冬季	22586

细分品类与细分属性分析

图 11-3　细分品类与细分属性需求分析选品

除了图 11-1～图 11-3 中介绍的选品方式，还有围绕定位场景（出行场景、汽车场景、厨房场景、穿戴场景、家居场景等）选品、围绕兴趣爱好（兴趣爱好、现有资源）选品、围绕市场热卖品（1688 热卖榜单、阿里国际站热卖榜单、亚马逊热卖榜单）选品、工具选品、资讯选品等方式。其实不论使用哪种方式，我们都希望选出的产品易操作、能赚钱，最好在将产品发上去后什么都不用做，这款产品就能卖。这对于市场环境和买家需求有着极高的要求。大量的买家都有着需求，而竞争很小，那么卖家自然会很轻松。

就好比学校食堂，如果只有一家早餐店，口味极好，价格公道，那么它运营起来肯定会很轻松。甚至它都不需要去做广告，每天都会有很长的队伍排在门口。

假设这个学校食堂的早餐店越来越多，那么你的流量就会被瓜分。这个时候，如果你的早餐依旧很好，味美价廉，我相信还是有机会做得不错的；或者你切入的比较早，大家已经熟知了你，我相信也是有机会做得很轻松的。

如果你别出心裁，准备卖精致的高价早点。在深入了解这群学生群体的情况下，对产品进行包装，也是可以做起来的。因为市场人群基数大，你只要拿到一点点的份额，整体销量就会不错。

但是，如果你非要卖一些极少数人才会吃的早点，或者大家都不习惯的早点，即便你投入再多的广告、找再多的人去假装排队也很难盈利，因为大家从心底就不会选择这类产品。市场需求量几乎为 0，最终容易自欺欺人。

而还原到电商场景中，这些就是热度、竞争度、需求量、产品、价值和目标群体的研究。选择一款产品，就要了解市场、了解竞争环境、了解买家人群。所以，在选品这个过程中我们不妨极端一点来思考一个问题：在什么样的条件下，这款产品一定是好卖的，是容易操作的。通过一些梳理，我们大致可以整理出以下几个维度。

1．市场需求要足够大

首先，需求量要足够大。没有市场需求的产品肯定是不好卖的，那么用什么样的数据可以衡量市场需求量呢？换句话说，有哪些买家行为数据能够衡量需求呢？经过梳理，如果搜索某款产品的人特别多，那么可以一定程度上反映出买家的需求高低。产品核心词及相关词的搜索指数，可以作为衡量市场需求大小的一个指标。这也是最简单，最容易获取的指标。商家可以通过查询不同品类的核心词搜索指数进行对比，来衡量哪些品类的热度较高、哪些品类的热度较低。图 11-4 所示为不同品类的搜索指数分布与趋势。

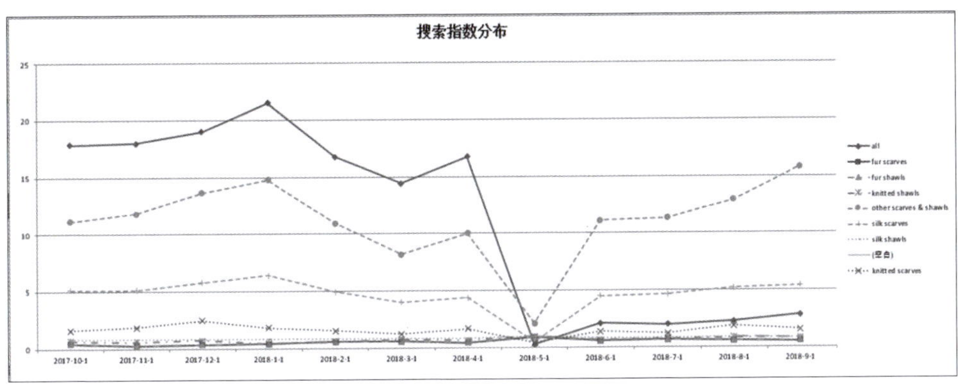

图 11-4　不同品类的搜索指数分布与趋势

除了搜索行为的频次可以反映买家需求，行业版“数据参谋”中的“市场洞察”和“产品洞察”也提供了不同品类的买家规模指数来衡量不同品类市场的买家规模。通过对比，我们同样可以对不同品类的市场容量进行排序和选择。

通过品类核心词搜索指数和品类买家规模指数，可以较为容易地分析市场容量。除了这两个指标，衡量市场容量的指标还可以是销量、成交额等，它们都是衡量一段时间内已发生需求行为的数据指标。但是，要想直接获取不同品类的销量和销售额数据并不是那么简单的。我们知道，在产品详情页中记录着某产品的销量数据，但是要想整理出某一个品类的全部产品的销量汇总并不容易，需要掌握一定的爬虫技巧才可以收集到这些数据，之后才能进行汇总分析。

显然，获得这些数据并不是一件容易的事，通常需要借助一些第三方软件才可以实现。如果自身难以获取这些数据，也可以尝试通过分析海关数据的形式进行调研。海关数据包含不同品类的出口销量数据。当然，如果海关数据获取也比较困难，不妨利用好平台上的这些数据，同样可以初步分析各品类的市场需求。搜索指数、买家规模、销售数量、销售金额都是衡量市场需求量的指标。通过同纬度的比对，我们可以分析出哪些品类的需求大、哪些品类的需求小，同指标的数据对比是选择市场细分品类的前提。

2. 竞争要小

回到最开始衡量产品是否容易操作的话题，市场需求大，就一定好操作吗？显然是不一定的。我们还需要引入第二个维度——竞争度。因为当市场需求量大时，竞争通常也会比较大。举一个夸张的例子，某产品有 1 亿的买家需求，但同时具备 1 亿名竞争商家，那么这款产品可能就没那么好卖了。关于竞争度的衡量，同市场需求分析一样，同样有多种指标都反映着细分品类的竞争程度。

在阿里国际站后台，我们最容易获取到的就是“数据分析”—“关键词”指数中的“商家规模”指数。该指标反映着平台上使用某关键词的卖家数量的多少。通过对比品类核心关键词的“商家规模”指数，我们也能够大致看出不同品类的竞争情况。除了“商家规模”指数，我们还可以通过前台的产品搜索结果数进行双重验证，从产品竞争环境和同类商家竞争环境两个维度共同参考。如果有能力，我们也可以通过海关数据和平台显示的销量数据进行收集分析，供应某品类的商家数的具体数字和销售分布更能说明竞争情况。

3. 销售分布情况不能过度集中

销售分布情况，主要用来衡量某品类市场的垄断情况和销售难易程度。举一个例子，还原到市场场景中，如果某产品的市场需求量是 1 亿，同样的竞争量也高达 1 亿。通过这样的数据，我们可能觉得这个市场并没有前景，因为竞争商家数太大。但是如果我加上一条，数据中的 9900 多万名商家都是凑数、“打酱油”的，并没有很好地销售这款产品，甚至它们的销量都是 0，那么再来看这个市场的难易程度，是不是就不一样了呢？

所以，这里引入第三个维度——市场销售分布情况，即商家可分配量，也就是不同级别的商家能分配到多少市场份额的指标，方便我们预估当自身到做到哪一个层次时，订单的数量大约有多少。做品类销售分布情况分析时，我们需要收集市场上尽可能多的销售数据来分析。这里建议收集阿里国际站前台品类核心词搜索结果中前二十页的数据，主要记录产品图片、标题、价格、订单数、总销量数据。由于 B 端平台交易的性质，客户每一单采购的数量不会次次相同，所以收集数据时，我们不能忽略订单数这个指标。如果觉得手工记录比较烦琐，也可借助市面上的一些辅助软件或八爪鱼等数据采集软件来完成数据的收集。

有了这些数据之后，我们要统计不同层级的商家的订单量占比情况。如果排名前三的商家占据了整个品类 90%的业绩，那么这个品类就属于垄断性极强的。在切入市场的时候，我们需要仔细考量自己能做到的位置，如果实在挤不进去，就不能硬来。除了看前三名，我们还可以看前五名、前十名、前二十名商家订单量和销量的分布占比情况，以识别切入某品类的操作难度。销售分布情况越集中，说明可获利的商家数越少，操作相对也就越困难。

4. 综合更多维度的衡量

同时满足上述 3 个维度的品类就一定好操作吗？还是不一定。我们还需要考虑价格、成本、运输、售后、操作时间、增长趋势、自身资源等维度是否存在优势。在操作产品的过程中，任何一个因素都可能限制我们的生长。除了考虑行业需求和竞争，还需要考虑产品本身的性质，以及完成销售过程每一个链路的影响因素，其中涉及的维度没有边界，可能一个小小的侵权问题就能让我们“死亡”。但可以肯定的是，我们考虑的维度越多，成功的概率也就越大。

选品实际上并没有中规中矩的方法，不同行业、不同的选品对象，所考虑的内容和重点也是有差异的。但是有一点是相通的，大道至简，不论是哪种平台，线上还是线下，这款产品都有它的特性受众，有它的特定价值。有着足够的需求量，买的人越多，卖的人越少，这款产品就越容易产生交易。

第 12 讲　做直播

随着视频营销的兴起，越来越多的电商平台开放了直播卖货渠道，阿里国际站也不例外。直播卖货在近几年的发展是相当火热的，也衍生了一系列的知名网红主播。面对如此火爆的直播渠道，阿里国际站的商家应该如何去做？这里给出以下几点建议。

1. 清楚自己的目的，审视自己的产品和团队是否适合做直播

以阿里国际站为例，其实很多产品并不适合做直播。到目前为止，阿里国际站买家通过直播购物的习惯相比国内还是弱很多，通常要求产品具有较高的性价比，或者品类较为新颖，能激起观众的兴趣。同时对于团队的直播策划能力和口语直播能力也都有一定的要求，对于小卖家、小团队来说，门槛还是相对较高的。

适合做直播的品类条件通常需要具备以下条件。

第一：产品受众群体广，最好是 RTS（直接下单）产品，而不是特别冷门的产品。

第二：产品的价格有一定优势，如果价格过高，则很难产生转化。

第三：产品易于运输，运费相对来说不会很高，否则会影响转化水平。

第四：产品可以找到一个能够吸引买家的兴趣点，不论是价格、性价比还是新颖程度，要想通过直播吸引买家眼球，使买家在短时间内产生兴趣，起码也要有点“噱头”才行。

第五，产品直播的目的不在于临时成交，而在于卖点和详情展示，后期跟进客户时可以尝试直播。

产品具备以上几个条件时，通常是可以考虑做直播的。不过最终的决定还需要团队考虑自身的现状和资源。当确认自己的产品和团队适合做直播后，或想初步尝试做直播试水观察效果时，接下来我们就要细心规划，做好直播前的准备工作。

2. 在直播前做好充足的准备

直播前的准备工作，首先是直播设备的准备和直播规则的熟悉。初次做直播时，直播设备建议购买大众款式，这样通常不会后悔。小团队无须太好的设备，当然也不能过差。灯光和收音设备质量一定不能太差，否则会影响直播的效果。有关直播的规则可以通过阿里的活动介绍进行了解，在此不再赘述，下面主要介绍一下直播的核心要素。

直播的核心要素有以下 3 个。

第一个核心要素是选品，根据预计的直播时长，需要选出几款产品来进行重点介绍。可以从自家店铺现有的爆款和优秀款中进行挑选。着重考虑产品在直播时是否会产生吸引力。然后将这些产品的样品备好，干干净净地打理好备用。

第二个核心要素是直播脚本。脚本即策划好的直播台本，直播讲述的内容和逻辑顺序需要提前策划。如果不知道如何策划，我们可以先去收集一些买家关心的内容，在阿里国际站平台或其他跨境平台上收集此类产品的买家评价和问答，抓住客户可能感兴趣的点，以此来为直播脚本提供素材和灵感。另外，对于脚本

的策划，建议以时间轴来进行，即开头讲述哪些内容、中间引申到哪些内容、分别介绍哪些产品、先介绍哪一个、后介绍哪一个、最后如何结尾，以及每一个时间段如何介绍，都要一一写出来，做好充分准备。特别是关于产品的卖点、材质、功能的介绍，要提前准备充分。

除脚本逻辑外，还要预设直播画面的呈现方式。对于一些 3C 数码类产品，主要是描述其功能和样式，偶尔需要做一些演示实验，会用到一些演示器材，这些都要提前准备好。像服饰饰品之类的产品，则侧重于款式的表达，直播前的展架和灯光调试需要充分测试效果。此外，直播整体的环境场景也是需要考虑到的，需要做到整洁、简单。

第三个核心要素是主播的选择。主播可以是公司内部人员，也可以外包给第三方来做。但不论是哪一种，都要提前做好充足的演练。主播情绪够不够、口语是否清晰流利、身体动作和语音语调是否充满激情，都是影响直播效果的核心因素。预演的越充分，发现的问题也就越多，在正式直播的过程就会越轻松。

3. 在直播过程中做好数据运作

商家在没有一定的粉丝量之前，通常需要持续地输出高质量视频来“圈养”一些粉丝。这个过程是非常花心思的，需要投入大量的时间和精力，但结局不一定能够达到自己满意的预期，需要很多的涨粉技巧及长期坚持。

对于新手商家来说，直播间主要靠平台来分配流量。所以这里不得不提流量分配机制。流量的分配主要是由买家行为数据决定的。所以，在直播之前，我们最好先设计一些能够提升买家喜好数据的策划方案。例如，提前预热，发动老客户前来观看；设置话术引导新观众点赞、关注、评论、提问等。给他们足够的折扣，提升观看的人气和停留时长。直播间的数据表现越好；直播和回放排位也会更高，从而带来更多的观众良性循环。但前提是商家有能力持续地承接住这些流量，做好客户维护和转化工作，否则只会越做越累。

4. 直播后做好客户回复和跟进

直播时，建议主播多引导客户关注我们的店铺，成为我们的粉丝，以及引导客户发起询盘等操作，这样有利于后期客户的运营和维护，从而建立长期的联系。直播过程中也许没有成交，甚至咨询也不多，但是通过后期的跟进、长期积累和维护，也是能挖到一些订单的。

做直播最重要的就是产品合适和长期坚持。目前，阿里国际站的直播还不是很火热，普遍效果也比较疲软。至于以后会不会成为新的风口、要不要切入，还是建议商家结合自己的产品及实际情况做考量。即便有一天跨境直播非常火热，风口通常也会很短暂，最终只会留存下少数商家。选择营销渠道，适合自己和长期坚持最重要。

第 13 讲　星等级与实力优品

星等级与实力优品是平台区隔店铺实力和产品实力的分层标记，也分别是店铺权重和产品权重的考核要素。商家综合实力越强，星等级越高。产品表现得越好，就越有可能成为实力优品。接下来我们逐一来了解。

1. 商家星等级

商家星等级作为评定商家综合能力的一个重要指标，在搜索权重和流量分配上具有一定的影响。在同等情况下，星等级越高的商家，自然排名的权重也就越高。一些活动的门槛，也对商家的星等级做了一些准入要求。所以，星等级是商家需要重视的一个指标。

商家星等级分为两个维度，分别是定制星等级和快速交易星等级。最终评定的星等级取决于二者中最高的那一个，由上一个月的数据表现决定，每月定期更新评定星等级。

星等级共计 4 个考核维度。定制星等级偏向考核商家定制成交水平，主要考核商家的商家力（定制）、营销力、交易力和保障力。快速交易星等级偏向考核商家直接下单产品成交的水平，主要考核商家的商品力（快速交易）、营销力、交易力和保障力。分别取 4 个维度中的最低星级作为定制星级和快速交易星级的评定。所以要想提升最终的商家星等级，我们只需要提升星级最低的那一个维度即可。

因为这里并不是要搬运商家星等级的平台规则，所以不再展开赘述每一个维度下的细分指标。商家可以在阿里国际站后台“商家星等级”板块详细了解各大维度下每一个细分维度的考核内容。这其中商家力/商品力和保障力是十分容易获得高分的，只要认真发布产品，几乎很少有商家在这两个大的维度上出现问题。

在剩下的维度中，最容易出现问题的指标有营销力方面的点击率、转化率、询盘量，以及交易力方面的在线交易额、支付转化率、总转化率，这些都是比较难提升的。尤其是转化率和在线交易额，它们是需要经过大量的线上走单才能够提升的。

不论是点击率、询盘量还是成交转化率、在线交易金额，本质上它们都要求商家能够认真地做好店铺的产品，从主图到产品，从运营到业务，它们本身就是一整套正向关联的效果指标。所以，认真做好店铺的种种细节，努力提升店铺各项综合指标，是拿到更高商家星等级的正向方式，也是平台对店铺综合实力的一个合理考量。

2. 实力优品

实力优品是平台对产品进行的分层考核和打标。将产品按发布时间和产品成长分分成 5 个层级，分别为新品（90 天内的新发产品）、低分品（产品成长分＜60）、潜力品（60≤产品成长分＜80）、实力优品（80≤产品成长分≤100）和爆品（产品成长分＞100）。

其中，实力优品和爆品绑定橱窗后，可以获得更多的流量扶持。爆品还有机会获得站外投放推广、榜单露出等流量扶持。所以，提升实力优品和爆品的数量，有助于加强店铺整体的引流效果。

产品分级的考核标准主要是产品成长分，由 4 个维度组成，分别是内容表达、效果转化、产品服务和额外加减分。其中“直接下单品”与“非直接下单品”的打分标准稍有差异。这 4 个考核维度包含的具体内容，商家可以在阿里国际站后台产品运营工作台中进行详细了解，此外不再赘述。在这几个维度中，内容表达和产品服务是很容易操作的，只要商家正常发布产品和按时发货，基本都能达标。

而成为实力优品和爆品最容易卡分的地方在于效果转化，也就是支付买家数、成交转化率、复购买家数和询盘量。这类指标虽然容易卡分，但是我们也可以进行适度的人为干预，制作订单时对想要操作成为实力优品和爆品的产品进行订单绑定，从而提升该产品的转化效果和买家支付效果，使其更快成为实力优品或爆品。

通过此方法快速提升实力优品和爆品的数量时，我们也需要注意一个问题，即关于权重赛马的问题。众所周知，权重赛马是单品的综合实力权重赛马，如果我们过度追求实力优品和爆品的数量，就会分散单款产品的各项交易数据，那么对于单品的权重赛马来说可能产生反向的影响。

所以，在追求实力优品和爆品的数量时，也要综合衡量单品的权重积累。如果想多塑造一些实力优品和爆品，不妨利用一些小的订单去关联那些即将成为实力优品或爆品的产品，助这些产品一臂之力，帮它们上升一个层级。而日常客户的订单，特别是大订单的规划还是应该更多地分配在主力产品或它本来就应该落在的那款产品上，以实现正向商业数据的积累，助力单品的权重赛马。

第 14 讲 店铺定位

定位作为一个经常被提起的概念，其重要程度也在不断被提及。笔者曾经翻阅了很多经典的书籍，但无法准确地界定它的概念。在最经典的定位书籍——里斯和特劳特的《定位》中提出，定位不是创造出新的东西、不同的东西，而是改变人们头脑中早已存在的东西，把那些早已存在的东西重新连接到一起，进而影响用户的心智。

对于这句话笔者起初也感到很费解。为什么定位会影响潜在用户的心智？后来通过很多版本的解释和案例，笔者也逐渐理解了一些。比如，王老吉的定位是去火或预防上火，至于实际有没有去火的功能、能不能预防上火、效果如何，其实也没有人知道。但是当你觉得烦躁、上火的时候，往往在超市购物时会随手拿上两瓶，以求得去去火或缓解一下。的确，它已经在潜意识里影响了我们的心智。诸如此类的案例不胜枚举。定位的理论也越来越被人重视。

然而，在实际思考和应用定位理论的过程中，由于道行不深，一切又显得不那么顺手。后来经过自己的思考，又结合了大量的书籍理论，笔者自己总结了这么一套看法：定位就是定一定自己的位置。的确，找好自己的位置确实不容易，它需要我们知道我们是谁、在哪里、要做什么，它需要我们思考并回答以下问题。

1. 我们是谁

主营的行业是什么？

主推的产品是什么？

主推产品的卖点是什么？

目标受众是谁？

他们关心什么？

我们希望客户怎样认为我们？

我们自身有什么资源或优势？

2. 在哪里

市场上有多少同行？

同类产品是多是少？

同类产品的价格怎样？我们处于哪一个范围？

同类产品的与我们产品的差异点在哪里？

我们的产品与同类产品优劣势在哪里？

同行的销量怎么样？

我们的产品与同类产品相比，所处的位置（受欢迎度）怎样？

3. 要做什么

我们应该怎么包装和塑造产品的价值？

我们应该向目标群体传递什么样的信息？

应该如何向目标群体持续地提供价值？（保持上新、持续升级、售后服务？）

……

简单是定位的真谛，价值是定位的核心，细分是定位的手段。

在思考定位的过程中，我们经常会抓不到头绪，或者总是把位置定得太高。这都是定位的一种误区。定位应该以简单、明确为原则，围绕价值进行展开。我们之所以能够存在、存活的好，一定是因为我们能够长期向外界提供价值，否则我们很快就会被市场所抛弃。所以，在定位自己的过程中，不妨思考一下，我们到底具备什么价值，能为目标客户长期提供什么价值，这是我们得以存在的唯一途径。

伴随着各行各业的产品丰富化，现在早已不缺少蓝海产品，几乎所有的市场都已经饱和，商家所能提供的差异化价值也更加难寻。对于这一点，不妨对市场需求进行细分。需求细分的越明确，商家越容易有针对性地提供价值。

笔者曾去过沃尔玛超市，看到香皂产品足足覆盖了两个大的货架。其中除了各式各样的普通香皂，还有一种比较吸人眼球的香皂，因为它的外观晶莹剔透，有点类似水晶。走近一看，名称是某某内衣香皂，主打的功能是香味和深度洁净，以及柔性不伤衣服（毕竟贴身的嘛），边上还有专门洗袜子用的香皂，主打的功能是除味抗菌。

这些都是对洗衣服的场景进行了需求的细分，对洗不同材质、不同功能的衣服做了思考，所以才有了这些不同的品类。产品所面对的需求和价值足够明确，覆盖人群也足够广，这无疑可以打开一个新的市场，有其存活的空间。

这种类似的案例在各大经典书籍中数不胜数，除了前文提到的王老吉在饮料的功能细分中定位了怕上火的案例，还有女装的细分，仅风格、款式就已经让人眼花缭乱，但大多数款式和风格的女装都有其独特的受众，有其存在的市场空间。比如，做汉服的就定位做好汉服，做文艺风格的就定位做好文艺风，做时尚元素的就专门做时尚元素，所以近些年女装市场也沉淀出很多优秀的品牌。

细分需求和市场，并不是一件容易的事情，它要求我们对这个行业、这款产品及目标受众有深度的思考和理解。并从中找到优势，找到一个明确的“真需求点”并能够长期地提供价值。定位不是要求我们变得多么“高大上”，也不是静坐下来做个规划，而是在茫茫市场中找到了真正的自己，找到自己的位置、价值和前进的方向。

第 15 讲　电商测款

测款是为了验证某款产品是不是好产品，或者从一堆产品中选出表现较好的那款产品。做电商之所以要测款，主要是因为没有任何一个人可以完全确定某款产品是好卖的还是不好卖的。即便是行业经验很丰富的老前辈，也只能加大对产品的预测而已，并无法保证某款产品一定好卖或不好卖。

为了能够保证在大力推广前，不会因为产品本身的销售问题而造成预算和精力的浪费，我们需要在大力操作前对目标产品进行测试，观察其效果表现。在第 11 讲“选品”中，我们介绍了从无到有选择产品的思维和方法，这次我们就对用上述思维方式选出的一些产品进行测试择优。或者粗暴一些，干脆跳过人工选品的步骤，直接拿来一批产品进行试销，通过试销结果对产品的销售情况进行排序和择优，来验证一款产品是不是好产品。

在验证一款产品是不是好产品之前，我们需要先明白一个概念，那就是什么样的产品是好产品。一款好产品的特征是什么？首先它要有着不错的点击率和转化率，还要有着良好的停留时长和收藏、比价行为。也就是从数据的角度说明，对于这款产品，看到的人都喜欢点击它，点击它的人都喜欢浏览它，浏览过它的人都喜欢收藏、询价或购买。

如果一款产品，既没有好的点击率，也没有好的转化率，那么注入再多的流量也是枉然，不利于后期的操作。所以在测款的过程中，产品的点击率和转化率是判断一款产品是否优秀、有潜力的重要指标。

1. 如何界定点击率转化率是否达标

关于点击率、转化率的好坏标准界定，介绍下面 3 种方法。

第一种方法是主观评判。比如，某款产品的点击率是 1%也好，是 5%也好，商家根据现有产出和自身规划觉得可以承受，认为当前的产出值得继续投入，那么就可以继续投入，无可厚非。

第二种方法是对比行业均值。我们可以通过行业交流来了解某品类的点击率、转化率大概处于什么水平，或者根据后台“数据概览”中的同行均值数据粗略推导某一细分类目下同行平均的点击和转化水平。如果自己的数据优秀于同行均值水平，那么是值得继续加大投入推广观察后续数据变化的。

最后一种方法是按照广为流传的爆点反参考标准 1000:10:1 来做衡量。也就是 1000 个曝光产生 10 个点击和 1 个询盘。将 1%的点击率、10%的转化率作为大众参考值，低于这个值则需要继续努力。

单纯地掌握这些衡量方式并无意义，我们还必须将产品进行上架推广，根据产品的实际表现重新审视衡量标准。例如，我们按照 1%的点击率、10%的转化率进行了预设标准，而实际结果点击率只有 8‰，转化率却有 15%；或者点击率有 2%，转化率只有 8%。在这些情况下则需要运营人员重新去定义它的好坏，或者说也勉强算优质，但不是很优质。要不要继续加大推广，则看运营人员自己的情况和想法。

2. 测款，就是上架后看数据表现

产品只有经过上市跑一段时间的数据，我们才能够知道它的好坏。为了减少不必要的预算浪费，在上架测试前，我们需要对产品的标题、视觉设计做一些基础性检查，可以对照第 1 讲“写标题”和第 2 讲“主图策划”中提到的要点来排查一些基础性错误。初步排查到位即可，不用过于细致，因为此阶段的目的仅是测试产品的好坏而已，加速测款的效率。

产品上架之后，我们需要给它一些曝光，这一步可以借助直通车来完成。推广时建议多推广一些长尾词，搭配少数大词进行推广，给产品注入一些曝光来看它的表现。当数据积累到一定数值，一款产品能不能成长、具不具备优秀款的潜质，基本也就有了雏形。商家可以根据不同产品的点击率、咨询率、收藏率来对产品进行分层和排序，为后续推广方案做铺垫。

在测款过程中，最常见的结果就是产品的最终表现不尽如人意。这是司空见惯的，生意从来都不是好做的，遇到产品表现不好也不必气馁。为了提高测款成功的概率，我们可以对多款产品同时进行测试，利用“对比择优”的手段来提升选出优质款的概率，不要把希望全都放在单一产品上。还有，试销阶段除了可以用直通车为产品引流，也可以尝试详情页跳转链接、首页推广、参加活动促销等方式来给测试产品带来足够的曝光。在这个过程中，除了必要的错误修正，尽量做到不要人为干预，以免测试结果产生误差。

第 16 讲　如何操作老店铺

当我们更换了新的工作，或者调整了新的工作岗位，难免会遇到要接手老店铺的情况。面对一家未知的店铺，我们应该如何操作呢？笔者把它归纳为 3 个步骤。第一步，认知和了解店铺；第二步，诊断和梳理店铺；第三步，优化或提升店铺。也就是先熟悉了解，再诊断梳理，最后修正现存问题和思考提升方案的过程。接下来我们逐一来看。

1. 认知和了解店铺

当我们接手一家老店铺时，对于店铺的一切都是未知的。我们需要先了解和熟悉它，这是一个认知的过程。我们需要花些时间去认真了解以下内容。

（1）店铺产品线及主营。

我们首先需要知道店铺销售的是哪些产品，以及主营类目、主推产品是哪些。

打开阿里国际站后台，进入“产品管理”板块，我们可以了解到店铺总计上架了多少款产品。紧接着进入“产品分组”页面，先了解店铺每一个分组的名称和店铺产品覆盖的类别，再看每一个分组下都有哪些产品，快速地在脑海中构建一个店铺品类覆盖结构图。这样，通过几个简单的浏览动作，店铺的产品线就被我们快速识别了。

至于店铺的所有产品中，哪些是主营产品，哪些是爆款产品，可以通过向老员工或工作交接人询问了解。如果无法通过询问快速得知也没有关系，我们可以自己在阿里国际站后台的“数据概览”和“产品分析”板块中，通过数据了解到这些信息。询问的好处一方面是可以快速了解，另一方面是除了表面信息，通过沟通我们也容易获得更多的引申信息，有助于加强团队的协作。

（2）查看店铺效果水平。

了解了店铺的产品线和主营产品后，接下来就是看这些产品的平台效果如何，在同行中处于什么水平，与同行平均和同行优秀的差距有多大。在阿里国际站后台的“数据概览”板块中，可以查看店铺的经营数据，详细了解每月及每周的访客数、曝光次数、点击次数、询盘人数、询盘个数、TM 咨询（即时咨询）量，以及信保订单和金额情况。点击每一个数据指标，下方还会展示与同行平均及同行优秀的差距和趋势情况，这些都可以让我们对店铺效果有一个大致的了解。

刚接手一家老店铺时，不妨在后台的“数据分析”板块多翻一翻，将每一个数据板块都浏览一番。这样，我们对于店铺的现状会有更加细致的体验。

（3）梳理店铺效果结构。

对于店铺效果结构，我们主要看两个层面。一个是店铺产品的效果结构，另一个是店铺推广的效果结构。这两个效果结构反映了店铺整体的效果构成和细节。

在阿里国际站后台“产品分析”板块中，可以查看店铺所有有效果产品的详细数据。我们按各个指标降序排序，可以梳理出店铺主要指标的效果结构。比如，按询盘指标降序排列，可以轻松看出店铺询盘的分布情况：询盘量分别是由哪些产品贡献的，以及哪些产品贡献的询盘量最多。把这些数据梳理成分支结构纳入大脑中，这样在后期分析问题和思考优化时，就可以直接拿这个结构来用，会方便很多。此外，按照曝光量、点击量、访客量等效果指标进行降序排序，重复上述过程，亦可搭建店铺的曝光效果结构、点击效果结构和访客效果结构，这些效果结构在后期分析问题时均可直接调用。

对于开通了付费推广的店铺，我们还需要梳理推广的效果结构，用于对比店铺整体效果，计算付费效果的比重，以此来检查店铺的健康程度。更重要的是，效果结构是我们分析问题和寻找落地点的实用工具。通过直通车词的曝光和点击效果结构、推广产品的曝光和点击效果结构，结合产品整体的效果，我们很容易知道优秀产品各指标的自然效果和付费效果占比构成，从而深度衡量产品的综合表现。

（4）了解店铺其他概况。

为什么要把店铺的概况放在最后说呢？是因为当我们接手一家店铺时，要知道自己的重心在哪里，知道自己当下在做什么。而不是胡乱地在这里看看，在那里看看。对于新接手的一家店铺来讲，最核心的地方莫过于店铺效果，而了解店铺效果最好的方式就是对其进行拆解。拆解得越细，后续分析问题和寻找落地点时就越容易。

除此之外，接手一家新的店铺，对其大致的样貌也应该有所了解。店铺的星等级是多少，核心词排名怎样，子账号的数据表现如何，活动、访客营销、RFQ 和粉丝通的情况怎样，这些都是需要去全面了解的。当我们专门花费时间去做上述认知和梳理后，我们就基本掌握了这家店铺的"灵魂"。

2．诊断和梳理店铺

熟悉了新接手的店铺之后，接下来就要对店铺进行诊断和梳理。诊断的目的是发现店铺现存的错误或不够完善准确的地方，将其一一记录下来，挑紧急的问题先进行修改。梳理的目的则是给后续规划提供逻辑思路。

按照上面提到的效果结构，对店铺产品按效果表现进行排序，依次检查头部、中部和底部效果的产品，或者按照高曝光低点击、高点击低反馈等筛选指标进行筛选，依据现有效果数据检查产品的标题、主图、详情页等是否存在不足。诊断的逻辑可以参考第 1 讲"写标题"、第 2 讲"主图策划"和第 3 讲"详情页策划"中所提到的要求和思路，及时检查店铺产品现存的错误和不足。

对推广进行诊断也是一样的，对于高花费低询盘、高曝光低点击、高点击低反馈的词和产品也要进行积极挖掘和发现，及时找到存在错误和不足的地方。关于店铺信息和产品信息未填写完善的地方也不能忽视，都要逐一排查。总之，就是要尽力挖掘店铺各个模块［店铺信息、产品信息、直通车推广、粉丝通、RFQ（报价请求）、活动板块等］存在遗漏或问题的地方，并进行记录和处理。

3．优化或提升店铺

对上述诊断过程进行挖掘之后，对于有问题的地方要及时改正，没问题的地方要考虑提升。标题和主图的优化可参考第 5 讲"标题优化"和第 6 讲"主图优化"。对于店铺及产品信息缺失或不准确的地方，要及时补充和矫正。特别是效果层面，对于高曝光低点击、高点击低反馈等情况，要及时调整和止损，通过修正问题或更换推广的方式进行初步优化。

接手一家老店铺，首要的动作就是止损和提升。总之，就是有问题的地方要及时地修正和完善，没问题的地方要考虑下一步如何提升和突破，依据强大的逻辑推理和公式依据来寻找新的抓手，让店铺效果朝着更好的方向发展。

第 17 讲　爆款打造的路径

爆款打造的路径包括两个步骤，第一步是找到具有爆款潜质的款，第二步是利用技巧或资源让其爆发。这两个步骤缺一不可，并且顺序不能颠倒。很多人在打造爆款的过程中，都侧重于技术，而忽略了第一步的选择，这是非常不正确的。资源和技术的错误投入，会让自身效果变得更差。

以阿里国际站为例，很多人认为爆款打造就是简单地将多个词绑定到同一款产品上，企图通过流量集中的方式让其成为爆款，这是极为片面的。这种做法很可能出现的结果就是，产品在这个词上表现得很差，在那个词上表现得也不好。到头来，一个能支撑起效果的词都没有，产品没爆，钱还花了不少，这种现象是经常发生的。

爆款不是随意设定的，必须是经过市场检验的具有成为爆款潜质的款。

1. 爆款打造的前提是找到具备爆款潜质的产品

在爆款打造之前，我们先来讨论一个概念：什么是爆款？所谓爆款就是这款产品很火爆，买的人非常多，成交的非常多。这种通俗易懂的描述，应该很容易理解。放到阿里国际站上再往前还原一点，就是看的人多、点击的人多、询盘的人多、收藏和比价的人也多。

所以，一款产品如果能够被很多人喜欢，大量销售成为爆款，那么在它成为爆款之前，它一定已经具备了成为爆款的潜质，具备不错的各项效果指标。这些优秀的指标经过数据的放大，可以在短期内迅速改变这款产品的命运，使其成为爆款。

我们举个例子来理解这句话。A 在某个地方开了一家小卖店，里面有一款新产品被经意或不经意地放在了货架上，转天营业后，在前二十个进店客户中，有 15 个客户都拿起了这款产品看了又看，最终有 10 个人购买。再后来，每进店 20 个客户，都有着相同的行为规律。那么从这款产品的初期数据表现来看，可以确定这款产品是受广大客户喜欢的，值得大力推广。当引进更多客户后，随着数据的放大，成交也会越来越多，形成良性循环，口口相传，最终成为爆款。

我们把这初期就具备各项优质数据指标的产品称为潜质爆款。把引进大量客户的过程称为资源投入，把交易循环、口口相传的过程称为搜索权重的迭代。越是被展现，数据表现越好，数据表现越好，越是被展现。

那么如何找到这些具备爆款潜质的产品呢？我们可以通过阿里国际站后台“数据分析”板块的“产品分析”数据来看。按照询盘、TM 和点击率来筛选，挖掘各项综合指标都表现优异的产品作为潜质爆款，筛选出几款高曝光、高点击、高询盘或高 TM 咨询的产品。

对于这类潜质爆款，或者表现优秀的款，应该让其效果最大化，不要浪费它们优质的点击率和转化率，依据公式：咨询量=曝光量×点击率×咨询转化率，在点击率和转化率都不错的情况下，加大曝光是可以提升其产出效果的。当然，我们在实际操作中，可能并不想在短期内打造爆款，从而承担风险，但是对优秀的款进行数据放大，这无疑是正确的操作。将推广资源集中在少数的优秀款上面，可以提升和稳定店铺的咨询量效果。

2. 爆款打造的过程是利用技巧和资源让其爆发

爆款打造是电商运营人热衷的一种方式，其风险较大。这个过程往往会花费不少的人力、物力和财力。而爆款打造的结果却不一定是成功的，所以我们往往需要一些操作技巧来规避风险。

要想提升爆款打造的成功概率，款式的选择尤为重要，对的款可以让你少花很多的精力和金钱。通过后台“产品分析”数据挑选出的优质款之后，我们还需放到直通车上去推广，观察其流量放大之后，是否还能保持住流量的高点击和高转化。对于数据表现并不是很优质的产品，我们也需要对比择优，观察在推广过程中谁的表现好。

在这个过程中，我们主要是通过控制变量法，来看上架直通车推广环境后它们的表现变化。我们给不同的初期优质款注入同样多的流量，收集每个款 30 个点击或 50 个点击的数据进行分析，着重关注同样点击量下，不同产品点击率、转化率、收藏率等指标的对比，在同等流量规模下，哪一款产品的表现更好，更适合继续放大流量。

对选出的优秀款进行数据的等比放大，有两种方式。一种是短期注入大量流量快速起爆，这种方式通常存在一定的风险性，需要较高的推广投入，高收益与高风险并存。另一种是长期的慢慢放大，这也是很多商家比较倾向的方式，一方面可以减少投入，另一方面如果遇到数据波动或转折，也可以及时止损改变方案。

在爆款打造的过程中，在各项数据指标都能维持住的情况下，成交得越多、交易体量越大，产品所获得的权重也就越高，从而获取流量的能力也就越强，这是通过搜索做爆款的核心原理。我们不能忽略的一点是，产品在流量放大后，依旧具备优质的承接流量的能力。

另一个操作技巧是付费推广的设置。众所周知，同一款产品在不同词下的表现会稍有差异。推广时，我们要摒弃那些表现不好的词，将所有的推广关键词按效果进行排序，优先使用点击率和转化率较好的那些词，来为这款产品注入长期优质的流量，换句话说，这是让资源集中再集中的一步操作，要把推广费用花在刀刃上，投到投入产出比最优的那些词上，这样才能更好地发挥引流和转化效果。

第 2 篇 单品的成长路径

单品成长是操作店铺不可或缺的过程，也是极其考验运营功底的过程；是产品从上架到推广，从推广到有效果的必经之路。众所周知，店铺效果来自店内所有产品的效果之和。在实际运营操作中，能将单品操作做好，成功地打造出一个或多个有效果的产品是一件是十分重要的事情。

要想做好单品的效果，首先需要了解效果是如何生成的。本篇将围绕产品从 0 到 1 的成长过程，透彻剖析产品每一步的成长经历，详细解析搜索引擎和搜索权重的工作原理，并顺应其工作原理做好各细节运营工作，科学地做好产品从 0 到 1 的运营工作。

第 18 讲 关键词库整理

制作关键词库是运营人员必须掌握的基本技能，主要用于管理关键词和发布产品。其制作过程大体分为以下几个步骤。

第一步，熟悉找词渠道。

第二步，寻找元词和拓展词。

第三步，对关键词进行合并和筛选。

第四步，添加关键词衡量维度。

接下来我们逐一了解。

1. 熟悉找词渠道

运营阿里国际站时，最常见的找词渠道是阿里国际站后台“数据分析”板块下的“关键词指数”和前台的搜索下拉框（见图 18-1 和图 18-2），建议把这两个渠道作为找词的主要渠道。之所以这么说，是因为这两个渠道的数据反映着买家在阿里国际站站内的搜索频次。关键词搜索指数是买家在阿里国际站站内的实际搜索频次的函数值，搜索指数越大，在站内搜索的人越多。搜索下拉框词数据则是根据买家在下拉框的搜索行为进行的统计，二者都是反映买家在站内搜索行为的权威数据。

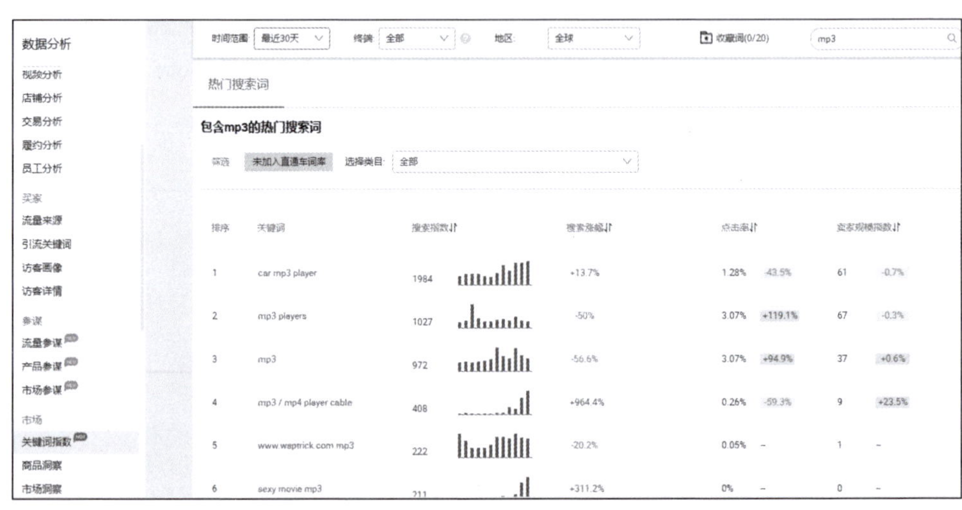

图 18-1 关键词指数热门搜索词数据

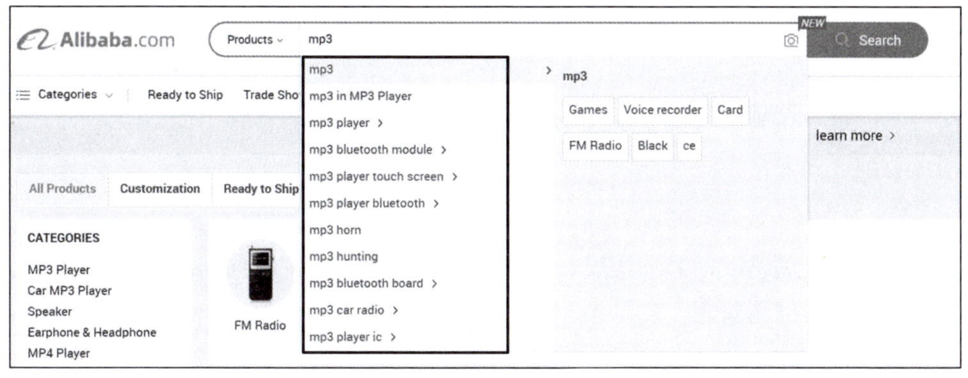

图 18-2　搜索下拉框词数据

如果我们有时间和精力，还可以通过第 1 讲“写标题”中提到的更多找词渠道进行关键词的挖掘。但是，我们往往会发现，从不同渠道收集来的关键词几乎都是高度重叠的。因为对一个行业来说，大家使用的词几乎是一样的，就只有这么多的词。或许我们能从边边角角中挖掘到一些与产品贴切且后台关键词指数中没有出现的词，但是这些词往往不具有什么热度，使用价值并不是很高。所以，为了提升工作效率，我们仅仅通过阿里平台提供的渠道挖掘关键词就足够了，能用好这些，就足以让我们的店铺脱颖而出。

2. 寻找元词和拓展词

挖掘关键词时，不论是去阿里国际站后台收集词还是去其他地方收集词，都需要我们先给系统一个词，系统才能返回给我们想要的词。给系统下达拓词指令的原始词也称元词，是整理词库的开始。

在确定原始词时，我们可以直接确定几个英文叫法，或者根据中文叫法进行翻译。原始词的数量无须太多，但一定要准确，叫法上不能出现偏差。通常准备 3～5 个原始词即可。

准备了原始词之后，我们需要对其进行拓展。我们可以收集一些拓展的谷歌词、小语种词、阿里热搜词等关键词，然后进行挑选，来对原始词库做一个补充。这一步的拓词并不是真正意义上的拓展更多的关键词，而是用来补充忽略的、尚未想到的更多类型的描述性叫法。建议最终确定的原始词数量不要超过 15 个，10 个以内最佳。

原始词整理完毕，接下来即可在“关键词指数”中拓展更多的关键词。通过逐一输入原始词，系统会返回与之相关的更多的热门搜索词。关于拓展关键词，拥有行业版“数据参谋”的商家可以直接从后台导出热搜词表格，没有行业版“数据参谋”的商家可以去后台服务市场寻找一些辅助工具来下载热门搜索词。

搜索下拉框词的整理过程也是一样的。我们将整理好的元词拿去阿里国际站前台一一进行搜索，收集系统提示的搜索下拉框词。然后将各个渠道收集的关键词汇总到一张表格中。这样，一张满是关键词的表格就制作完成了。

3. 对关键词进行合并和筛选

为了提升关键词的整理速度，我们需要将收集好的关键词全部合并到一列，对这些词进行筛选整理，剔除不相干的词。这是一份需要耐心的工作。整理关键词时，建议创建一个新的表单，尽量不要破坏原始数据。

将数据放置到一列之后，首先对其去重，删除来自不同渠道、重复出现的词。接下来就是耐心地筛选和删除不相干词和侵权词，这是一份漫长且需要细心的工作，需要一个词一个词地进行筛选。为了提升筛选的效率，我们可以直接放弃搜索指数非常低的词，只保留搜索指数大于 3 的搜索词，减轻筛词的压力。

如果商家的英文不是很好，也可以新建一列，将批量翻译好的中文放置其中进行参照对比，这样也可以加速关键词筛选的效率。无关词删除之后，也可以按材质、功能等属性对其进行简单的分类或分组，方便后期更好地使用关键词。

4. 添加关键词衡量维度

说到关键词管理，仅剔除无关词和分类分组是远远不够的。真正意义上的关键词管理，需要从商业的角度出发，添加更多实用的衡量维度。如图 18-3 所示，“数据分析”板块的“关键词指数”中提供了关键词的搜索指数、卖家规模指数等衡量维度，我们可以直接使用。

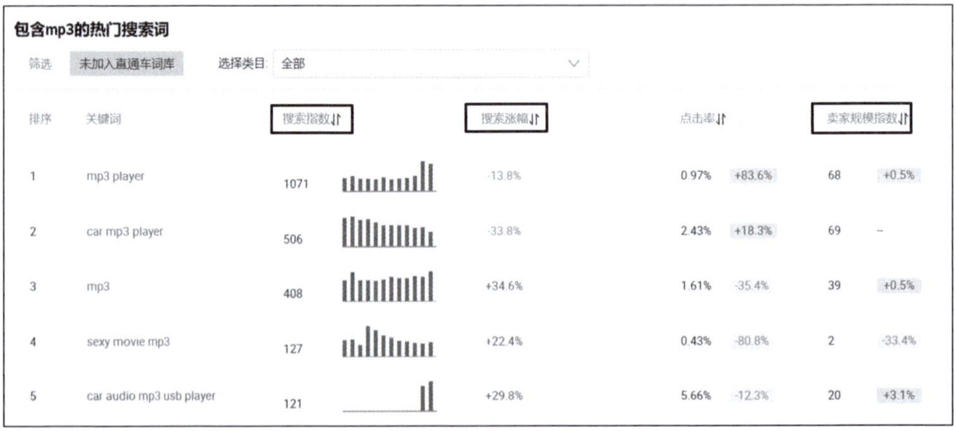

包含mp3的热门搜索词

筛选 未加入直通车词库 选择类目: 全部

排序	关键词	搜索指数	搜索涨幅	点击率		卖家规模指数	
1	mp3 player	1071	-13.8%	0.97%	+83.6%	68	+0.5%
2	car mp3 player	506	-33.8%	2.43%	+18.3%	69	--
3	mp3	408	+34.6%	1.61%	-35.4%	39	+0.5%
4	sexy movie mp3	127	+22.4%	0.43%	-80.8%	2	-33.4%
5	car audio mp3 usb player	121	+29.8%	5.66%	-12.3%	20	+3.1%

图 18-3　平台提供的关键词衡量维度

如果我们在整理关键词的过程中，弄乱或删除了关键词的衡量维度，也可以根据初始下载的热门搜索词表格进行重新匹配数据。如图 18-4 所示，使用 VLOOKUP 函数对每一个关键词的搜索指数、卖家规模指数进行重新匹配，并根据匹配之后的数据按照搜索指数降序排序，保存数据。

J2　=VLOOKUP(I2,A:G,2,0)

	A	B	C	D	E	F	G	H	I	J	K	L
1	关键词	搜索指数	搜索涨幅	点击率	点击率涨幅	卖家规模指数	卖家规模指数涨幅		关键词	搜索指数	搜索涨幅	卖家规模指数
2	car mp3 player	1986	-24.43%	1.91%	38.60%	68	4.44%		mp3 players	1533	0.1507	67
3	mp3 players	1533	15.07%	2.56%	-15.41%	67	0.27%		mp3	899	0.1874	39
4	mp3	899	18.74%	2.54%	-19.39%	39	5.06%		mp3 bluetooth	39	-0.145	2
5	sexy movie mp3	374	-40.98%	0.45%	-5.87%	2	0%		mp3 music play	33	-0.3779	33
6	sexy video mp3 downlc	194	-35.44%	0%	-100%	3	0%		car audio mp3	25	0.9773	9
7	mp3 bluetooth module	108	-10.07%	4.64%	-45.99%	4	20%					
8	mp3 / mp4 player cabl	81	-43.58%	0.41%	-40.92%	12	0%					
9	www.waptrick.com mp3	70	8.94%	0%	0%	1	0%					
10	blue film video downl	69	278.43%	0%	0%	5	0%					
11	mp3 decoder board	62	41.45%	7.55%	-6.98%	28	-0.93%					
12	car mp3	59	-48.67%	11%	-39.23%	29	0%					
13	mp3 video sexy	56	227.59%	0%	0%	0	0%					
14	reproductor mp3	52	-7.64%	6.69%	-40.63%	6	10%					
15	mp3 player touch scre	52	398.04%	5.12%	0%	4	16.67%					
16	mp3 player bluetooth	51	146%	6.91%	591.06%	12	0%					
17	mp3 module	50	55.19%	4.18%	-62.10%	26	-2.08%					

图 18-4　利用函数匹配缺失数据

这样就完成了基础的关键词库整理和制作。当然，关于关键词的衡量维度，我们还可以添加更多，但因为其他维度的数据获取相对困难，我们能够用好现有的搜索指数和商家规模指数等数据，就已经可以很好地开展工作了。

第 19 讲　关键词库分析与布局

关键词库整理完毕之后，接下来我们需要对其进行分析。分析关键词库主要是为了深入地了解市场需求，规划自己的品类分布。在分析关键词库之前，我们先来了解一下后台“关键词指数”中的关键词数据是怎么来的。

关键词的由来不是无缘无故的，是系统记录的买家搜索行为。举一个例子，买家打开阿里前台搜索框输入一个词——黑色书包，系统就会将买家输入的这个词收集起来，并进行相应搜索频次的统计，最后将全网关键词的搜索频次以搜索指数的形式展现给商家，来指明商家哪些关键词的搜索次数多，哪些关键词的搜索次数少。那么，买家为什么要输入“黑色书包”这样一个词呢？说明他有书包这个需求，并且他想要的书包颜色是黑色的。由此可见，关键词中隐藏了大量的买家需求分布。

利用关键词数据了解买家市场，是运营人员需要具备的一个思维。因为所有的关键词都不是无缘无故产生的，关键词的搜索指数也不是胡乱标记的。它们在一定程度上反映着市场的需求。

如何通过关键词数据来了解买家市场呢？我们通常将关键词进行分组，将相同的需求归类，将不同的需求区分开来，以此来统计不同需求的分布情况。比如，搜索黑色书包的人数是 5 人，搜索红色书包的人数是 7 人，足以说明红色书包的需求要高于黑色书包吗？当然不是，这还是有些片面的，还需要统计其他包含红色书包和黑色书包的关键词及其对应的搜索频次。

下面举一个例子来帮助商家了解买家需求，有以下一组搜索词数据：

搜索黑色书包的人数是 5 人；

搜索黑色大容量书包的人数是 2 人；

搜索黑色双肩书包的人数是 1 人；

搜索红色书包的人数是 7 人；

搜索红色双肩书包的人是 1 人；

搜索红色运动书包的人数是 2 人。

根据以上这组数据，我们来看以下问题：

需求黑色书包的人数有多少？

需求红色书包的人数有多少？

需求是大容量的人数有多少？

需求是双肩书包的人数有多少？

需求是双肩书包并且是黑色的人数有多少？

需求是运动书包的人数有多少？

想必我们通过对以上问题的思考，基本能够感知到关键词数据的价值和意义。商家可以通过对关键词进行分组归类，来统计买家的需求分布。虽然在实际分析中无法找到某一个词具体的搜索人数，但是关键词库中整理的搜索指数数据同样是对搜索频次的体现，我们只需要对比分布情况即可，可以直接用搜索指数替代。

对关键词进行分组归类的方式也是多样的，分组的维度也是由商家灵活操作的，既可以是单一属性的统计，也可以是多个属性的混合统计，取决于商家需要分析、了解哪些信息，通常我们建议商家按单一的维度分别进行细分。比如，对于围巾产品，我们可以按颜色维度进行细分，统计不同颜色的搜索频次分布；按款式维度进行细分，统计不同款式的搜索频次分布；按材质维度进行细分，统计不同材质的搜索频次分布。将不同的分析维度分隔开来。当然，有些商家认为这样过于烦琐，就想统计部分热门属性的搜索频次分布，将细分材质和细分款式混合在一起进行统计分析，这样也是可以的，一切根据我们的目的来进行。

图 19-1 所示为围巾细分属性搜索频次分布演示，这是对关键词库属性的划分演示。由于本讲主要是讲述单品操作过程的一个分析点，并不是 Excel 的使用演示，读者只需要了解关键词库是具备这样一种分析价值的即可。

细分类目	款式	频次	材质	频次	人群	频次	季节	频次
围巾	穆斯林	220	针織	90	男士	3	冬季	20
围巾	土耳其	150	聚酯	120	女士	165	夏季	60
围巾	马来西亚	56	丝绸	30	儿童	35	春秋	110
围巾	尼泊尔	9					秋季	90
围巾								
围巾								
围巾								

图 19-1　围巾细分属性搜索频次分布演示

对关键词库进行分类和对搜索频次进行分析，是商家了解市场需求的一种方式，也是其规划自身品类分布的参考数据来源，能够帮助商家了解市场上都需要哪些产品、哪些细分功能和属性，以及需求的人数是多是少，是商家完善和更新自己产品线的引路灯。

商家店铺的总体效果取决于横向品类的丰富度，以及纵向每一个品类、每一款产品所能带来的销售效果。要想提升总体效果，必然需要在横向拓品和纵向单品提升之间做出选择。而市场搜索词的搜索需求分布数据，对于我们横向补充品类、开发新的产品有很好的指导作用，是商家运营时了解市场需求的有效途径。

第 20 讲　产品上架标准

好的标准是完成良好规定动作的约束框架。之所以不直接介绍产品发布而是介绍产品上架的标准，是因为现在大多数人都会发布产品，关于产品发布的教程也铺天盖地。但是只有具备好的标准，才能达到好的效果。

关于产品发布的技巧，笔者更倾向于说它没有技巧，主要考察的是发布者的工作状态，是否细致用心，是否能够将产品发布页面需要填写的内容从头到尾细致、准确地填写完整。接下来我们逐一看看这些需要填写的内容。

1. 类目选择标准

发布产品的第一件事就是选择产品所在的类目。类目是搜索引擎匹配产品的第一步识别要素，类目的正确与否直接影响着搜索引擎能否匹配到我们的产品，所以选择类目一定不能出错。

我们在选择类目的时候，除了可以根据产品所属品类主观地选择类目，还可以通过输入关键词的形式让系统推荐一些类目供我们选择。但如果我们无法确定所选类目是否准确，或者说难以在系统提供的类目选项中找到合适的类目，则建议使用键入关键词的形式来选择系统推荐的类目。通常来说，系统推荐的类目都是相对准确的。

在选择系统推荐的类目时，系统往往会同时推荐多个类目来让商家选择。我们可以根据主观识别选择最合适的那一个。同一款产品是可以同时属于多个类目的，也就是说，系统推荐的这些类目中可能有不止一个可以同时满足商家和系统的要求的类目，产品与所属类目并不是唯一对应关系。

如果遇到实在不放心的情况，也可以用关键词去前台搜索，看看系统展现出来的同行产品都放在了哪些类目下，以此为参考。类目选择之后，还需要选择发布的产品类型是“直接下单品”还是“非直接下单品”，需根据自身规划和产品本身的性质来选择。类目的选择本身并不难。

2. 标题拼写标准

标题作为买家识别产品和系统识别匹配流量的第一要素，在运营中有不低的重要性。标题的好坏也直接影响着产品上架之后的效果，这是值得所有运营人员重视的一个环节。标题拼写最重要的标准就是文能对题、用词准确，其次是尽可能完整丰富、语句通顺、长度适中。

3. 3 个关键词框填写标准

3 个关键词具有辅助系统识别标题、覆盖长尾流量的作用。在拼写时需要格外注意，用词不能与标题冲突，否则将不利于系统识别标题，干扰其文本相关性的评判。对于 3 个关键词的设置，既可以写满，也可以使用简短的关键词对标题进行强调和补充。在设置 3 个关键词时，建议其中两个关键词与标题高度重复，甚至可以从标题中选择关键词搬运到下方的关键词框中。剩余一个关键词则是对标题的补充，使同一个标题能够覆盖更多的关键词。3 个关键词框对标题文本同时起到强调和补充的作用，关键是要确保用词准确。

4．属性填写标准

属性的填写主要分为两个部分。一个是系统要求填写的属性部分，另一个是自定义填写的属性部分。在系统要求填写的属性部分，除了必填属性，对于非必填的属性也要尽可能地填写完整。这些属性有机会在买家搜索时，被单独挑选出来作为筛选条件供买家筛选，我们填写得越多，越准确，在筛选时就越容易被圈选在内。

除了系统要求商家填写的属性，商家还可以填写最多 10 个自定义属性。建议商家在填写自定义属性时，多填写一些重要的属性，特别是买家关心的属性、卖点属性。如果实在不知道填写哪些内容，也可以去前台搜索，查看同类产品填写的内容。有些买家不善于主动发起咨询，也许正好有几个重要的属性命中了买家心思从而产生了交易，不建议填写一些没有营养价值的属性。

5．主图标准

准备发布产品的主图一定要符合平台的要求，特备是尺寸和画面整洁度，它对产品发布的质量分有很大的影响。尤其是第一张主图，不仅直接影响产品质量分，还影响着买家对产品的第一印象和点击欲望，商家需要对此重视起来。关于主图策划的更多标准，可参考第 2 讲“主图策划”。

6．主图视频标准

主图视频也是买家容易查看的一个环节，特别是无线端浏览，视频传达信息更快速、更直观。无线端的主图视频也是容易引起买家注意的地方，所以要向买家表达什么信息，要提前策划好，让视频所表达的内容优质、有逻辑。当然，也有很多商家的视频来源于供应链源头，并非自己制作。我们可以挑选一些优质的视频进行上传，甚至做一些小的剪辑。主图视频能够加强对买家信息的传递，其画面质感越好，传递的效果就越好。

7．详情页标准

对于大多数店铺来说，产品详情页既是承接店铺流量最多的一个板块，也是买家了解信息最直接的板块。其在产品发布过程中的作用主要是向买家传达信息、塑造价值、引导交易，所以详情页的制作标准主要在于两个方面，一个是传达的内容要高质，另一个是设计的画面要简单直观，不能让买家难以理解。

发布产品时，详情页有“智能编辑”和“普通编辑”可以选择，商家可以根据喜好来选择。“智能编辑”对于超链接的兼容性更好，可以分别在 PC 端和无线端实现超链接的跳转和流量分发。"普通编辑"相对来说更加灵活，可发挥性更强，但是自定义的热区链接并不适用于无线端的跳转，二者各有千秋。总的来说，"智能编辑"更加适合新手商家。

在制作详情页时，系统支持 PC 端和无线端分开制作，PC 端倾向于横屏浏览，无线端倾向于竖屏浏览，横屏设计和竖屏设计在视觉设计上可以是两种不同的风格。商家可以根据自家店铺 PC 端和无线端的数据效果，来决定是否有必要制作 PC 端和无线端两种详情页设计，让详情页更好地发挥其价值。

8．交易信息标准

"交易信息"板块主要填写产品的价格、起订量和样品服务。价格和起订量自然不用多说，商家根据自己的规划来制定，如实填写即可。样品服务栏目建议支持样品服务，多为客户提供一种选择，另外，在一些场景下也要求商家的产品支持样品服务才给予展现。填写样品服务时，样品的价格、包装也要如实填写准确，以加强客户采购时的体验。

9．物流信息标准

物流信息的填写一定要准确，特别是直接下单产品，运费的设置直接影响着订单最终的价格，过高或过低都会影响实际的交易，过高会影响客户支付，过低则可能导致自身亏损。所以在填写产品重量尺寸和设置模板信息时，要如实、准确地填写。为防止物流可能导致的亏损，商家在填写重量等信息时，稍微多填写一点也无可厚非，但一定要注意适度。同时，根据自身产品的特性，商家也可以自行设置模板中运费的溢价。

10．特殊服务和其他标准

产品发布的最后一个板块是"特殊服务"板块，主要包含定制服务、定制内容、生产可视化服务，以及电商一站式服务的内容填写，商家只需根据自身情况如实填写即可。多一些服务，也就多一些希望。当然，如果实在不支持的服务则不要乱开启，以免产生纠纷，确保页面的准确性。

当上述内容全部填写完毕，可以进行从头到尾的浏览检查或预览检查，确保页面信息完整、准确并且产品信息质量分至少是合格的。确认无误后即可提交完成产品的发布，对于需要保存的页面，也可以保存到草稿箱备用。

以上关于产品上架的标准，用一句话来概括就是确保产品发布的页面信息完整准确、细节精致、内容质好。以上标准相对来说较为严格，但不必过于拘泥，部分环节可视自身情况宽松处理。

第 21 讲　确定主推词

产品上架之后，通常需要对其进行推广。确定主推词的目的是缩小推广竞争范围，以及主观选择产品在市场上的成交方向。

1. 缩小推广竞争范围

当一款产品上架之后，系统会通过它的综合表现来给产品分配流量，这个过程也称产品的权重赛马。所以，要想让产品的流量增长，必须做好产品的权重赛马工作。

在推广初期，选择有搜索热度的长尾词作为核心推广关键词，通常是缩小推广竞争范围的有效方式。虽然长尾词的搜索指数不高，但是竞争规模也往往不大，而且由于长尾词包含的属性较多，能更准确地描述产品，转化效果通常也高于大词。好的转化率是带来信保交易的前提，哪怕只是几个样品订单，对于搜索的初期赛马也有很大的帮助。

如果一开始就主推大词，或者推广中含有一些不相干的词，那么这些词所带来的曝光可能表面上会相对较多，但是由于没有较好的点击和转化，综合权重往往难以赛过同行，从而使产品在这些词上的权重越来越弱。众所周知，越是靠近信保交易的数据指标，所产生的加权就越大。仅曝光行为无法产生良好的加权，其他词又没有良好的买家行为数据，产品效果很容易走下坡路。

初期选择长尾词作为主推词还有一个好处，那就是这些词的推广费用相对较低，同样的预算可以获得更多的点击，也有利于产品初期的生长。

2. 主观选择在市场上的成交方向

选择主推词时，另一个需要考虑的维度是关键词的词性：能否清晰描述产品、体现产品特征、满足某一方向的买家需求。这句话可能有些难以理解，我们通过几个例子来详细剖析。

（1）如果你是卖毛衣的商家，对于高领毛衣、长袖毛衣、时尚毛衣，你会选择哪一个词作为主推词？

（2）如果你是卖风扇的商家，对于大功率风扇、可定时风扇、立式风扇、节能风扇，你会选择哪一个词作为主推词？

（3）如果你是卖书包的商家，对于学生书包、大容量书包、多口袋书包，你会选择哪一个词作为主推词？

不同的主推词所带来的效果表现往往是不同的，接下来我们逐一剖析。如果你是卖毛衣的，建议选择的主推词是高领毛衣，因为几乎所有的毛衣都是长袖的，所以竞争环境远远不是长袖毛衣这个词的卖家规模指数所能表现出来的。如果选择长袖毛衣作为主推词，那么搜索结果中所有的长袖毛衣都将成为我们的竞争对手，显然难度是很大的。而时尚毛衣这个词不是一个具备明显成交方向的词，搜索这个词的买家并没有明确的购买需求和意图，也在无形中加大了操作难度。

再来看第二个例子，如果你是卖风扇的，大功率风扇、立式风扇、节能风扇都可以是你的主推词。虽然定时风扇也可以作为主推词，但是搜索这个词的人数不多，无法拿到足够的基础流量，所以在选择主推词时，词性通常是搭配搜索指数一起来衡量的。

立式风扇这个词可以让产品直接从所有风扇中一下子独立出来，“干掉”市场上大部分的非立式风扇产品，迅速缩小竞争范围，减小操作难度。所以立式风扇可以考虑作为主推词使用。而大功率风扇、节能风扇虽然也有相对明确的买家需求，但是同类产品较多，可作为主推词的次选。如果想选择这两个词作为主推，那么在详情页及主图的设计上也最好能够围绕主推词的词性方向进行设置，做到词、图、文高度一致。

买家通过主推词“节能风扇”进店，看到的产品页面介绍也是围绕节能进行的；买家通过“大功率风扇”主推词进店，看到的产品页面也都是围绕大功率展开描述的，这样的转化效果通常不会太差。当主推词确定好以后，可以考虑产品推广和设计的所有方向都围绕主推词进行。

最后一个例子也是如此。如果你是卖书包的，那么在学生书包、大容量书包、多口袋书包中，建议选择学生书包或大容量书包作为主推词。同样是根据关键词的搜索指数排除搜索量极低的词作为主推词，然后根据所选的主推词词性思考它的成交方向，并且围绕成交的方向去做设计。比如，学生书包围绕学生这个群体的场景来做设计，大容量书包则围绕“巨能装”这个场景来做设计，让买家实际看到的画面就是他想要搜索到的画面。

主推词是商家运营产品前期需要认真衡量的词，既要保证主推词有人搜索，能够支撑起进店的流量规模，又要确保通过主推词进店的流量尽可能地产生转化。另外，商家还应追求单款产品的高转化和高成交，至少要努力超过同行的水平，从而让产品的自然数据表现能够获得高的权重和流量分配。

第 22 讲　使用付费推广工具引流

直通车作为引流工具，是很多商家倾向于使用的。本讲将讲述在单品操作过程中直通车所起到的作用。

作为运营人员，操作单品时，如何让这款产品持续地产生销售，甚至打造成爆款，是运营人员需要思考的一个问题。当系统检测到一个新品上架时，它就会给新上架的产品一点初始权重，也就是会给一些随机展现。

如果这个新品在这些展现的关键词上表现得较为优秀，能够产生不错的点击率和转化率，则系统在计算该产品的综合权重时，就会给一个较高的分值参与赛马排序，使产品能够获得更多曝光。反之，则赛马失败，产品的权重较低，所获得曝光的能力也越来越弱。

任何一家店铺都有大量的产品因为最终的权重赛马失败成为弱效果产品和零效果产品，这是不可避免的，我们应该尽可能地进行干预，让产品不成为这些弱效果产品和零效果产品。

以 A 产品为例进行说明。对 A 产品点击提交发布，系统识别到一个新产品上线，会给其一些随机的展现，比如在 a、b、c 这 3 个关键词上，分别给了 8 个、9 个、12 个曝光。遗憾的是，这 3 个关键词都没有带来任何点击效果，而同行新发布的产品则在 a 词上获得了一些点击和访客，那么在 a 词上，同行产品的权重就要高于 A 产品，这是系统根据买家喜好行为数据识别的。买家在前台搜索关键词 a 时，系统就会给同行产品更多的展现机会。

在新品上架阶段，系统分配的流量是随机的且规模较小，其效果产生偶然性的概率也较大。如果我们的产品明明不错，只是恰巧分配了一些不感兴趣的买家流量，或者在这初始的为数不多的展现下，有几个买家没有注意到我们的产品、没有产生买家行为数据，所以根据赛马数据判断我们的产品是不受买家喜欢的，从而不给权重和展现，虽说也合理，但是不够科学。

作为运营人员，要控制这种在新品初期的小概率事件导致的产品效果衰亡，不能任其自生自灭而无动于衷。如果不知道一款产品上架之后是如何生长、衰亡的，这是运营人员不合格的表现。在这一过程中，商家可以利用直通车来辅助产品的生长效果，避免新品初期因系统随机展现的关键词不可控性而导致的效果表现不好。

1. 直通车花钱买流量的可控性

直通车作为强力的引流工具，不论是在买曝光的效率上还是可控性上，都有着不错的效果。商家可以自主选择要推广的产品和关键词，自主设置词品对应关系和关键词的出价，对引进流量的可控性较强。

在上一讲“确定主推词”中，提到了关键词搜索指数和词性对于搜索人次和搜索转化的影响。在推广初期，我们应尽可能多地选择那些具备成交方向、可以缩小产品竞争范围的词作为主推词，通过对词的精准把控来加强初期的转化效果，从而让产品获得更好的买家行为数据表现。

2. 推广时注意搭配大词和小词

在推广初期，确定主推词之后，推广的产品往往不会只设置一个关键词来引流，需要多词搭配推广。为了让产品能够在初期获得较好的点击率和转化率，建议推广时小词的比例高一些，大词的比例低一些。根据需要适时地调整大小词搭配的比例。因为长尾词包含的属性较多，往往更能贴切地描述产品，带来更好的反馈效果。如果在推广的过程中发现了表现较好的词，我们也可以围绕这个词展开拓展，拓展出更多包含这个词的关键词或高度相关的关键词，共同来推广同一款产品。

还有一种情况是比较糟糕的，即推广了一段时间之后，这款产品的表现很不好，所有推广的关键词都无法带来很好的点击和转化效果。这个时候我们需要重新审视推广的关键词和产品，从词的精准性入手，思考推广这些词是否正确，再分析产品的主图和价格，尝试寻找可能导致此问题的原因进行优化后重试。

3. 前期注重测试，不必太纠结效果和投入产出

在新品上架初期，没有任何一个人可以保证推广的效果是好还是不好，但是前期词品的准备工作及主推词的设置可以让我们有一个大致的规划。在正式推广的前期，产品发布的质量越高，推广关键词挑选得越准，产品获得优质表现的概率就越高。推广测试的数据表现，也是我们后期优化和调整的方向。

在新品初期推广的过程中，商家不需要过分关注产品的产出效果。其首要目的应该是测试这款产品在哪些词的表现上好、在哪些词的表现上一般，以及根据引流词的词性和数据表现发掘调整的方向。这样可以为后期长期推广节省不少费用。小范围测试也是新品上架直通车的第一个阶段性目的。

第 23 讲　搜索引擎的工作原理

了解搜索引擎的工作原理是利用搜索引擎做好自然流量的必经之路，当买家打开阿里国际站首页，在搜索框输入了一个关键词，单击“搜索”按钮后，搜索引擎是如何工作的呢？我们根据阿里国际站官方的示意图来梳理一下，如图 23-1 所示。

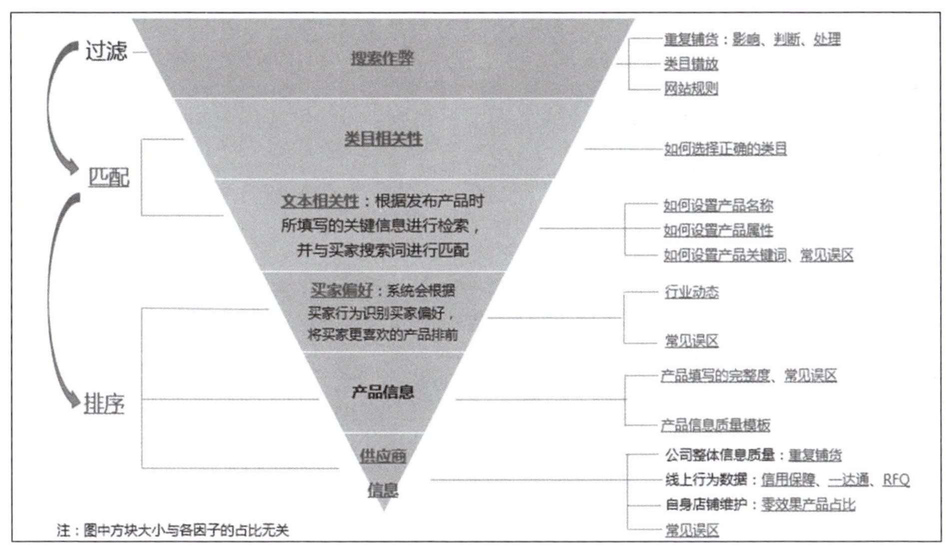

图 23-1　阿里国际站搜索引擎工作原理图

搜索引擎的工作流程如下。

第一步：系统执行过滤程序。

当买家在搜索框输入一个词，单击“搜索”按钮之后，系统第一步执行的是过滤程序。过滤的内容主要包括重复铺货、类目错放、侵权违规等平台认定的违规或作弊行为。也就是说，把不符合要求的产品全部剔除掉，剩下的产品将作为初步合格品进入后续的考察模型。

第二步：系统匹配类目相关性。

经过过滤程序之后，系统会依据买家的搜索词判断买家的购物意图，以此来匹配对应的产品。首先匹配的就是类目，也就是买家的搜索词与哪些类目下的产品相对应，将这些产品圈出来进行下一轮的筛选。这里商家需要注意的是，同一个搜索词可以同时对应多个类目，所以不需要过分纠结放在哪一个类目下，只要是正确的类目都可以放。如果实在不知道怎么选择类目，可以参阅第 20 讲“产品上架标准”来了解如何选择类目。这是非常简单的一步，商家不应该在这一步出错。

第三步：系统匹配文本相关性。

匹配了类目相关性之后，接下来系统开始匹配文本相关性。搜索引擎要保证呈现出的产品是买家想要寻找的产品。文本相关性的匹配方式实际上比较复杂。但是简化一点理解就是查找，找到了就相关，找不到就不相关。

阿里国际站搜索引擎对于文本匹配的规则是“遵从词根的无序匹配”。也就是说，只要你的标题中出现了买家搜索的词，就会被匹配到。系统并不考虑关键词是否有分割和倒叙。

举个例子来说明这个问题。买家搜索“black paper bag”。

标题 1：China cheap price black paper bag。

标题 2：2020 black good paper bag made in china。

标题 3：Wholesale paper high quality black gift bag。

对于上面几种标题，在文本相关性上，系统都认为是相关的，都是可以匹配到的。所以在产品发布上，商家拼写标题的灵活度也有所提升，不一定非要按照每一个关键词的固定顺序来发布产品，极大地提升了标题关键词的覆盖度，不必发布更多重复的产品，也可以覆盖更多的关键词。

还有一种情况需要额外声明，搜索引擎匹配文本时，对于有些词来说，如单复数、极少数别名等情况，系统会对其进行归一处理，也就是系统会将这些词视为同一个词。买家在搜索框输入单数关键词文本时，包含单数和复数关键词的标题文本都是可以被匹配到的。

除了标题可以参与文本相关性的匹配，3 个关键词框及属性和详情页的一些关键词也会被搜索引擎抓取参与文本匹配。所以，如果我们遇到一些搜索量较高的错别字关键词，或者一些不适合写在标题里面的小语种词，可以尝试着放进 3 个关键词框里。由于搜索这些词的竞争结果数量相对较少，搜索引擎会尽可能多地抓取产品展现给买家，我们的产品就有很大的概率被抓取和展示出来。当然，侵权词和违规词绝对不能使用，并且重要的关键词一定要写在标题中。

第四步：系统计算买家喜好分值，根据买家行为数据进行权重的计算和赛马。

经过搜索过滤、类目相关性和文本相关性的筛选之后，所有符合条件的产品都适合呈现给买家。在众多产品中，哪些产品应该展示在前面，哪些产品应该排列到后面，需要依据一个科学合理的评判标准。系统计算产品综合表现时，主要考核产品的历史数据表现是否受买家欢迎。也就是说，某款产品的历史表现好、受买家欢迎、综合权重高，就排到前面，反之，则排到后面。不得不说此规则对于买家体验和商家公平性都是非常友好的。

第五步：综合考量产品及店铺的信息质量。

最后，系统考核的是产品和店铺的信息质量。笔者的理解是当买家搜索一款产品时，如果这款产品的主图很差，产品描述中很多参数残缺不全，那么将无法带给买家很好的购物体验。店铺的信息也是一样的，为提升买家的购物体验，平台会对店铺公司信息、自我维护及产品信息填写的质量、完整度进行考核，对描述不准确、信息不全、主图质量不佳的产品进行相应的减分操作，综合排名相对后移。

所以，商家在填写店铺信息和发布产品时要严格遵守填写规范。这些都是轻而易举就能完成的事情，不应该成为拖累产品排名的因素。

第 24 讲　对搜索权重和买家喜好的深度解读

本讲我们来深度剖析一下买家喜好这个因素。买家喜好作为一个模糊的存在，一直都是运营人员难以摸清的概念。买家喜好到底包含哪些内容？为什么某款产品在某个词上的效果表现越好，这款产品在这个词上的权重就越高？为什么小词可以带动大词？我们来剖析一下。

为了方便大家理解买家喜好这个模型，笔者做了一个数据矩阵图，如图 24-1 所示。该矩阵图并非阿里国际站的实际搜索算法，只是为了方便大家理解权重算法而制作的辅助模型。

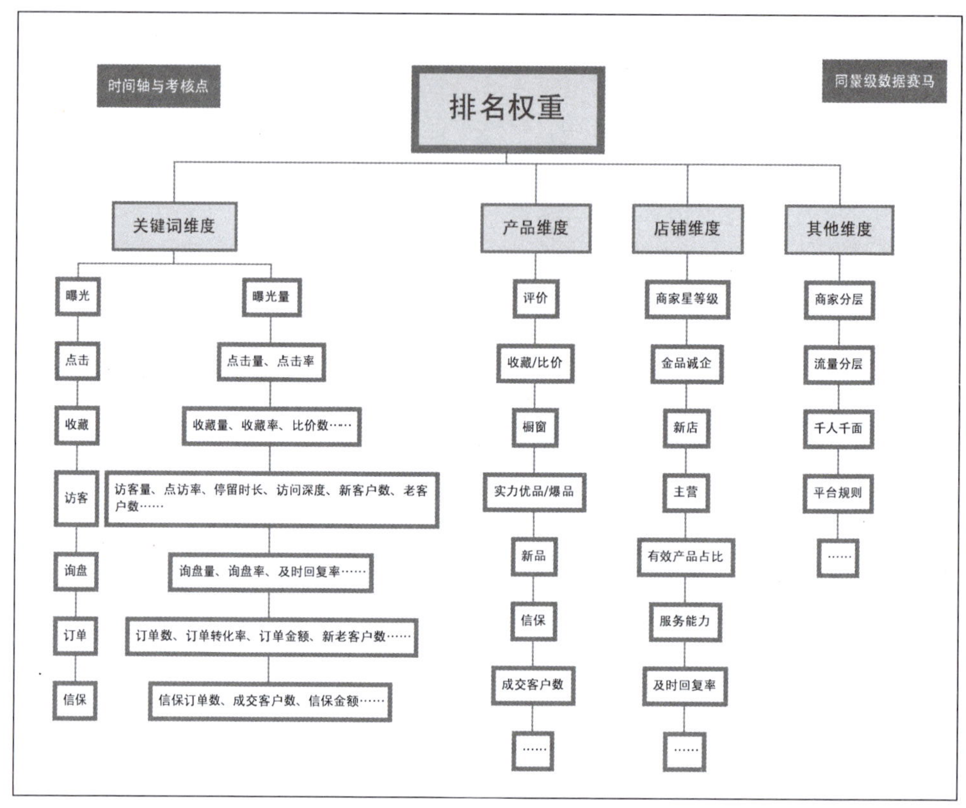

图 24-1　为方便大家理解权重算法而制作的辅助模型

矩阵中横向有多个维度，分别是关键词维度、产品维度、店铺维度和其他维度。纵向是每一个维度下的具体行为或考核指标。

1. 关键词维度

之前我们提到过数据赛马这个概念。假设甲和乙同时上架一款产品，系统分别随机给产品一些展现机会。例如，买家搜索关键词 a，甲和乙分别被展现了 10 次。买家没有点击乙，乙的点击量是 0，有两个人点击了甲，甲的点击量是 2。那么到了这一步，就可以说明买家在这个词上更喜欢甲的产品。从曝光到成交，越是靠近最终交易行为的买家数据指标，越能体现一款产品是否被买家所喜欢。

例如，成交肯定比询盘更能说明买家喜好，询盘肯定比点击更能说明买家喜好，以此类推。仅关键词维度涉及的买家行为指标就多达十几个，甚至几十个。曝光量、点击量、点击率、停留时长、收藏量、比价数、询盘量、订单数、信保金额等行为指标都在一定程度上反映了买家的喜好程度。那么，如何运用这些指标计算买家喜好数据呢？这里引入一个统计学中的概念——权重，也就是重要程度的比重。

比如，信保订单数和信保金额最能说明买家喜好，则权重系数设为 60（假设）；询盘量、及时回复率、询盘率等次之，则权重系数设为 50（假设）；访客量、停留时长、访问深度、收藏和比价行为等又次之，权重系数设为 40（假设）；点击量、点击率等再次之，权重系数设为 30（假设）。当然，每一个指标都有其自己的权重系数，具体的算法也是由平台制定的。我们能理解这个原理就好，不用纠结具体的权重系数是多少，知道了也没有太大的意义，只要知道买家行为中越靠近最终交易的指标权重系数越大就可以了。

接着上面的例子，甲的产品在 a 关键词上优于乙，那么甲的排名就应该在乙的前面。买家搜索关键词 b，如果乙在 b 词上的表现好于甲。那么在 b 词的权重上乙就会更高一些，在 b 词上乙排在甲的前面，这样甲、乙各自都有适合的词。系统根据大量的买家行为数据来定义买家喜好的产品，搜索 a 词的买家更喜欢甲的产品，搜索 b 词的买家更喜欢乙的产品，大家各取所需，这样呈现出来的结果使买家购物时有更好的体验。

如果不按照买家行为数据来计算权重，忽视买家喜好因素，大量的买家搜索关键词 a 明明更想要甲的产品，系统却偏偏把其他的产品推广到前面，买家难以找到好的产品，久而久之，用户就会流失，对于买家、卖家和平台来说都是一种损害。所以，当甲的产品在某一个词上表现得越好时，产生的数据越优秀，综合权重也就越大，系统在这个词上给予甲的曝光率就越高，周而复始地循环。卖得越好的产品，后期带来的询盘和成交也往往越好。

2. 产品维度

为什么小词可以带动大词？或者说为什么 a 词可以带动 b 词？因为权重也是根据分词进行统计的。比如，买家搜索 black paper bag 进行了一系列的浏览、点击行为并最终产生了成交，那么在 paper bag 上也是有一定加权的。正因为大部分的小词中都包含大词，所以大量的小词产生了权重也会导致大词的权重提升。另外，还有一个影响因素可以导致大词的权重提升或其他词的权重提升，那就是综合权重。

综合权重的考量不仅包含关键词维度，还包含产品维度和店铺维度。影响产品维度的权重首先是这款产品的数据表现，当一款产品产生了交易，产品自身的维度也是要加权的。比如，通过关键词 a 搜索到产品 A，最终产生了成交，那么除了对应的关键词 a 上有一定的权重积累，产品 A 自身也有一定的权重加持。如果买家通过关键词 a 搜索到产品 A，最终成交了产品 B，那么产品 B 虽然没有关键词的搜索对比加权行为，但是毕竟产生了成交，也能在一定程度上说明买家喜好，所以产品 B 在产品维度上也是会有加权的。除了交易数据影响产品维度的权重，橱窗、新品、实力优品、爆品标签、买家评价等内容也都影响着产品维度的权重。

3. 店铺维度

和产品维度一样，店铺维度的权重受店铺内所有产品的数据影响，除此之外，店铺维度的权重还受一些数据表现之外的维度影响，如金品加权、新店加权、星等级等考核的店铺服务质量加权、产品数量及零效果产品占比影响的店铺健康度加权等。店铺维度的权重反作用于所有产品，单品的权重反作用于它下面的所有词。

所以，当一款产品有了一些数据之后，只要这款产品的表现好，哪怕给它一个新词，这个词的上面也是有一些权重的，因为最终的权重值是综合了关键词维度、产品维度和店铺维度的综合权重。可以理解为店铺和产品维度的权重会有一个向下的反哺帮助行为，所以可以实现词与词之间的权重带动关系。

在单品自然搜索综合权重计算过程中，关键词维度的权重要高于产品维度的权重，产品维度的权重要高于店铺维度的权重。再单纯看关键词维度的权重，信保金额、信保订单数所产生的权重高于询盘产生的权重，询盘产生的权重又高于浏览和点击产生的权重。这样一个关于权重的数据矩阵模型就形成了。众所周知，对单品自然搜索权重影响最大的维度在于“信保”，根据上述所说的模型，其来龙去脉一下就清晰了。这一切的设计逻辑都是根据买家体验和平台公平性来设定的。

以上就是对权重赛马和买家喜好的解读，除了这些，在搜索引擎的工作机制中，还会有平台自定义的其他规则，如流量分配机制、商家分层机制、千人千面机制等。这些都是为了把流量打散，让流量的使用效率最大化。同时，考虑到平台自身的利益，也应让尽可能多的商家能够在这个平台上存活下来。总之，平台所有的考核标准都是为了给买家提供更好的产品和服务。同时也要在买家、卖家和平台发展之间实行一些平衡机制，让三方都能健康、公平地良性发展。

第 25 讲　搜索权重指标及常见提升方式

第 23 讲、24 讲中提到了搜索引擎的工作原理，其中涉及了大量的买家行为指标和平台规则指标。此讲将梳理这些指标的内容和常见的一些提升方式。

1. 买家行为指标

在买家行为路径中，涉及大量的环节和指标。

从曝光到点击环节，涉及曝光量、点击量、点击率等指标。

从点击到访客环节，涉及访客量、点访率、停留时长、访问深度、新老客户数、收藏量、收藏率、比价数等指标。

从访客到询盘的过程，涉及询盘量、询盘率、跟进次数等指标。

从询盘到订单，涉及订单数、订单转化率、信保金额、成交客户数等指标。

从订单到复购，涉及复购订单数、复购率、复购信保金额、复购客户数等指标。

整套流程梳理下来，就是搜索权重在词维度上的考核路线。其中越是往后的行为越能说明买家喜好，权重系数也会越大，即信保金额和成交客户数这些指标对搜索权重的影响会相对较高。所以在做搜索引擎优化的过程，也应该优先考虑提升权重系数较大的指标。

我们先从购物流程的第一项“产品曝光”开始，曝光量的提升主要从两个角度考虑，一个是产品标题中所含关键词的数量，另一个是单个词的曝光能力。这里值得注意的是，我们在梳理权重指标的时候，是根据买家的购物流程从前向后梳理的，也就是先有曝光，再有点击，最后产生反馈这样的一个流程，但是在思考权重如何提升的时候，我们则需要反过来梳理。也就是说，曝光量取决于平台的展现次数，平台的展现次数取决于产品的权重，影响产品权重的核心是买家行为数据。当一个词的表现越好时，它的权重值也会越高，系统给它的展现次数也就越多。所以利用搜索引擎技术来提升自然流量的核心是，让关键词的点击转化表现得更好，以此来获得更高的权重。

（1）通过提升点击率来提升权重。

要想提升产品的点击率和转化率，我们先来看一看到底是什么影响着点击和转化的结果。先来说点击率，买家搜索一个关键词，从输入关键词那一刻就开始影响产品的点击效果了。关键词与产品的匹配度是搜索行为中影响点击率的第一步。

紧接着，买家单击“搜索”按钮，系统呈现出产品列表给买家，在这个过程中，买家看到的一切都影响着点击率，包括产品的位置、与同行之间的对比。具体到某一款产品，就是标题、主图、价格、起订量、属性及公司信息，公司信息又包括所在地、公司名、交易等级、公司年限、成交订单和金额、及时回复率、评价评分等信息。这些都是影响 PC 端主搜点击率的因素。至于无线端，也是大同小异。

①从产品自身的角度优化点击率。

从产品自身的角度优化标题和主图来提升点击率，是较为重要的环节，尤其是主图对点击率的影响不可小觑。我们需要让主图干净整洁，让买家有点击的欲望。至于价格和起订量，它们不仅影响着点击率，也是影响整个营销环节的“硬伤”，需要仔细调研和衡量。当然，更多的商家考虑的还是成本与利润的关系，以此来定价，除此之外，也需要考虑竞争和价值的情况来参考定价。

搜索列表中其他影响点击率的因素，最重要的就是交易评分和内容，毕竟买家购买一个东西，很大概率上是会查看其他买家对此产品的评价的。搜索列表页的买家评分是买家识别产品好坏的第一印象。所以对于热销品，如果出现了差评要及时处理，联系买家或主动绑定更多的订单去覆盖它，同时也要做好解释评价的工作。

至于店铺年限、交易星级等虽然也重要，但这些不是商家可以控制的，因此不去考虑它，把该做好的地方做好即可。

②从营销推广的角度优化点击率。

点击率除了受产品发布质量的影响，还受推广因素的影响，并且推广的影响效果是非常大的。遇到点击或转化不好的情况，应该优先考虑的就是推广的影响，因为它的影响最大、最直接，其次才应考虑产品页面质量的影响。

通过优化推广来提升点击率，主要是调整词、词品对应关系和出价 3 个因子。词的热度和出价直接影响曝光量。通常词越小、越精准，点击率就会越好。但是对于一些标品来说，也有大词的点击率超过小词的情况，商家可以根据历史数据自行比对。不同的产品在不同的词上的点击率也是不一样的，所以就有了优化点击率的另一种方式，即通过调整词品对应关系来优化点击率。最后一个是出价，通常出价提升，因为展现位置的关系，点击率也会有所提升。这三者控制的变量是影响点击率的重要因素，我们要测试出最合适的推广形态来做推广。当直通车点击率效果不理想时，需要进行调整。

（2）通过提升转化率提升权重。

转化率的提升一直都是一个难题。其涉及的影响因素高达十几个，甚至夸张一点理解，所有的东西都在影响着转化率，包括所有影响点击率的东西都影响着转化率，如价格、视觉、评价、年限、公司专业度、产品自身等。提升转化率，通常需要从产品页面质量和推广状态上去寻找抓手。

①从视觉内容上提升转化率。

买家看到我们的产品后，点击进入产品详情页，视觉所起到的作用不可忽视。视觉主要分为表述内容和呈现形式两个方面。买家看到什么内容，在潜意识里影响着买家的购物心智。在表述内容的策划上，我们一定要做好价值的塑造，命中买家关心的、想要了解的内容，不能让辛苦引来的流量效果大打折扣。

②从视觉呈现的角度提升转化率。

除了表述内容的策划，视觉呈现的效果也是不可忽视的。同样的内容，画面呈现的形式不同，买家所吸收信息的程度也不同。简单易懂、贴近场景的视觉呈现对信息的传递效率会更高，让买家体验更深，更能干预买家的购物心理。

③从其他角度提升转化率。

视觉是买家了解产品的主要路径，是商家向买家介绍产品的桥梁，对转化率的影响不容小觑。此外，差评的处理、评价的回复、好评的数量、产品价格和店铺装修的专业度等也都是影响转化效果的因子。当某一个方面出现问题时，要及时调整、修复。

④从推广的角度提升转化率。

如同推广设置影响着点击率一样，推广设置也同样影响着转化率。通过优化推广设置提升转化率的核心还是在于词、词品对应关系和出价。调整的原理与上文相同，都是建立在不同的词、不同的产品、不同的词品对应关系，以及转化率不同的基础上的，这样我们才可以择优设置。在调整这几个变量的时候，不要只考虑单一的因素，要看整体的效果。如果一款产品的点击量很高，但是长期不能带来咨询，无法形成成交，也是需要及时调整的。

除优化转化率外，还有一些其他的指标可以同步优化，如收藏量、收藏率、访问深度和停留时长等。商家可以设置一些小的优惠来引导买家关注店铺、收藏产品，也可以通过产品超链接的形式，给买家提供更丰富的产品浏览路线，让买家尽可能多地访问几款产品。这些买家行为都可以增加产品综合的权重值，充分利用推广流量的价值。

2. 平台规则指标

平台规则指标，更多的是对单品和店铺的考量，以及对特殊情况的加权调整。

（1）提升产品维度的权重。

①维护产品评价。评价是影响产品权重很重要的一个因子。一款产品的好评越多，这款产品的权重分值也会越高。而差评则是拉低单品权重的一个不友好因素，遇到差评要及时处理，实在无法联系买家删除、修改，也要做必要的回评和差评覆盖处理。

②新品权重。新品权重是一款产品上架获得初始展现的门票。平台对于刚刚上架的产品会有一个轻微的新品权重加持。

③橱窗加权。橱窗是商家主观选择产品加权的一种工具。添加橱窗的产品在产品权重上会获得一定的加权。

④实力优品和爆品。平台对商家产品进行考核和分层，对于优秀层级的产品，即实力优品和爆品，在计算综合权重的时候会给予轻微的加权。把产品打造成实力优品或爆品对于产品本身来说是一种锦上添花的行为。

⑤信保订单。这是众所周知的，信保订单数、成交客户数和信保金额是影响单品权重很重要的因素。某款产品所成交的金额越多、买家数越多，其产品维度的加权也会越高。

（2）提升店铺维度的权重。

①商家星等级。商家星等级对于店铺的分层考核，类似于实力优品和爆品对于单品的分层考核。要想获得较高的店铺权重，星等级是商家必须重视的，商家需要根据后台提示的影响指标尽可能地做提升。

②新店铺加权。对于新开通的店铺，平台会给予 3 个月的新店加权扶持，商家一定要利用好这个新店加权扶持期，尽快完成产品的上架和推广，防止进度漫长导致新店红利期消失。

③金品加权。金品诚企对于店铺维度的加权类似于橱窗对于产品维度的加权，都是额外的附加加权。金品诚企在平台看来代表着实力，会有一些额外的优待。同等情况下，金品店铺产品的权重要高于非金品店铺产品的权重。当然，金品诚企仅是影响店铺维度的权重的因素之一，并非影响最终权重值的决定性因素。

④主营类目。在平台分发流量的过程中，会考虑到一些规则，千人千面就是其中之一。千人千面工作的核心原理是标签匹配，主营类目和主营产品占比是店铺打标的一个维度。

⑤产品数和有效产品占比。这两个作为考核店铺活跃度和经营效率的指标，

也会参与权重的计算。为了防止大量零效果产品导致的店铺综合权重下滑，商家要注意适时上新或优化、处理零效果产品，加强店铺的活跃度。

⑥其他服务能力。其他服务能力主要指售后服务能力、及时回复水平、店铺年限、证书资质等因子对于店铺维度的权重的影响。这些因素虽然影响很小，但是商家也要认真做好各项指标。

整体的搜索权重模型所涉及的指标非常多，且不固定。后台算法人员随时都可能在新增、调整或删除一些指标，各指标的权重系数和指标之间的运算关系也都在不断调整、更新。我们无法知道权重模型中具体有多少指标，也无法知道这些指标是如何进行权重计算的。但可以肯定的是，这个搜索模型大致的框架是不会变化的，是依据公平合理性和买家体验的大框架设计的。至于其中的细节具体怎么变化，我们也不用去考虑它。只需要尽可能地做好每一个指标，以及把核心精力放在最重要的那些指标上去思考优化提升就可以了。

第 26 讲　通过塑造核心指标数据提升排名

第 25 讲提到了做搜索引擎自然排名优化涉及的基础指标，同时也提到了做搜索引擎优化应该重点提升权重系数大的指标数据，这类指标对综合权重的影响较大，往往能产生立竿见影的效果。本讲将讲述核心指标数据的提升方法。

影响排名的核心指标主要是信保订单及其相关的衍生指标，重点是信保金额、信保订单数和成交客户数这 3 项。它们对于搜索权重的影响是最直观的，我们在运营一家店铺或一款产品时，当完成了几单大金额的信保交易后，往往在短期内就可以感受到排名和流量的提升。

在综合权重考核中，当你的交易金额没有达标，但是成交单量数据很优秀时，对于分值的提升也是很明显的。也就是说，如果你的成交金额不是很优秀，但是你成交的客户数非常多，系统在考核综合权重时也会给予一定的加权。因为综合权重的算法考核的不是某一个具体的指标，而是多维立体考核的。但大多数行为指标最后都指向成交，也就是信保交易相关的指标。

提升信保金额和成交客户数是商家做好搜索引擎优化的有效途径。因为任何人都无法忽视买家行为数据是影响搜索权重算法的极其重要因子的事实。越是在短期内明显地提升这些指标，就越可以在短期内获得更高的搜索权重。下面将介绍提升信保金额和成交客户数的几种方法。

1. 通过人为干预手段提升综合权重

人为干预数据，即通过人为操作的手段来制作真实或虚假的订单，从而产生优秀的买家交易数据提交给系统。这种操作方法的难度系数较大，也不建议如此操作。但是我们也不能否认其对于搜索权重的提升确实有帮助，大量的买家交易数据被搜索引擎拾取纳入权重算法模型进行计算确实可以有效提升综合权重。但是这种方法也往往要求商家有足够的资金和资源，门槛较高，并且这种方法有一定的弊端，除了平台禁止虚假交易，它对于效果的稳定性也是无法维持的。对于不具备爆款潜质的产品，当停止人为干预后，数据可能很快就会跌落回原形，随之而来的也是权重的下跌，得不偿失。合理的人为干预可以作为辅助手段，但不应该作为运营的核心技术。

2. 通过搬单手段提升综合权重

搬单是提升信保金额和成交客户数常见的一种方式，将原本线下的客户搬到线上来完成交易，同样可以实现平台数据的塑造。在平台的大型活动中，搬单现象更是屡见不鲜。如果商家能通过搬单的方式在线上成交几笔大金额的信保订单，对于搜索排位提升的帮助也是显而易见的。当然，不同的搬单方法，对产品实际的加权也会有些差异，搬单金额如果太小，也可能无法产生到明显的权重变化。

搬单虽然是一种有效提升产品交易数据的方式，但商家需要为此支付一定的服务费用，如支付平台扣点和提现手续费用。搬单的金额越大，商家需要支付的费用越高。另外，能操作此类手法的企业通常具有一定的规模，拥有线下客户，并非所有的团队都有线下订单可以搬运。

3. 通过激励业务提升转化的形式提升综合权重

除了直接搬单，充分转化好平台现有的咨询客户也是提升交易订单量的一种方式。在阿里国际站平台上，不论是直接下单品，还是非直接下单品，大部分客户还是习惯性地向商家发起咨询。利用好这些流量，比另辟蹊径去开发新客户要容易。

在影响搜索权重的众多指标中，转化率对于权重的影响是相对较高的，尤其是在新品初期的权重赛马时，产品权重很可能因为业务多转化了几个订单而持续高升。不仅新品如此，店铺已经存在的优质款也需要经常绑定信保订单才能健康成长，并且，通过加强转化成交的搜索访客，因为有着完整的买家搜索和浏览行为，要比简单搬单所带来的权重提升效果好。

为了有效提升业务员的转化能力，尽可能多地成交订单，商家不妨设定一些激励措施和培训措施，提升业务员的谈单水平，给业务员更多的谈单权限。哪怕多接一些小订单，对于成交客户数和信保交易金额的积累也有一定程度的帮助。

4．通过促销或活动提升综合权重

通过促销或活动的形式提升信保金额往往也会有一些效果，但是相对前面几种效果会弱一些。因为活动的流量往往来自场景，没有类似搜索渠道的搜索点击行为对搜索权重的加持会相对弱一些。

影响客户最终下单的往往是价格因素。活动和促销让利在一定程度上可以吸引到更多的买家达成交易，提升交易数据的积累。除了自己做一些促销活动，对于平台日常的活动也建议积极参与，能争取的流量就争取一下，这些通过活动带来的交易数据对产品和店铺本身也都有加权的效果。

做搜索引擎自然排名优化的时候，我们递交给搜索引擎的数据都是一点一点积累起来的。所以要时刻记住，不能浪费每一次小的机会。相对于人为干预这种动用资源来塑造数据的方式，尽可能利用好自然流量，对于提升搜索权重来说所付出的代价更小。很多时候，我们多用心一点，就可以多几笔订单，多一些搜索权重。搜索权重是随着时间的推移来计算的，当我们在未来一段时间的表现越好时，所带来的循环效应也会越好。

第 27 讲　通过修改相关性提升排名

在第 23 讲“搜索引擎的工作原理”中，我们提到了搜索工作的顺序：违规过滤—匹配类目相关性—匹配文本相关性—计算买家喜好分值。其中，买家喜好对综合排名的影响是最大的。此外，类目相关性和文本相关性也都影响着综合排名。

1. 通过修改类目相关性提升排名

类目对综合排名的影响是巨大的，通常来说，在系统执行搜索程序圈选产品时，只有符合类目条件的产品才有资格被系统圈选和展示出来，放错类目的产品是无法被圈选到的，从而无法参与自然排序。在符合条件的类目中，通常会有多个类目都符合系统的圈选条件，这个时候，类目的相关级别和优先顺序便成为影响综合排名的一个因子。

类目相关性越强，相关性分值会相对更高，综合排名也就更容易靠前。在实际运营工作中，通过调整类目来提升综合排名是一个行之有效的方法。但是这个方法也有一定的局限性，只有在类目错误或类目不是很合适的情况下，调整才会产生效果。在大多数情况下，商家发布产品选择类目时，通常一次性就可以选对正确的类目。所以，后期通过优化类目相关性分值来提升综合排名是一件比较难的事情。

一般来讲，越是贴切的类目，在排名时表现也会越好。我们经常会发现在调整类目后，排名会有波动。所以，在面临多个类目抉择时，我们除了可以多发产品来覆盖类目观察数据表现，还可以在有一定数据后，通过修改类目观察排名和曝光变化的方式来观察类目对权重的影响。

修改类目后，在观察权重的变化时，除了观察排名的变化，曝光的变化也必须观察。因为系统显示的排名或我们搜索看到的排名仅仅是机器显示的位置信息，由于千人千面的存在，系统识别可能存在片面的错误。而曝光量是对系统搜索展现次数的记录，是实实在在被展现出来的次数。用排名和曝光量一起来衡量权重的变化是较为准确的。

通过修改类目来影响产品的综合排名时，我们一定要注意密切监视数据的变化，切记不能改完之后便不了了之，一切都要以实践的数据验证为准。当修改后排名效果跌落时，要及时修改回来，防止因长时间的错误导致数据下滑严重。

2. 通过修改文本相关性提升排名

文本相关性对排名的影响也是立竿见影的。系统识别类目相关性之后，紧接着就是识别产品的文本相关性，文本相关性所涉及的点较多，大体有以下几个方面。

（1）包含与完全包含关系。

文本相关性最核心的考核标准就是产品文本与买家搜索文本包含程度的关系。标题完全包含买家搜索文本时，其相关性是最大的，其余依次是不完全包含关系和不包含关系。完全包含关系对系统匹配搜索结果很重要。在做搜索引擎优化时，我们必须保证参与排名的关键词被完全包含在标题中，否则需要修改优化。

修改文本相关性时，有一点需要单独强调，那就是归一关系，即系统对某些词语做了归类处理。经过归一处理的词语对于搜索匹配来讲是完全一样的，系统将其视为同一个词，最常见的归一处理就是单复数归一。当然还有一些其他的如极少数近义词或别名的归一处理。在遇到这些情况时，我们不必面面俱到地去覆盖大量相同的关键词或标题中的重复用词，只选其中之一即可。如果不确定我们使用的关键词是否被系统视为同一个词，可以在前台搜索，在搜索结果中，如果系统能够同时匹配到大量的另一形式的关键词，如搜索单数关键词时，系统也匹配出了大量含有复数形式的搜索结果，那么基本可以肯定系统对这两个词做了归一处理。

（2）关键词使用频次。

关键词使用频次是几乎所有搜索引擎都在考核的一个因素，用来识别文本的相关程度，关键词出现的频次越高，说明相关性越强。在阿里国际站运营中，可以尝试将重要的关键词分别重复地埋在标题框、关键词框、属性框或详情页中，加强搜索引擎对页面的识别，但不建议重复太多次，一个页面中最多出现 3 次，目的是辅助搜索引擎识别产品。

特别需要注意的是，千万不要在同一个地方多次重复地使用关键词，这样没有太大的实际意义。特别是在标题中，重复使用关键词会导致标题关键词堆砌，影响系统对产品的评分。而且，现如今对于系统来讲，后期的买家数据才是最重要的，重复使用关键词对于排名提升的帮助非常有限，仅用于辅助搜索引擎识别产品。

（3）词序和紧密程度。

词序和紧密程度在一定程度上也影响着排名，虽然阿里官方已经说明关键词的不同词序和紧密程度在匹配上的效果是完全一样的，但当我们修改标题时会发现，仅改动词序和词的紧密程度，后台查询到的排名也会有变化。本着一切以实际反馈为准的原则，商家在做搜索引擎优化时要尽可能地保证标题中核心词的词序和紧密程度与我们操作的核心词高度一致。如果实在难以做到，也无妨，重心还是放在后期的效果表现上，后期的买家行为数据对综合排名的影响远远高于词序和紧密程度的影响。但该注意的地方还是要稍加注意。

3．通过页面信息的质量提升排名

除相关性外，页面信息的质量对产品排名也有一定影响。高质量的页面信息可以在产品维度上稍微加权。在发布产品和优化产品时，应注意提高页面信息质量、丰富产品信息，这对于搜索只会有帮助，不会有副作用。适当丰富页面元素，添加主图视频、详情视频、详情表格、精准属性、优质图片等多种元素，提升页面信息质量，给搜索引擎留下友好的印象。

通过提升页面信息质量来提升产品排名的效果也是微乎其微的，但是经过实践和查询后台阿里规则的介绍，产品信息质量确实会参与排名机制，商家在发布产品的时候，应尽可能地保证产品信息质量分高于 4.3 分，以及丰富产品页面的元素内容，这样有助于“讨好”平台和搜索引擎。在顺手就能实现的事情上，我们应该力所能及地做到最好。

通过优化相关性和页面质量的方式，确实可以改善产品的排名。商家可以在后台搜索产品排名页面轻而易举地验证。但在大多数情况下，通过此方法来优化产品排名的效果是比较微弱的，甚至虽然排名显示了大的提升，但是实际曝光量并没有得到明显提升。可能实际过程仅仅提升了极少数终端的排名或仅仅存在于算法呈现，但实际结果并非如此。相关性和页面信息质量对于搜索权重的提升效果远不如买家行为数据带来的影响。在实际操作中，每个人的测试效果可能有所差异，商家要时刻关注数据变化，以实际结果为准。

类目相关性和文本相关性对于搜索匹配来说，更大的意义在于门槛过滤。如果没有迈过相关性这个门槛，系统是无法将你的产品展现出来的。而产品一旦迈过了相关性这个门槛，权重加成更多地在于后期表现，也就是买家行为数据。相关性对于搜索的影响逐步被弱化，一切又回归于产品数据本身。所以，对于技巧性操作，能顺手做好的环节都尽可能地做到最好，实在难以达成的也无须纠结。做好产品自身，经营好买家行为数据，才更有利于做好搜索，好的产品更有利于释放后期的操作技巧。

第 28 讲　快速提升排名的方法

快速提升排名对大多数专业运营人员来说，无疑是一项很“炫酷”的技能。那么商家要怎么操作才可以在短期内提升排名呢？我们来聊一聊那些提升排名的常见方法。

1. 通过优化相关性快速提升排名

在第 27 讲中有提到，修改相关性对于排名的影响是立竿见影的。主要是因为类目相关性和文本相关性是搜索引擎圈选产品的门槛，产品只有过了这个门槛才有被展示的机会。商家在操作产品的过程中，如果发现有更合适的类目，或者有可以优化相关性的空间，都可以尝试操作修改。通常来讲，选择更合适的类目对于产品排名往往有明显的提升效果。

另外，从文本相关性的角度考虑，标题是否完全包含要操作排名的关键词，其词序和紧密程度是否与要推广的关键词高度一致。这些都是商家可以在相关性维度进行调整和提升的。

通过优化类目相关性和文本相关性的方式，对排名的提升在大多数情况下是即刻见效的。但是这种操作方法的难点在于，对大多数要操作的关键词和产品来讲，其类目选择和文本相关性往往不存在问题，所能优化的空间很小。

2. 通过刷单快速提升排名

刷单是电商平台经常提起的一种操作方法，但是笔者不倾向于使用这种方式。通过刷单的方式，可以在短期内有效提升排名，其原理主要是通过人为干预的方式，塑造一些优秀的买家行为数据，让搜索引擎误以为其是真实的买家行为数据，搜索引擎拾取这些人为塑造的优秀数据并纳入搜索权重算法模型，进而分配给产品更高的权重和流量。

采用这种方法的好处是可以在短期内提升效果，但其弊端较大。因为刷单往往是短期内的优秀数据递交，并不持久。所以在随着流量规模提升的同时，大量市场上真实的买家行为数据会把整体数据拉回它最本真的面目，数据下滑会导致权重下滑。搜索权重下跌对于产品引流有着很大的影响，所以人为干预的根本还是在于产品本身是否值得做短期内的资源辅助。

另外一个刷单的弊端是操作难度大、有效资源紧缺、风险高。刷单的流程需要刷手尽可能地模仿正常买家的购物行为，让搜索引擎认定其为正常的买家，否则很容易触发搜索引擎的反作弊稽查系统，引来对店铺的处罚。另外，大量的异常账户行为也会引发系统的关注，这一点也很难做到人为操控，因为资源质量问题导致的搜索加权效果往往会大打折扣，所以还是呼吁商家尽可能通过走正道的形式来运营店铺。

3. 通过付费推广快速提升排名

付费推广可以加速流量的效果呈现，对于短期内提升排名是立竿见影的。商家可以通过卡位出价的形式占领优秀的展示位置。这种操作方法的优点在于见效快、可控性强，可以直接通过付费的形式抢占排名；缺点是需要投入推广费用。

在选择直通车推广产品时，我们应该重点推广容易产生询盘和订单的产品，这样可以加大直通车的投入产出比。所以在推广的过程中，首先要发现哪些产品的数据是比较优秀的，然后大力拉升它。如果没能在现有产品的历史数据中发现有潜力的产品，则需要先测试，让产品跑出一些数据来对比择优。测试的过程往往会花费一些“冤枉钱”，但这个过程是不可避免的，因为没有人可以准确地预测哪个词对哪款产品的具体表现是好是坏。

测试的方式也很简单，就是先给予它们一定的流量，然后对比择优，其间需要持续观察数据走势和不断调整优化，目的是最终挑选出一部分相对优秀的关键词和产品。如果这些关键词和产品的点击率和转化效果都比较优秀且高于同行均值，则通过直通车快速放大展现量、放大其各项数据，这样可以在短期内有效提升产品的排名和流量。其所利用的原理是将大量优秀的买家行为数据和交易数据不断递交给搜索引擎，让搜索引擎拾取这些数据并纳入权重算法模型来进行权重赛马，从而获得较高的权重表现。

4. 通过促销加强成交的形式提升排名

促销是促进客户购买的一种方式，通过降低售价、让出利润的形式制造更多的成交客户数和信保金额来提升搜索权重。促销对于搜索权重的提升效果往往不如直通车和刷单的效果好，因为促销带来的数据规模相对较小，大多数时候无法快速地用量变引起质变。但是当遇到大型活动或大型推广时，由于流量基数较为可观，促销对买家数据的塑造效果也会同步提升。在大多数情况下，促销都是可以提升店铺成交概率的。

5. 通过资源堆积加强成交的形式提升排名

利用资源辅助来快速提升搜索权重也是有实力的商家经常使用的方式。常见的辅助资源有搬单、代收账等形式。将已有的线下订单转移到线上完成，将线下的数据转移到线上，通过影响搜索权重系数较大的那些指标来提升综合权重，从而实现排名提升的效果。其原理类似于刷单，但是整套交易行为的数据相对合理。即便被系统检测出异常，也可以提交证据来进行申诉，阿里国际站平台对于数据异常的排查力度相对来说较小，商家可以放心地将线下订单转移到线上来进行数据的塑造。

通过搬单或代收账款等形式，虽然可以将线下的真实交易数据转移到线上，但是也有不少商家担心客户会因此流失，久而久之会因为平台的各种产品推荐和平台更多产品的比对慢慢丧失竞争力。其实，现如今随着互联网的快速发展，客户寻找其他产品的成本已经越来越低，也越来越容易。我们做好该有的客户维护和保持自己专属的竞争力，就可以将订单转移到线上进行。当然，考虑到客户流失也是一个比较重要的问题，实际抉择还是要看商家的综合考量。

6．通过老客户跟进加强成交的形式提升排名

老客户对于商家来说也是一种可以利用的资源。当我们上架了一个新产品，如果能发动部分老客户来下单，也是可以在短期内塑造一些优秀数据的。相对于没有老客户的店铺，有老客户的店铺在数据赛马阶段有很强的可操作性。商家可以利用老客户进行指定产品的交易，通过赠送、高折扣力度来吸引老客户浏览和采购产品，留下初步的买家行为数据，让老客户帮忙通过信保订单的形式成交，让搜索引擎拾取数据时认为我们的产品相对于同类型产品更受欢迎，进而赋予产品更高的搜索权重。

以上是几种短期内提升产品排名的方式，当然还有一些其他的方式，不过原理也都与此类似，即通过优化相关性和买家喜好数据的形式来影响综合权重。作为运营人员，了解了原理，遇到问题就不会满脑子空白，对于后期的操作也会更加得心应手。

第 29 讲　用合理的运营方式替代刷单行为

在聊这个话题之前，笔者想简单地罗列几种刷单的情况并剖析一下：为什么有些刷单会有效果，有些刷单没有效果？我们不鼓励刷单，也不建议刷单，但是作为运营人员，我们应该去探索一下它的原理，然后寻求正常商业行为的替代方法。

1．通过刷单影响搜索权重的几种情况

第一种情况：刷单无效果。

刷单无效果的第一个常见原因是刷单过程所产生的效果被过滤，通常表现为刷手在刷单的过程中，难以充分实现正常买家的行为，没有产生整套链路的买家行为数据，单一指标的提升不足以带动综合权重的提升，或者是大量的 ID 刷单方法极为类似，系统识别出明显的异常后，将此过程的数据全部过滤掉，所以刷单

表现为无效果。

第二个原因是刷单的样本量不足，产生的效果微乎其微，不足以影响最终效果。店铺偶尔多了一两个询盘或偶尔多了一两个小样品单，对于整体权重的分值来说，其所提升的分值根本不足以与同行权重相竞争，权重赛马的结果几乎没有变化，甚至权重增幅还不如同行，从而导致刷单无效果。

第三个原因是刷手账户或行为问题导致的数据被系统过滤掉了。也就是刷手的账户质量不高，甚至被平台列为黑号，以及在刷单的过程中，大量的 IP 地址和买家行为异常，被平台的反作弊稽查系统检测到，将这部分数据作废，从而出现刷单无效果的情况。不仅如此，还极有可能因此给店铺带来扣分或降权的风险。

第二种情况：刷单有效果。

在第 23 讲“搜索引擎的工作原理”中，我们提到了买家喜好这个概念，也对其进行了深度剖析。当商家通过人为干预的方式塑造了一些优秀的买家行为数据时，系统首先不会考虑到是人为地在操作数据欺骗搜索引擎，而是会把这些数据当作正常买家的行为数据拾取过来，纳入权重算法模型进行综合权重的计算。由于人为干预的数据往往较为优秀，所以综合权重会大幅度提升，表现结果为排名和流量的提升、店铺效果大幅提升。

第三种情况：刷单有效果之后又很快无效果。

这种情况的原理和上一种类似，都是因为操作了一些优秀的数据导致综合权重上升。那为什么又很快跌下来了呢？是因为搜索权重提升之后，系统判断这款产品的表现优秀，会加大它的展现次数，给予更多的曝光量。当这款产品本身的实力不足以承接住大量的流量时，大量的买家行为数据会很快把这款产品拉回到它本来的面目。随着各类买家喜好指标的数据暴跌，综合权重也开始暴跌，从而导致产品很快跌回原来的状态，甚至由于下滑趋势严重，其表现可能还不如最开始的表现，一蹶不振。

所以，不论采用哪一种方式来提升权重，首先要考虑的就是这款产品是否值得操作，也就是要求它的表现至少是勉强看得过去的，盲目操作只会让它摔得更惨。

很多商家十分热衷于刷单，因为电商发展至今，有很多认为刷单有用的说法。对此，笔者不否认。但是我们更应该认清它的原理及弊端。有些商家不论是否了解其机制、原理，都在想方设法地寻找捷径，根本不考虑走捷径之后的后果，或者也不会意识到走捷径之后会发生什么，盲目操作导致损失惨重。

2. 了解刷单原理之后，通过正规的替代手段进行操作

作为商家，研究“黑科技”背后的原理，对于运营店铺也有帮助。刷单之所以能影响效果、提升权重，其核心原理是通过人为干预的方式塑造优秀的买家行为数据被搜索引擎拾取，用来欺骗搜索引擎，使得搜索引擎将这些优秀的买家行为数据视为正常的买家行为数据纳入权重算法模型，进而获得较高的权重值，以此来获得更佳的排名和曝光。

了解了这些原理之后，我们进行思考，如果走正道，不通过刷单的形式应该如何实现类似刷单的效果？我们对其进行剖析，会发现其核心的环节在于短期内塑造优秀的买家行为数据，特别是询盘和成交数据。那么我们能通过哪些形式在短期内塑造优秀的买家行为数据呢？在上一讲我们提到了可以通过搬单、堆积资源、利用老客户和加强营销等方式来短期内增加订单数和买家数，这些都是合理合规替代刷单行为的方式。

在提升综合权重时，如果我们没有可利用的资源，那么首先可以做的就是加强业务的转化能力。特别是在新品初期赛马，如果我们因为利润低或嫌单子小而放弃了初期可能产生的成交，那么我们同时也失去了这些买家行为数据，从而在搜索引擎拾取数据纳入权重算法模型时失去了竞争力。这样，我们初期就很可能因为一些小的不足被同行所超越，进而差距越来越大。所以，在能争取的自然流量转化上，绝对不能马虎，能争取的转化都尽量争取。

另外，我们还可以利用促销和活动，通过让利的形式来提升转化水平。这些对于没有门路的商家也是可以尝试的方法，并且都是免费的。当然也有付费的方法，如通过直通车付费推广在短期内拉升表现稍好的词。只要表现好的词品数据达到一个量级，权重的提升也会较为明显。另外，如果商家有资源，有大量线下客户或大量老客户，通过发动资源来进行数据的塑造，其操作难度更小，效果也更为明显。

深度剖析搜索引擎的工作原理，探究其来龙去脉，挖掘影响综合权重的核心要素，可以帮助商家厘清运营方向。希望大家都能早日消化这些原理并运用自如，它是运营人员的核心能力，也是胜任运营岗位的竞争力。

第 30 讲　流量数据指标的业务场景还原

操作单品时，除了要了解如何做好产品“内功”、发布高质量的产品，以及如何顺应搜索引擎工作原理去做单品的权重，还需要了解其过程衍生的一系列数据指标，能够将指标还原到实际的业务场景中，加深对商业场景和买家行为的理解。

本讲将围绕量级指标所代表的实际业务场景展开讲述。其内容会比较基础，但也希望读者能够仔细阅读，因为它是后期分析流量效果的基石，如果我们在这方面的基础不扎实，后面的分析很难深入。千万不要小瞧这些基础的概念，在实际运用中，很少有人能够将其使用得透彻。它不仅是一个指标、一个数字，更是一个场景的还原。

1. 曝光意味着什么

以一款产品为例，其在一个月内曝光量是 50 次。这个数字的背后发生了什么行为？当一个买家搜索关键词时，我们的产品被搜索引擎展现出来，每展现一次，系统都会记录展现一次，累计求和是 50 次。通常所说的曝光数据全称为搜索曝光，仅指搜索渠道的展现次数。搜索渠道大体分为 3 种：关键词搜索、类目搜索和供应商搜索，还有一些极少数阿里二级页面产生的搜索和图片搜索，其中以关键词搜索和类目搜索为主。我们也可以这样理解，搜索数据就是关键词搜索和类目搜索，捎带着一些极少数的几乎可以忽略的其他搜索。搜索还可以分为 PC 端搜索和无线端搜索，无线端搜索又分为手机 App 搜索和 WAP 搜索。

除了知道搜索曝光统计的口径，还应该知道曝光的统计方式。当买家搜索一个词，系统呈现了第一个页面时，这个页面所有的产品都会被记录一次曝光，不管买家是否看到了你的产品；当买家切换至第二个页面时，第二页的所有产品也都会被记录一次曝光，以此类推。

词的曝光意味着买家搜索这个词的时候，我们被展现了出来。这其中包含一些虽然被展现但没有被买家看到的情况。比如，我们的产品在页面的最底部，买家只看了前一半的页面，并未翻阅到底部，或者买家浏览得太快，忽略了我们的产品，这些都是有可能的。我们姑且为它设一个比例，如 80%的展现都被买家看到了，或者自定义其他的一个值，不需要纠结，因为我们这样做，同行也是这样做的，全网商家的产品在买家浏览过程都是如此。或者我们干脆认为，曝光就是买家实实在在看到我们的次数。

2. 点击意味着什么

点击是曝光之后的买家行为，在曝光的基础上，客户看到了感兴趣的产品做出点击动作。产品每被点击一次，系统记录点击+1。同一个买家频繁点击一款产品，系统会过滤掉无效点击，仅仅记录一次。搜索点击的统计口径与搜索曝光一致，代表的是通过搜索进店水平，或者是配合曝光指标一起反映搜索流量的多少。

3. 访客意味着什么

访客意味着进入店铺的实实在在的客户，是进店人数的统计。店铺所有的浏览交易行为都是由人产生的，访客量是反映店铺整体进店流量规模的重要指标。访客统计的口径与曝光不同，曝光和点击统计的口径仅是搜索渠道，而访客则是全渠道，只要进入了店铺，不管是进入详情页还是进入首页都记为访客数据。不管是通过搜索，还是通过其他路径，只要进入店铺就记录访客+1，它是代表进店人数的数据。

4. 询盘意味着什么

询盘意味着访客看到了我们的产品或对店铺产生兴趣所发起的咨询动作。询盘的多少反映一家店铺的优秀程度和产品被喜好的程度。咨询的人数越多，说明产品越受欢迎。通常询盘量和 TM 咨询量是成比例的关系，对于不同行业来说，比例稍有差异。询盘量和 TM 咨询量都是电商流量指标中比较靠近成交交易的指标，反映的都是询价客户人数的多少。

5. 订单意味着什么

订单是买家采购产品行为的最后一个指标，代表着店铺交易的动作。交易数据可以在商家前台展示的店铺交易页面及产品详情页中看到，其中记录了商家的交易历史和交易规模。订单的多少也意味着这家店铺的真正实力和健康水平。订单的产生往往还会衍生出一些其他指标，如订单数、成交客户数和成交金额，这些都是反映店铺交易实力的指标，也是搜索算法考核的几个重要的指标。

基础指标的理解与运用，虽然从表面看极其简单，甚至有些啰唆，但是通过将数据还原到业务场景，可以有效地还原出店铺发生的故事和历史过程，对于了解店铺效果、分析效果问题有重大的促进作用。

第 31 讲　通过理解业务场景厘清数据之间的关系

上一讲我们提到了将数据还原到业务场景中去。本讲来聊一聊数据之间的关系。从数据看行为，通常要将两个或多个指标联系起来看，其中不仅涉及量指标，还涉及一些率指标。

1. 通过数据之间的关系来看店铺的优秀性和合理性

（1）曝光和点击的关系：点击率。

点击率反映的是点击对曝光的转化能力，点击率越高，说明对曝光的转化效果越好。当曝光量达到一定的量级之后，如曝光量在 50 次以上时，合理的点击率通常为 0～10%，超过了则要问问是真的特别优秀，还是数据异常所致。然后对比访客量、询盘量等指标，来看流量效果整体的合理性，将其还原。对于点击率过低的现象，也需要在开始就养成思考问题的习惯，是价格太贵，还是主图不行。通过优化点击率可以帮助我们在展现量不变的情况下，获得更多的点击量。

（2）点击和访客的关系：点访率。

点击和访客的关系通常是成正比的关系，点击量越高，店铺访客往往也越多。对于大多数店铺来说，访客量是要高于点击量的。因为点击量的统计渠道仅仅是搜索渠道，而访客量的统计渠道则是全渠道，除搜索渠道外，还有场景、站外等渠道，所以访客量的数值通常高于点击量。

另外，根据访客量和点击量的数值，我们还可以从中推断一下搜索渠道的访客占比。通常一个访客只对应一个点击，当然也有一个访客对应多个点击的情况。我们姑且算一个大众值，也就是按一个访客平均对应 1.5 个点击，即每个访客点击搜索产品链接的次数是 1.5 次，可以还原出搜索渠道带来的访客量大约是点击量除以 1.5 这样一个数值。用总访客量减去搜索带来的访客量，剩下的则是非搜索渠道带来的访客量。

（3）访客和访问次数的关系：访问深度。

访问深度反映的是一个访客通常会访问多少个页面，访问深度越深，说明店铺布局越好。以大多数店铺为基准，平均一个访客访问页面的个数为 3 个左右是正常值。过高或过低都是不常见的形态。所以在查看店铺数据时，也可以以此指标作为识别店铺布局好坏以及评判数据是否合理的参考。

（4）访客和咨询量的关系：咨询转化率。

咨询转化率反映的是对进店流量的转化能力，通常进入店铺的访客量越大，咨询量即询盘量和 TM 咨询量也就越多。合理的咨询转化率为 0～30%。当访客量达到一定量级，如访客量超过 30 人时，合理的咨询量应该为 0～10 个，高于这个值的时候也要打一个问号，结合客户询问的内容、观察进店客户的质量去检查数据是否出现了异常。咨询转化率在一定程度上代表着店铺发展的质量。

（5）访客和订单量的关系：订单转化率。

订单转化率反映的是进店访客中下单的比例，其中有咨询下单和非咨询下单两种情况。咨询下单是指买家通过向商家发起询盘或 TM 咨询后，通过与业务员沟通完成下单。咨询量与咨询下单量的比例可以反映出业务员对咨询客户的转化水平，是商家需要重视的一个指标。针对咨询订单转化率过低的情形，商家可以加强业务员的培训、培育出良好的工作流程，从而提升进店访客的订单转化率。对于直接下单率，即买家不经过咨询商家直接完成下单的比例，则根据行业的不同有所不同。对于适合直接下单产品的品类来说，好的产品价格和视觉设计更容易引起客户直接下单完成交易。

2. 用案例形式对上述指标的关系问题做一个思维演练

案例 1：某店铺在某一个周期内，后台截图的数据显示曝光量为 200 次、点击量为 5 次、访客量为 7 人、访问次数为 19 次、询盘量为 80 个、TM 咨询量为 3 个。问：如何看待这家店铺？

遵从上面的剖析，我们将其还原到具体的业务场景。曝光量为 200 次，点击量为 5 次，点击率为 2.5%。系统展现了 200 次，被点击 5 次这个行为没有问题。继续分析，访客量为 7 人，如果点击量是 5 次，那么点击所对应的访客应该是 3～5 人，7 个访客中，包含搜索渠道 3～5 人、搜索之外的渠道 2～4 人，这个配比也是合理的。再往后，7 个人访问了 19 次页面，平均一个人访问 2.7 个页面，也是正常值。继续往后，7 个人发了 80 个询盘，到这里我们发现数据出现了异常，这里画一个问号。通常一个人也就发一两个询盘，即便在客户多发的情况下，平均下来也不至于每一个人都发十几个询盘，这是一个明显的异常值。接着看，TM 咨询量是 3 个，与询盘量差异悬殊，也就是说，这份数据中大部分的访客都发起了询盘咨询，但是几乎没人发起 TM 咨询。

我们很快可以从整体数据中意识到，这 3 个 TM 咨询来自那 7 个访客。这里面涵盖了一些正常买家。通常情况下，询盘和 TM 咨询的比例应该是差不多的，根据不同行业这个比例会稍有不同，且通常比例最高不超过 3:1。这意味着这 80 个询盘中，大约有 2～5 个是真实的询盘，而其余的询盘可能是通过人为干预方式制作的虚假询盘，否则很难解释为什么每个人都发起大量的询盘，以及为什么这些人都只发起询盘，而不发起 TM 咨询的现象。所以，这些数据很大可能就是人为操作的虚假数据。这是通过厘清数据之间的关系来识别店铺的优秀性和合理性的。

案例 2：某店铺在某一个周期内，后台截图的数据显示曝光量为 200 次、点击量为 5 次、访客量为 300、访问次数为 530 次、询盘量为 30 个、TM 咨询为 45 个。问：如何看待这家店铺？

还是依照上面的分析思路，先从曝光到点击来看。页面展现 200 次，被点击 5 次，比较合理。然后看点击量和访客量的关系，5 个点击通常是由 3～5 个访客产生的。也就是说，大量的访客不是来自搜索渠道，而是来自搜索之外的渠道。

接着再往后看，300 个人访问了 530 个页面，平均每一个人访问了 1.7 个页面，算不上优秀，但也合理。继续往后，这 300 个访客发起了 30 个询盘和 45 个 TM 咨询，从咨询转化率和询盘 TM 占比分布上看也是合理的。那么怎么评价这家店铺呢？

其实这是一个真实的例子，在一次交流讨论上，有一个学员提到通过某种手段做搜索权重提升排名，效果很好，从而在短期内大幅度提升了数据。大家对此讨论颇有兴趣，笔者当时根据数据还原到实际的业务场景中去，很快就指出了这绝对不是刚刚所说的提升搜索权重的方法导致的。因为从数据上看，其大部分流量效果来源于非搜索渠道，而提升排名手段、提升权重手段也仅在搜索渠道内产生影响，并不足以实现这样的数据。而后通过结构化拆解流量结构，分析后台流量来源数据也发现，这是活动所带来的流量效果。

将数据还原到行为，不仅可以分析各项指标的优秀性，还能从中识别数据的合理性，在众多“黑科技晒数据”的玩法中，也能够减少一些盲目跟从行为，少走弯路。这是一项需要刻意练习的能力，大家不妨平时多注意一些异常数据，收录到自己的知识库中，这其实是一件很有趣的事情。

第 32 讲　“爆点反”常见的一些指标问题

对阿里国际站运营来说，“爆点反”问题是最常见的流量效果问题，它们相互作用产生的形态也多种多样，最为典型和常见的问题大体分为以下 6 种。

1. 无曝光问题

无曝光问题分为新品无曝光和老品无曝光。新品上架初期，系统多多少少会给一些零星曝光量，如果产品在一段时间内表现一般，则系统会停止给予权重和展现，也就是会产生无曝光或弱曝光的情况。面对这类问题，大多数商家首先会考虑是不是产品发布得不够多，或者关键词覆盖不够广，从而继续发布大量产品。

大量发布产品确实有提升曝光量的希望，但是此方式也是最耗费精力的。此方法之所以能提升曝光，往往并不是因为能覆盖更多的关键词，而是因为每发一个新品，都会获得一次曝光和成长的机会，相当于每一款产品都是一张彩票。单一彩票中奖的概率虽然不大，但随着买的彩票数量的增多，中奖的可能性也会有所提升。

相比通过发布产品的形式提升曝光量，笔者更建议商家通过付费推广的形式来提升曝光量。付费的方式从表面看产生了消耗，但是店铺的流量效率和时间利用效率会提升很多，后期的可控性也较强。在如今的商业环境下，能够花钱买时间也是值得的。

另一种无曝光的情况是老品无曝光。老品无曝光也包括两种情况，分别是产品一直没有曝光和产品原本有曝光，但后来没有曝光。其实不论是哪一种情况，没有曝光，没有被展现，都是因为权重不足，都需要以当前时间为起点，重新规划和执行买家行为数据塑造的工作。我们也可以借助直通车来加速这个过程。

2. 有曝光无点击问题

诊断有曝光无点击的问题，首先要看曝光量是否达到了一定的量级，如果曝光量没有达到一定量级，如曝光次数仅仅是个位数，那么在这种情况下分析点击率是毫无意义的，而且产生无点击的情况是非常合理的，思考重心应该放在如何提升曝光量上。

当曝光量达到了一定的量级，再来看点击的问题。将数据还原到具体的业务场景中，为什么买家在浏览页面的过程中，系统把我们的产品链接拿出来展现了很多次，却没有多少人愿意点击呢？梳理买家的行为路径，从打开阿里国际站准备搜索产品到买家输入关键词，这个过程中买家看到的一切内容都在影响着点击率。我们首先要思考的就是用词问题：词品对应关系是否精准？是否为容易带来点击的词性？是否为能够准确描述产品的精准词？如果不是，我们考虑解决问题的第一步就是修正使用更精准、更贴切的关键词来推广。

紧接着，买家单击“搜索”按钮，系统呈现出来的一切内容都在影响着买家的行为。其中主要有产品的位置、周边同行的环境和我们的产品信息。特别是产品信息，这是买家认识我们产品的第一印象。主图、价格和买家评分直接影响着买家是否有欲望了解我们的产品。这些都是需要商家维护和重视的因素，也是影响点击率的重要因素。

3. 有点击无反馈问题

咨询转化问题对所有的运营人员来说，都是一个相当复杂的难题。影响转化的因素有几十种。分析有点击无反馈问题的第一步还是要看点击量的量级是否值得分析，在量级很少的情况下，分析此问题着实没有必要。当确认点击量达到一个可以分析的量级时，可以从以下 18 个因素入手，思考每一个因素是如何影响转化的。

- 用词水平
- 主图详情页面
- 产品本身
- 评分评价
- 业务水平
- 历史销售数据呈现
- 折扣力度
- 营销组合方式
- SKU 属性覆盖
- 时间节点
- 位置排名
- 价格
- 竞品
- 品牌认知度
- 服务
- 起订量和交期
- 店铺类型
- 售后水平

在以上因素中，对转化影响最大的有买家的评分、评价内容、产品价格、SKU 属性覆盖，以及产品自身的功能、款式、设计等。这些是影响转化的致命性因素，商家一定要重视起来，每一个点都要用心经营。遇到转化问题时，也可以优先思考这些要点是否存在问题。

然而，这种一个要点接一个要点排查的方式，效率并不高，而且难度较大。在转化率不佳，又难以短时间确定具体问题点的情况下，建议商家根据现有数据，将数据还原到业务场景中进行分析，以买家购物的心理和流程在还原后的业务场景中进行思考，而后结合上面提到的这些要点，思考问题的效率会高很多。

4．曝光趋势下滑问题

曝光趋势下滑也是商家经常遇到的问题。诊断曝光趋势下滑问题时，首先应该想到的是曝光矩阵，即横坐标是关键词，纵坐标是每一个关键词获取的曝光量，整体面积就是当前的总曝光效果，然后根据不同的时间段，去排查曝光趋势下滑是由横坐标的原有曝光词的数量变少导致的，还是由纵坐标单一词的曝光量减少导致的，或者二者皆有。不论是横坐标还是纵坐标的数据变化，基本上只有两种情况。

一种是付费渠道的曝光趋势下滑。这种情况通常是减少了词的推广数量，或者降低了词的推广费用导致的。定位到具体问题时，这类问题就很容易解决，通过直通车的词数据报告可以找到问题所在。另外一种情况是直通车推广没有做过任何调整，但是曝光量还是减少了。这种情况通常是外界环境变化导致的。要想维持自身流量的稳定，还需要在引流上多做调整。例如，某关键词整体大盘的流量在下滑，要想维持自己的曝光趋势不变，就需要提升出价，加大预算。

另外一种是免费渠道的曝光趋势下滑。对于自然曝光的变化，思考的第一个要点是权重的变化，因为权重是分配曝光量的首要依据。查看词的近期表现情况是否不好，对于长期没有询盘和信保交易导致的权重下滑，可配合直通车或搬单手段等做一些数据拉回操作。

5．点击趋势下滑问题

点击量是曝光行为之后的数据指标，与曝光表现息息相关。当点击趋势下滑时，首先要看是整套数据下滑，还是单一点击指标下滑，如果是整套指标下滑，即由于曝光趋势大幅下滑导致的点击趋势同步下滑，思考的重心应该放在提升曝光量上，因为这是成比例的关系导致的下滑。

如果曝光量没有变化，或者波动不大甚至还有提升时点击量出现了大幅下滑，思考时就不能考虑整体的同步影响了，而是要将重心放在“买家为什么突然不点击我”这个问题上，思考是由哪些变化导致的。

首先要思考的就是进店买家质量是否发生了变化，如果是和以前基本类似的买家群体，其效果变化的可能性往往不会很大。如果是广告外投导致面向的受众群体发生了很大变化，则需要优先考虑调整广告的设置来止损。如果经排查不是广告设置导致的点击趋势大幅下滑，接下来要考虑产品自身的维度，是产品的价格提升导致买家没有点击的欲望，还是出现了差评，抑或是市场竞争环境发生了变化导致点击量下降。如果是价格或差评问题，要及时修改、弥补。如果都不是，则要细分词的效果结构，因为整体的点击情况是由每一个词的点击情况汇总而来的。通过排查不同关键词的效果分布和变化，也可以找到具体的问题点，从而有针对性地优化点击量低的问题。

6. 转化趋势下滑问题

对于所有的趋势下滑问题，都要看它前面的行为路径是否出现了同步下滑，如果是因为等比例关系导致的下滑，则不能单纯地认为是它自身出现了问题，而是要检查该指标的前一个买家行为指标是否出现了问题。确认前一个买家行为指标没有变化之后，再去看该指标自身的变化，通过拆解相关要素来排查趋势下滑问题。

当点击量和访客量变化不大时，也就是每天进店的人数基本没有大的变化，只是忽然间没有了访客咨询，可以参照本节提到的 18 个影响转化的要点一一去排查，尝试找到转化下滑的可能原因进行修正和优化。也可从这 18 个要点之外去思考其他可能导致这个情况的原因。一般来讲，“突然”下滑的问题往往是由直通车、价格或差评导致的，应优先思考最可能的情况，结合自身行业去做排查和提升，这个过程需要商家不断调整和验证。

第 33 讲　突破业绩瓶颈的思考方式

在阿里国际站运营过程中，不论是面对自己正在操作的店铺，还是接手一家老店铺，甚至是接手一家优秀的 TOP 店铺，作为运营人员，都需要思考这样一个问题：如何让现状更好一点？

在第 16 讲“如何操作老店铺”中提到了要先认知和了解店铺现状，然后诊断和梳理店铺效果和结构，从中发现问题进行修正或提升。这 3 个步骤是接手一家店铺不可或缺的，也是排查自身问题和规划提升的基础步骤。要想突破现有的业绩瓶颈，也离不开这两个方向：修正现存的问题或不足，以及思考提升规划。

1. 修正店铺现存的问题或不足，进行劣势效果止损

（1）检查店铺信息填写是否完善、准确。

诊断店铺时建议优先检查店铺信息的完整度。在阿里国际站后台管理店铺信息时，我们可以填写店铺信息，这些信息会展示在店铺的公司介绍页，是买家了解公司实力、公司规模的首要途径。这属于店铺运营的细节，也是不少新手运营容易忽略的地方。这里我们可以轻而易举地把店铺中的公司展示做好做细。对于有缺失的地方，我们要尽可能地补齐和完善。

（2）检查店铺效果结构，支撑店铺效果的产品分布是否健康。

店铺效果结构是运营人员掌控和突破业绩的核心，通常以一个核心指标为顶点，不断地结构化拆分各个分支效果，以寻找店铺不足的地方进行止损或突破。例如，店铺的曝光不足，进行结构化拆分之后得出的结论是由产品 1 和产品 2 的曝光不足导致的。店铺的订单转化不佳，对店铺效果进行结构化拆分之后，得出的结论是由产品 2 和产品 3 的订单转化率较差导致的。这些关于店铺效果的结构化拆分方式，是店铺止损和提升常用的核心手段。对于店铺的不足之处，要考虑及时止损，反向提升店铺效果。

（3）检查店铺零效果产品占比是否健康。

店铺产品数及其零效果产品占比都是影响店铺权重的因素。商家要及时删除或优化零效果产品，防止由于长时间没有打理导致店铺内存在大量的超过 180 天的零效果产品，如果店铺中存在大量这样的产品，建议及时删除和补充少量新品。

（4）检查产品分组是否清楚。

对于一些年限较久、产品数量较多的老店铺来说，有不少的店铺都存在着产品分组混乱的问题，简洁、明晰的分组是买家寻找更多产品的便捷工具。如果店铺中有大量的产品分组混乱，那么运营人员需要花些时间去做好这些细节工作，以提升买家的购物体验。积少成多，一点点地改善店铺效果。

（5）检查产品发布标准是否达标。

产品效果好不好，在一定程度上取决于产品发布的质量，高质量的产品页面是带来好效果的前提。对于效果较差或效果较为一般的产品，运营人员需要检查和完善产品信息。参照第 20 讲“产品上架标准”，对产品信息不足或错误的地方进行弥补或修正。

（6）检查首页设计是否混乱。

对于大部分店铺来说，首页虽然不是承接流量最多的页面，但首页是一家店

铺的门面，也是买家了解店铺品类的常用页面。首页的视觉设计、信息传达，以及产品的推荐和分类，是买家快速了解店铺所售产品类别的途径。所有能提升的运营细节都应该力所能及地做到最好。

（7）检查直通车推广效果是否合格。

我们看直通车推广的效果，主要是看推广的产品能否持续地产生询盘。对于长期推广，却从未带来询盘的产品，要立即停止推广，及时止损，再去考虑后续的优化或更换产品。这也是不少商家经常犯错的地方。明知一款产品长期没有询盘和订单，却贪恋现有的点击量、点击率等数据，导致白白浪费了不少推广费用。

（8）检查直通车推广的词品是否精准。

检查直通车不必要的花费，最容易想到的就是检查直通车推广的词品是否精准。特别是推广关键词的消耗，是运营人员需要定期检查和优化的地方，止损也是变相地做提升。

（9）检查粉丝通是否在坚持经营，RFQ、访客营销是否在积极填报。

突破店铺现有瓶颈，除搜索流量外，站内其他的流量如果能够利用好，也会带来非常不错的效果。特别是粉丝通和 RFQ 带来的商机，坚持运营和营销，往往也能带来一些效果，商家需要重视起来。要提升店铺的整体效果，不建议仅盯着搜索渠道。

（10）检查星等级和子账号等问题。

星等级是影响店铺综合权重的一个影响因素，其中包含着 4 个大项指标、十几个小项指标。这些指标的优质与否，是检验店铺健康程度和综合实力的指示灯。对于其中表现不足的指标，商家应想办法尽力完善和提升，这是店铺止损和提升的基础内容。

要想突破店铺的现有业绩，对各个子账号的表现也不能忽视。子账号的及时回复率、在线时长、成交率决定了店铺整体的服务和业绩。对于表现较差的子账号，商家应尽快了解原因、积极组织共创培训、设置工作规则，从而提升店铺整体的服务水平和销售水平。

常规问题的修正是较为容易的，基本都是止损性操作，而且大多属于事务性操作，商家往往只需要检查店铺存在的错误和不足并进行修正。主要是效果结构的拆解，需要耗费精力去梳理。商家需要分解出综合转化链路存在问题的产品，拆解其各个转化环节的要素，进行修正或测试并择优。

2. 思考提升方案，提升店铺业绩

关于店铺业绩突破的思考方式，止损修正当然是一种打破历史平衡的突破。在阿里国际站的运营过程中，规划提升也是突破店铺业绩的思考方式。对于大部分店铺来说，经常遇到的瓶颈问题还有以下两个。

（1）店铺流量瓶颈。

对于推广费用有限或表现已经较为优秀的店铺，流量增长问题通常是最大的困扰。店铺的转化效果不错，每个月的询盘量和订单量也不错，想再提升一个台阶往往不知道从哪里入手。

对于此类店铺的提升，建议采用拓展流量获取渠道的方法。因为现有的渠道已经表现不错，要想再提升一个台阶往往会花费很大的精力，并且提升的空间也相对较小，精力产出比不是很理想。对待这类店铺，建议从多渠道入手，获取新渠道的流量。

在阿里国际站平台，能获取流量的渠道大体包括搜索渠道、场景渠道（首页各场景）、粉丝通、客户通、RFQ、活动（WD、三九大促、直播等），以及付费推广（直通车、推荐广告、顶展、明星展播等）等。

其中场景渠道相对难控制，受该场景下的成交赛马数据影响较大，对于实力不是很雄厚的商家不建议以此作为突破口，因为操作难度较大。付费渠道就不多说了，“RMB（人民币）玩法”的效率永远是最高、最具穿透力的。

如果商家在搜索渠道上表现较为优秀，想继续通过该渠道来突破瓶颈，所耗费的资源和精力是相对较大的。与其在优秀的渠道上再进一步，不如另辟蹊径采用粉丝通、电子邮件营销等渠道。这两个渠道也是当前所有渠道中较受大家认可的。

而日常 Weekly Deals 活动、RFQ 和访客营销等都可以顺手做好，不需要耗费什么精力。我们可以把更多的精力放在粉丝通或客户邮件开发上，或者放在站外的运营上。通过另辟蹊径的方式，获取多渠道的流量，放弃难以突破或不擅长的渠道的精力投入，以此来降低业绩突破的难度。

（2）店铺效果瓶颈。

店铺效果问题常常在于点击和转化的问题，尤其是转化的问题。导致店铺最终效果不佳的核心问题通常是店铺产品发布质量和推广操作的问题。大量的商家在操作直通车时会遇到这样一种现象，那就是无论怎么优化都没有一个能“拿得出手”的产品，无法支撑起店铺稳定的询盘。

之所以产生这种现象，大多是由于推广前没有仔细规划，胡乱地添加产品和关键词，在后期又常常因已经产生了大量点击不舍得影响当前状态，抑或者担心

越改越差而放弃修改，以致店铺长期以来一直维持着初期效果混乱的推广状态，小幅度的调整和调价不足以撼动整体推广混乱的局面，长期的消耗使得商家难以有新的头绪。

对于此类问题的建议是全部推倒重来。对于已经表现不错的产品，可以继续保留推广；对于表现不好的产品，则都需要重新思考词品的匹配关系：推广的词是不是精准，词品对应关系是不是吻合等。通过重新调整、主观选择、测试择优的方式，慢慢让推广形态发生变化，最终寻求一个能接受的形态长期推广。

另外，店铺效果较差也可能是由产品发布质量不佳导致的。由于用词不准、主图没有经过斟酌、页面质量不佳，以及缺少合理的运营节奏，产品发布之后全凭自然生长，完全不可控，使得店铺中没有一款产品是优秀的，月询盘长期远低于同行均值，无法支撑起店铺效果。这类问题需要商家在产品优化上着手，推倒重来，重新去前台搜索调研市场，整理关键词，重新思考主图和标题，按照产品上架标准对产品进行一一修正。

在运营过程中，商家遇到的瓶颈会非常多，不同商家遇到的瓶颈也多有不同。但有一点是值得铭记的，那就是作为运营人，不论现状是好是差，如何让现状再提升一点、向前再迈进一步，是需要运营人长期思考和追求的。

第 34 讲　如何把一款产品做起来

阿里国际站运营人员操作一款产品时，通常要经过以下几个步骤。

1. 发布高质量的产品

高质量的产品页面对于转化有着天然的帮助。产品发布要符合产品的上架标准，在上架前，运营人员需要对前台同类产品进行价格、卖点等调研，并对关键词库进行整理。产品发布的视觉图片、主图和详情页，以及标题拼写都是直接影响产品初始效果的重要因素。忽视这些内容，也就意味着后期效果不理想。

在操作一款新产品时，商家往往不确定其所发布的产品能否带来满意的效果，这时为了提升产品成交的成功率，商家可以多发布一些产品。通过一两周的自然表现，选择出表现最好的产品进行重点操作，做好标题、属性和视觉的优化工作。

进行初期的测试择优时，重点关注产品的点击率、收藏率和转化率，选择表现最有潜力的那款产品，即初始少量曝光时，买家更愿意点击、收藏或询盘的那款产品作为后期大力操作的目标产品。

2. 合理的运营规划

在新品上架之后，需要针对它制定一个运营规划。比如，第一个月的销量尽量做到多少，第二个月的销量尽量做到多少，等等。尤其是 RTS 类新品上架的前两周，要尽快完成破零动作，可以通过大额折扣、老客户或业务员主动绑定的方式在短期内让其产生成交。定制类产品要尽快产生询盘，可以利用直通车、价目表引导的方式，让客户主动发起询盘，加速权重赛马的进程。

除了规划其成交效果，还需要规划其流量规模。在前期需要给产品足够的曝光，一是给产品的生长提供必要的条件，二是需要尽快发现其成长过程中可能遇到的问题，尤其是点击和转化的问题。按照点击率和转化率，对产品执行择优或优化动作。

产品上架后，建议尽快通过直通车为其引流，精准地控词、控品，以减少因系统随机展现无法带来良好的买家行为而导致初期权重赛马失败。

3. 顺应搜索引擎的发展

不论是新品还是已经上架很久的产品，能获得曝光、展现机会依靠的都是搜索的权重赛马。也就是说，要想获得更多的搜索曝光量，就要取得更高的搜索权重。关于权重赛马的工作原理，已经在前文做了透彻的剖析，核心是通过向搜索引擎递交优秀的买家行为数据来获得不错的搜索权重。

为了更快地拿到搜索权重，需要在短期内递交给搜索引擎更好的点击率、点访率、访问深度、询盘转化率、订单转化率等数据。从搜索排序的角度思考，在买家购物流程中越靠后的指标，对搜索权重的影响越大，所以要通过塑造良好的点击率和转化率来产生后面的指标数据。如果连前期的点击量都没有，没有访客，自然就不会有任何后续的买家行为。所以，商家前期需要重视点击量、点击率和询盘量。

我们知道，同一款产品在不同词下的表现是不同的，其权重和排名也是不同的，所以商家需要找到点击和转化能力相对优秀的那个词。这里有两个方法供给大家参考。

第一，设置有一定热度且具备成交方向的长尾词作为主推。因为这类词的点击、转化能力通常来说相对较好，容易产生一整套优秀的买家行为数据，而不仅限于曝光量和点击量，对于搜索权重的提升效果较好。

第二，以主推词为基准进行拓展，围绕一个核心词拓展更多相关的推广关键词，形成同一个方向的推广矩阵。其中建议小词的推广比例要高于大词，同时根据推广的数据表现进行择优操作。如果在推广的数据效果上，有其他词的表现优于主推词，也要重新思考是否需要更换主推词，重新思考推广方向来进行标题和视觉的优化。

在顺应搜索引擎操作的初期，对于有可能转化的询盘，建议将能转化的全部转化，哪怕是一些小的订单、无利润的订单也可以操作，这对于新品成长初期的权重赛马有很大帮助。很可能因为我们多转化了几单数据，表现就优于同行，依托搜索权重的算法，从而获得良好的数据循环。

4. 运营节奏

操作一款产品还需要合理的运营节奏。如果上架了一个单品，很长时间之后才开始出单，或者推广断断续续、毫不走心，那么这对于此单品的成长是有损害的。合理的单品成长节奏应该是在新品上架一周内就有点击行为，在一个月内就有询盘和订单表现，在第二个月就可以持续产生询盘，细化到周来规划操作。

产品上架前，要通过关键词指数查看核心词的周期走势，规划好时间节点，尽量顺势而为。上架后可以利用付费推广和现有的资源，尽快使产品产生点击和转化数据。哪怕前期成交几个没有利润的样品单，也要把握住每一个自然流量，顺应搜索引擎的成长。后期依据产品表现可以加大推广力度，实现数据的稳步增长。在这个过程中，商家可以列一个时间轴出来，规划好每一个时间节点所能利用的资源及能实现的操作。

在运营规划中，商家应尽可能地保证产品数据是平稳或增长的，整体的趋势稍有增长即可。规划时，要思考如何让产品在上架前期尽可能快地产生成交，后期让买家完成确认收货和好评动作，供其他买家参考，从而让搜索引擎拾取到产品优秀的数据表现，认为此产品不错，从而获得更高的搜索权重。

5. 操作过程容易出现的问题

单品操作最有可能出现的就是点击和转化问题。而点击和转化问题最大的可能就是推广设置和产品发布质量上出了问题，优先从这两个方面去思考，检查推广设置是否没有规划，是否毫无依据地乱加词、乱推品，以及推广的产品标题和主图是否存在问题。如果实在没有思路，可按照第 30 讲“流量数据指标的业务场景还原”中提到的思路，将数据还原到业务场景中去梳理问题。

另外一个容易出现的问题就是操作了一两个月之后，还是没有效果，仍然无法带来流量和转化。这种问题通常是由操作的节奏不够紧凑或产品自身不好导致的。对于这类问题，应该优先复盘运营的过程是否存在问题。如果觉得从头到尾的操作都没有大的问题，建议放弃对这款产品的操作，它可能没有前途。我们也可同时操作 3～5 款产品，来增加成功的概率。

操作单品最重要的过程是做好规划，把握好节奏，按时间轴厘清操作的步骤和思路，确保步骤清晰、逻辑可行。一款产品之所以能生长，除了产品自身非常重要，打造的过程也同样重要。我们要像养孩子一样，一步一步地扶持它，把它送上一个高度，不能任由其自然生长、自生自灭。

第 35 讲　打造爆款的常见“死”法

打造爆款也好，塑造优秀款也好，都是每个商家应该考虑做的。因为通常支撑起店铺效果的产品都是少数的固定款。在商家打造爆款或塑造优秀款的过程中，常常会出现失败的现象。下面将介绍打造爆款的常见“死”法，这些都是日常诊断店铺时经常遇到的导致店铺没有效果的根本原因。

1. 滥发产品

产品滥发直接导致的后果就是词不对题，页面信息混乱。这类产品在被展现的过程中，往往得不到好的效果。这通常是由于批量发布产品或机器盲目批量采集和发布产品，难以注意到产品页面信息存在不足或错误，或者页面整体质量过于平庸，以致整家店铺存在大面积无效果甚至全无效果的情况，点击和转化极差，难以突破门槛产生优秀款。

2. 误判市场容量

在打造爆款或塑造优秀款的过程中，选择了一款热度极低的产品。此类产品通常由于受众较少，难以产生流量规模，无法带来足量的访客和咨询，不足以形成打造爆款的条件。

3. 推广混乱

这也是一种常见的形态，产品发布质量还算勉强及格，但是直通车推广形态混乱。常见情景是有几个热词长期占据着大量的曝光和点击消耗，但是不带来任何效果。其他词由于得不到足够的推广费用也几乎无效果，长期的状态维持导致难以形成爆款。对于此类情况，建议停止长期无产出的词，重新规划推广形态，推广前对关键词、产品、词品匹配关系做仔细斟酌。

4. 没有规划

这类情况也较为常见，主要是产品发布之后没有任何操作动作导致的自生自灭。推广效率不高或完全不做推广，完全依靠产品自然生长。人为不去操作，也不想办法去形成转化数据，甚至排斥小订单。长期没有数据导致产品权重降低，表现效果长期一般。

5. 与趋势为敌

这类情况不是很多见，主要是在关键词指数急剧下滑时切入市场，或在市场销售季节性相反的产品。这类产品在当前由于受众较少或买家暂不需要这类产品，导致产品生长困难，从而无法成为爆款。

6. 产品转化问题

产品转化问题一直都是运营的难题。在第 32 讲“‘爆点反’常见的一些指标问题”中也提到了各种影响转化的可能性及排查手段。在几经尝试实在无法解决转化问题时，建议放弃这款产品，因为没有转化的产品很难成为爆款。无法承接住流量转化，引入再多访客也是徒劳。

7. 产品确实不行

很多商家都会有这样一种错觉，那就是自己的产品好。要是问它具体怎么好，他往往又无法准确、清晰地说出产品的卖点和价值，甚至连目标受众是哪些、目标受众关注的点都模糊不清。这种没有经过市场验证、主观盲目自信的产品往往难以承接流量的转化效果，也就不足以形成爆款。因为对于买家需求而言，产品自身实力不足。

8. 老是不走线上

因为公司内部效率问题，或者转战线下交易，导致线上长期没有交易状态。搜索引擎无法拾取到数据来评判产品的好坏，不利于搜索的权重赛马。长期没有成交导致权重下滑，产品展现机会变少，爆款打造失败。

9. 该出手时不出手

这种情况通常是商家较为谨慎导致的产品打造失败。在产品前期点击和转化表现都较为优异时，没有及时给予足够的推广流量，而把付费流量都灌输给了其他产品，从而错失打造爆款的机会。

10．胡乱绑定订单

当买家对店铺的 A 产品感兴趣时，卖家为了主观塑造 B 产品的数据，而强行在 B 产品上起草订单积累数据。长此以往，导致 A 产品有买家行为数据但没有订单，B 产品虽有订单但没有买家行为数据，最终导致两款产品的综合权重都不够优秀，权重加持没有得到足够的释放。原本是爆款的 A 产品的权重逐渐下滑，B 产品的提升效果疲软，从而导致店铺整体效果下滑。

第 3 篇 内容和视觉运营

电商业一直流传着一句话：电商卖的就是图片。当然，这句话并不适用于所有的类目，但是对于电商场景来说，图片视觉是买家了解商家和产品的连接介质，其重要性可想而知。好的视觉不仅可以带给买家愉悦的体验，还可以加强信息内容的穿透力，影响买家对眼前事物的喜好判断。

要想通过内容来影响买家的喜好判断，需要在内容策划和视觉呈现两个方向去做努力，二者相辅相成，共同决定了最终的视觉效果。本篇内容围绕这两个层面，从如何更好地策划卖点内容和如何更好地呈现卖点设计的角度，深入拆解其中的技巧，形成设计思路。本篇内容主要讲述的是运营思维层面的视觉技巧，而非美工设计层面的技巧。这是运营人员提升自身视觉沟通和视觉表达能力的稀缺性技巧。

第 36 讲　PC 端首页设计

首页作为商家的门面，自然不能随意设计。当然，设计时也不必吹毛求疵，过于纠结。因为对于大多数商家而言，访问店铺首页的人并不多，店铺内绝大多数访客都会直接进入详情页。只有部分访客会直接进入店铺首页，或跳转到首页。商家可以在后台“数据参谋”—“店铺分析”中看到自己店铺内流量的访问页面构成。通常来讲，店内流量大多被详情页所承接，首页承接的流量并不多。不过话说回来，每一个商家只有一个首页，在首页上多耗费一点精力打造一个好的门面也不为过。本讲来聊一聊 PC 端首页设计的思考方式。

1. 整体页面风格要统一

整洁、统一的风格和色彩能够给买家一种整体性和舒适感。商家可以按照自身产品的特性进行风格的打造。是科技风还是简约风，抑或是居家温馨的感觉？定一个适合的自己的风格调性和颜色基调，可以与美工进行沟通，协商出适合自己品类的色彩基调。统一的风格会给人一种大气的感觉。

2. 首屏干净大气，能彰显店铺内容

买家进入店铺首页时，第一眼的视觉体验尤其重要，所以店铺的首张封面海报需要商家格外重视，除了视觉设计上要高端大气和干净整洁，还要做到让买家一眼可以看出店铺是销售什么产品的，可以引用一些店铺相关的热销品和相关场景，达到让人“一眼即懂”的效果，这一点非常重要。很多店铺进入首页之后，无法一眼看懂其品类，信息传递效率低，这一点需要重视。首屏海报不建议元素过多或特别杂乱，建议字体统一，配色不要超过 3 种。

3. 导航栏突出

导航栏作为引导流量跳转的一个小工具，其颜色一定要突出，部分商家导航栏和字体颜色一致，买家在视觉效果上很难发现导航栏的存在。这样就减少了买家去查看产品分组的可能性。首页流量没有进行充分的引导，影响流量的利用率。

4. 导航栏产品分组清楚有序

商家可以在后台“产品管理”中自定义产品的分组和分类。同时可以对分组的顺序和分组内的产品进行自定义排序。部分买家在浏览店铺的过程中，通常会

点击店铺的产品分组来查看店内是否有其他需要的产品。虽然点击产品分组的访客占比通常不高，但是点击产品分组的人通常是想探寻和购买更多产品的，目的较为明确，对转化有一定的促进作用。

所以在产品分组和分类上，商家应该保证所呈现出的产品分类精准、有序，分组内靠前的产品都经过手工整理调序，并设置为新品或热卖品，而不是大量的发布产品却不做调整，使分组内出现大量的重复产品，影响买家挑选和识别的体验，造成用户流失。

5. 首页海报下方建议放置多语言选择模块

为了便于不同国家的买家能根据自己喜欢语言进行浏览，在系统板块中，有提供多语言切换的模块和功能，商家可以直接调用。这只是一个很窄的功能模块，并不会占据大量的页面空间。

6. 添加促销模块/热销品模块/小海报

在页面靠前的位置，建议添加一屏关于店铺热销品的模块或海报。买家在浏览店铺的过程中，很可能对店内其他产品也产生兴趣。如果在进入首页之后，快速地给买家呈现一些有吸引力的产品，也许能激发买家的咨询欲望。能够产生吸引力的产品通常都是店铺的热销品或价格有吸引力的产品，商家可以在买家进入首页之后，主动推荐一些有吸引力的产品，通过方格或海报的形式来给买家注入印象。

7. 添加公司信息/实力体现/客服模块

公司信息最好出现在三四屏左右的位置，能让买家进入店铺后有一个好的体验。先是首屏大海报，其次是一些有吸引力的促销，然后紧接着就是公司的介绍，这样买家会有一个合理的逻辑体验。在介绍公司实力时，拿得出手的东西千万不要吝啬，实力证书、专利都可以拿出来展现。在展现公司规模时，尽量选择画面感大气的图片。文案要写得专业些，不会的可以去模仿一些大企业的写法。如果要表达的素材过多，也要注意取舍，排序之后删除不必要的内容，不要做大量内容的堆砌，保持信息的简明大气。客服旺旺咨询链接要与公司介绍紧挨着，以方便买家联系。

8. 在公司介绍下方放置热销品/分组模块

在公司介绍下方，还可以酌情添加一屏或两屏热销品或促销品的小海报模块，用来提炼出店铺内销售最好的那些产品供买家查看。由于这些产品表现较好，往往也能提高买家询盘的概率。

另外，在规划设计的模块都完成之后，最好能依据店铺的分组，为每一个分组都单独设计一张分组海报，依次放置在首页的最下方。每一张海报下可以放置多款该分组下表现较好的产品或想推广的产品，形成店内所有分组中核心产品的介绍，在买家浏览首页的过程中，做到产品信息最大化的展现和转化。

在设计 PC 首页的过程中，通篇要保证页面的调性统一和画面舒适、不杂乱，要舍得做减法，不用过多的字体和元素，省去花里胡哨的细节，做到清晰、大气；去掉不重要的东西，每一屏表达的主题都要整洁、清晰、有重点、有质量。

第37讲 无线端首页设计

无线端首页设计和 PC 端首页设计在大的框架下的要求是一致的。都需要做到整体的页面统一、调性一致。在阿里国际站后台“店铺装修”编辑器中，无线端和 PC 端首页是可以独立进行装修的，也可以先装修好 PC 端首页，一键同步至无线端。并且不论是 PC 端还是无线端，后台都有很多的智能模块可以插入调用，为商家设计降低了门槛。商家只需要拖动想要的模块到编辑器相应位置即可完成模块的添加与编辑。

至于商家是否选择在无线端使用 PC 端的首页装修设计，则完全由商家自己决定。如果商家精力有限或能力不允许，则可以选择将 PC 端的首页设计一键同步至无线端。如果商家有能力做无线端的装修，或者店铺内大部分流量来自无线端，则建议单独装修。虽然可能需要多花费一些时间来重新设计，但做出来的首页效果是可以长期使用的，而且 PC 端和无线端的视觉体验上确实存在一些差异。

以下是无线端装修的一些建议。

1. 注意竖构图

无线端的设计通常偏向于竖构图，无线端首页也不例外。传统的 PC 端设计偏向于横屏设计，在 PC 端横屏设备中视觉观感较好，而放在手机等竖屏设备中，视觉冲击力往往大打折扣。不仅如此，横屏设计在无线端还会给人一种拥挤的感觉，设备内上下空间浪费，画面挤压感强。而竖屏尺寸设计则给人的观感较好，画面张弛有度，给人更舒适的感觉。

2．文字不要过小

无线端因为设备屏幕较小，过小的文字阅读起来会让人感觉较为吃力。尤其是 PC 端首页设计中加在图片上的密集文字，如公司信息、图文排版等，在无线端阅读时很容易出现不清晰的现象。密密麻麻的文字让人阅读起来非常累，导致信息传递效率骤减。所以在无线端装修时，要注意文字不要过小。

3．利用纵向空间排版

在 PC 端装修首页时，因为横向的空间较为宽阔，所以横向通常会排列较多的产品，这一行为通常被大家所习惯。而这些设计用在无线端时，由于横向的空间缩小，也会导致内容阅读吃力，信息传递效率骤减。在无线端装修时建议商家多利用纵向的空间进行排版，不仅能提升阅读的舒适度，还可以减少信息传递的阻碍。

4．使用系统模块

商家在装修无线端首页或同步 PC 端首页设计时需要注意一点，那就是自定义的超链接不能在无线端使用，系统不支持自定义的热区在无线端的跳转。解决这一问题最好的办法就是使用系统自带的热区切图模块。在装修编辑器中，对设计好的图片做热区切片和设置超链接处理，发布之后可以在无线端实现很好的跳转，加强店铺页面间流量的引导能力。

5．添加视频模块

由于人们在无线端有用手指滑屏浏览的习惯，信息停留时间短，为了给买家提供更丰富的信息，建议在首页中添加视频模块。视频是传递效率较好的方式之一，并且随着短视频的兴起，买家也越来越习惯通过视频的形式来了解信息。所以在无线端装修首页时，不妨添加高质量的视频来介绍店铺或产品。视频时间不宜过长，30 秒左右最佳，且视频质感要好。视频表达的内容要有质量，能凸显企业自身或产品的实力。

无线端首页装修与 PC 端首页装修在内容上大同小异，只是在设备视觉和买家浏览行为上有些许差异，要针对各自的情况做合适的调整，其展现的内容和思路基本相同，都需要向买家展示自身的情况和实力。首页要设置店铺的热销品模块来吸引客户加强转化，做好产品分类和页面流量的引导动作，尤其是产品的分类，这对于引导客户浏览、减少客户选择阻碍有着很大的帮助，亦可添加一些折扣营销模块来促成成交，利用文案加强店铺的活跃气氛等。

第 38 讲　PC 端详情页设计

详情页作为直接与买家沟通的页面，也是承接店内流量最多的页面。其质量的好坏对店铺的转化效果起着不小的作用。毕竟买家在阿里国际站上购买产品时，基本都是要查阅详情页的。在第 3 讲“详情页策划”中，提到了进行详情页策划是为了输出一份高转化率的详情页，其执行核心在于策划要表达的内容，以及如何用视觉表达这些内容。本讲来聊一聊 PC 端详情页设计的一些看法。

1. 确定页面的风格调性

同首页制作一样，页面调性和完整性是每一个落地页都需要具备的。页面的风格可以给买家一种情绪上的感觉，往往大气的视觉效果会让浏览者觉得商家更具实力。大气的视觉效果往往体现在主体颜色清晰干净、视觉范围更广，以及层次分明上。所以商家在确定页面基调的时候，不妨根据产品自身的特性，来选择恰当的色彩和基调。设计前可以多参考同行的详情页，围绕主体清晰干净、视觉范围广及层次分明等风格来做设计方案。

2. 表达的内容要清晰、有重点

详情页作为与买家沟通的直接页面，其表达的内容十分重要。在买家浏览详情页的过程中，主要是以屏为单位进行浏览的，也就是第一屏、第二屏这样依次浏览。所以每一屏要呈现的内容是影响买家感知的重要因素。

买家在浏览详情页的过程中，第一屏往往是固定的头版设计，在页面的第一屏通常需要放置一些过渡信息，否则会显得页面较为突兀，没头没尾。头版设计主要围绕产品的相关卖点、文化和实力进行体现，这也是买家浏览页面的第一印象。最好放置一些有竞争力、有记忆点的内容在头版设计上，在买家心智中留下深刻的印象。

头版往下则是真正的产品信息，至于要表达什么内容，需要商家根据产品的卖点、功能属性和围绕买家在意的点、使用场景去做策划。商家在设计时要注重逻辑和表达内容的通透性，每一屏设计都要有一个重点主题，能清楚地向买家说明白一个点。点与点之间的逻辑应尽量顺应买家在购物过程中了解信息的逻辑递近。

3. 使用丰富的元素

在详情页的设计中，除图片外，还建议使用文字、表格和视频的形式来表现产品。表格是平台建议/要求使用的，并且在产品发布的页面信息质量分中也会考核详情页中是否添加了表格。表格是让买家了解产品参数的常见形态。在填写表格时，不建议随便填写内容来应付平台的检测系统，最好通过调研观察，填写产品最核心和买家最关注的一些优质参数信息。

视频是买家了解产品的一个新习惯趋势，在添加详情视频时，建议视频时长不要过长，30 秒到 3 分钟的一段视频体验最佳；表达的内容依旧要遵从有重点、有卖点的标准。商家可以对视频素材进行简单的剪辑，使视频符合买家喜好规范。

4. 重点内容的比例要合理

在详情页设计中，除产品信息外，商家通常还会添加一些公司信息、证书认证、公司厂房、使用流程、团队合影、常见问答和发货信息等模块。有些商家在这些模块加注的比例远远超过了产品介绍，整个详情页浏览下来，没有多少关于产品的介绍，这一点对买家而言是非常不友好的。买家在购买产品的过程中，首先想了解的一定是产品信息，其次才是其他的内容。至少对于大多数类目来讲都是如此。所以商家在策划详情页时，一定要保证含有优质内容的产品介绍不能少于 3 屏。如果页面的图片数量超过了系统的限制，也要优先考虑删除一些不重要的模块来给优质的产品简介让路。

在详情页的设计中会涉及很多的要点，如卖点的策划、文案的撰写、视觉的表达技巧等。视觉作为一种信息的传达、产品的呈现，在电商运营中的重要程度很高。好的详情页效果对于营销转化来讲也有很大的意义。制作一份优秀的详情页，除了需要商家对自身产品和消费者深度了解，还需要一些技巧性的思维来让视觉的表达效果更加淋漓尽致，加强用户的代入感。

第 39 讲　无线端详情页设计

无线端详情页的装修后台同无线端首页的装修后台的功能类似，都可以自定义添加图片、图文、营销、视频等模块。添加模块后，商家可以在模块内编辑相应的内容、上传图片和设置模块的尺寸、参数。

无线端设计思路也遵从第 3 讲“详情页策划”中提到的策划方式，主要是以表达为核心，表达的内容与 PC 端详情页基本一致，也可稍有差异。视觉的形式可以做成更符合无线端阅读的形式。以下是无线端详情页设计的一点看法。

1. 竖构图

由于移动设备尺寸的原因，无线端的设计通常选用竖构图的设计，这一点在介绍无线端首页装修时也有提到。竖构图在无线端给人的阅读体验更佳，不会有空间上的挤压感，并且竖构图设计在无线端的传递效率也相对横向设计有所提升，较少出现买家在浏览的过程中需要双击图片放大才能仔细阅读的情况，省去了一个阅读的动作，信息接受度更高，体验也更佳。

2. 一屏一主题

在设计无线端详情页时，每一屏的策划都需要有一个明确的主题，这是最基本的设计要求。绝不能出现通篇读完都不知道在讲什么的情况，每一屏都要有一个明确的点，能让买家理解这一屏讲述的内容是什么。

建议商家在做无线端详情页策划时，将产品相关的卖点和买家关心的点提前进行罗列。然后放空大脑，把自己当成买家，按照自己关心的内容对这些点进行取舍和排序。挑选出最重要的四五个点写在纸上，然后思考每一个点应该如何表达和呈现。在做详情页设计时，一屏一主题，讲述一个卖点，把它讲透传递给买家。

3. 内容要能“秒懂”

过于难懂的设计无疑是糟糕的，在表达卖点的时候，要简单直接、贴近买家的利益。例如，表达“质量高”，不能直接用“High Quality”来形容，而是要说明质量高具体在哪里，如摔不坏、打不破，或者运行流畅、不卡壳，要贴近产品的实际使用场景并将其言简意赅地表达出来。因为，只有吸人眼球的信息才能让买家停下来仔细了解，让买家费解的东西无疑会让信息的传递效率大打折扣。

在设计无线端详情页时，建议每一屏都有一个醒目的标题或文案，让买家明确地知道这一屏所表达的主题和内容，做到图文高度合一。这样对缩短买家的思考时间，加快页面信息的传递效率，加深买家对产品的了解有很大的帮助。

4. 字体配色统一不杂乱

要提升页面信息的传递效率，还需要注意一点，那就是页面元素不要过于杂乱。

整体页面的字体用色要高度统一，格式要规范。千万不要东一个样式西一个样式，杂乱的视觉效果会给人一种混乱的感觉，也容易让人抓不到重点，事倍功半。

5. 内容质量是永恒的主题

不论是无线端详情页设计，还是 PC 端详情页设计，其所表达的内容质量永远都是重要的。做好这一点需要耗费商家很大的精力，不仅要去了解产品、去拆解产品功能属性、去前台搜索调研同行，还要去了解用户画像。商家需要站在自己的角度，思考如何寻找差异化的切入点建立竞争力，还需要站在买家的角度去思考买家到底关心什么，将想要表达的内容、想说的话，通过视觉呈现的形式，高质量地表达给买家。

第 40 讲　常用文案的类型

第 36 讲至第 39 讲分别讲述了首页和详情页的一些做法，但那些只是一些大的框架和注意事项。从这一节开始，笔者将为读者介绍框架内的细节技巧。视觉设计过程基本都会涉及文案，文案的类型多种多样且功能侧重点多有不同，为方便大家在视觉设计时有东西可以调用，本讲将列举几种常用的文案类型供大家参考。

1. 传播型文案

传播型文案往往会有一个让人记忆深刻的点，通常是独特的卖点或主张，能与买家产生共鸣，这类文案容易形成传播。传播型文案常用于品牌推广或品牌塑造，如江小白的文案，基本都带有关于青春和年轻人的价值主张，容易在年轻人之间形成传播。

传播型文案通常只应用在详情页首屏，用来传播品牌和企业的理念，或者对一些以精神价值为主的产品进行价值传播。

2. 促销型文案

促销型文案是常用的一种类型，其应用场景较为广泛，可以用于营销的方方面面。其以促进买家购买为主要目的，一般与价格或服务挂钩，解决买家顾虑，刺激加快成交。常见的促销文案以折扣、满减、现货库存、售后承诺为主，目的是刺激买家做出决策、形成交易。

3. 卖点型文案

卖点型文案顾名思义是围绕产品的卖点进行撰写的文案，以塑造产品的价值为主，加强用户感知，刺激买家购买，是应用最为广泛的一种文案。

在寻找产品卖点的过程，需要商家对产品属性和买家使用过程进行拆解剖析，提炼出最核心的点，特别是买家的痛点。这一工作通常由最了解产品的人员完成，或者由运营人员完成。将挖掘出的卖点，以文字的形式进行表述。文案要能够体现产品的价值点，与买家在生活或使用过程得到的好处相关联，贴合买家的使用场景。

撰写卖点型文案时，要高度精简和浓缩，每个文案最好只描述一个卖点，将这个点突出、讲透；用词要简单明了，多使用生活用词，以提升文案的感染力和穿透力。

4. 描述型文案

描述型文案通常用来描述产品的状态、功能、属性参数等，用来给买家传递更多的基础信息，在产品介绍、公司介绍和详情页参数中经常用到。描述型文案一般不具备强有力的营销功效，更多在于基础信息讲述或过程讲述。

在写描述型文案时，应多穿插重点信息，不建议平白直叙地描述一些无价值的内容；多以讲述的形式来让买家了解更多、更全面的信息，或者以标注的形式在买家浏览页面的过程起到提点解释的作用。

5. 引导型文案

引导型文案通常与买家心理或价值观有关，用来引导买家做决策。其往往给买家一个购买的理由，如多快好省、加量不加价等，引导买家对文案的内容进行思考，从而认可文案的观念、刺激购物决策。

引导型文案的另一种常见形式是塑造产品的价值和美好的幻想，以价值观的形式进行引导。例如，成功人士具备的品质、紧致皮肤、你值得拥有、解放双手享受生活等类型的文案。引导型文案是在对客户画像做了深度分析之后，对买家的心理活动和生活场景进行剖析而挖掘出的能引起买家心理共鸣的文案。

第 41 讲 卖点策划的手段

策划产品详情页草案时，需要先挖掘产品的卖点都有哪些，然后对其进行挑选，对挑选的重点和卖点进行价值塑造。本讲将围绕挖掘卖点的方式方法展开讲述。

1. 同行调研

在对卖点没有头绪的时候，去挖掘同行同类产品的卖点是一种很好且快速的方法。具体操作方法为进入阿里国际站平台的首页（也可以是其他平台），通过输入关键词的形式来搜索同类产品，对搜索结果展示出的同类产品进行一一查看，重点记录同类产品详情页表达的内容，包括每一屏表达的要点和展现形式，以及整体的页面逻辑，将每一屏的内容进行记录整理。我们可以利用半天的时间来浏览几十家店铺，对这些店铺好的卖点和好的呈现方式进行归纳总结，然后来设计自己产品的详情页思路，包括每一屏要表达哪些内容、如何呈现，进而落地成策划方案。

2. 属性拆解

这种策划卖点的方式需要对产品十分了解，围绕产品的属性（材质、尺寸、重量、种类、工艺、风格、包装等）和功能（特性、质量、新技术、新功效、新模块）进行拆解，然后来寻找卖点。例如，功能特性（不锈材质）、属性材质（钛合金）、属性尺寸（迷你轻便）、新模块（无线连接）、新技术、新功效（续航时间延长）等。

在属性拆解过程中，拆解的属性必须对买家有一定的价值利益，并且是买家需要的价值利益。后期商家可通过这些属性或功能所能满足的使用价值进行卖点策划。

3. 买家行为拆解

这是细化买家使用产品的行为路径，对关键节点进行思考，从买家的心理和体验进行卖点挖掘的一种方式。这种方式要求商家对买家使用产品的行为路径进行极度细致的梳理。

例如，一支钢笔的使用过程。从拿到货物的那一刻，包装是否结实美观；打开包装拿出产品，颜值是否够高，重量是否较重；握住这支笔的手感是否舒适符合人体工程学；书写是否流畅、不断墨；一支笔能写多久；摔到地上是否会造成断墨的情况；等等。按照买家使用产品的详细路径进行梳理，在每一个细小的关键节点进行思考：这里是否有买家的痛点，以及是否可以作为差异化的价值点来进行卖点的挖掘和塑造。

4. 买家需求归纳

从买家需求出发进行卖点归纳涉及思维的发散与收敛，要求商家对买家画像进行深度分析与拆解，对买家的生活场景和心理活动进行深挖，从中发现买家的需求。这个过程常常是思维发散的过程，在对买家深度了解的情况下，随机罗列出买家需求清单，或者通过小组共创的形式进行发散罗列，考验的是商家抓取灵感的能力。

将上述罗列好的清单进行收敛归类，按照需求的重要程度进行排序，思考产品的哪些功能可以解决这些需求，将产品的功能、属性与买家需求一一联系起来，进而实现卖点的挖掘与策划。

第 42 讲　产品价值塑造与包装

卖点收集与分析之后，下一步进行的操作就是表达这些卖点，通过做好产品价值的塑造与包装，以及传递给买家优秀的内容来形成良好的转好效果。

1. 贴近买家生活场景

产品的卖点要贴近买家的生活场景。接着上一讲的例子，一支笔的卖点既可以是书写流畅，也可以是出墨稳定、速干不脏手，还可以是掉到地上不断墨、书写不会划纸等。这些都是从买家的生活场景进行描述的。在买家生活场景中，经常会出现写字弄一手墨水，或者笔不小心掉到地上断墨的情况。直接贴近买家的生活，将能够避免这些痛点的卖点表达出来更容易加强买家对产品的感知。相对于说采用了什么先进工艺和高端材质的墨水，贴近生活的卖点设计更易让买家理解和认同，可以让买家快速意识到产品的好处和理解产品的价值。

2. 从受众出发，产品关联买家利益

这一点强调的是用户思维。商家既需要了解产品的卖点，也需要了解买家的

诉求。在塑造卖点的过程中，商家需要从买家向往的角度出发，让买家看到购买产品之后的世界，营造买家理想的生活场景，加强买家的心理感受。

例如，电视中经常播出的方太水槽洗碗机广告，凸显的是一家人用餐之后的温馨场面；还有苹果手机的广告，其广告语“手机里的秘密比在家里的还多”主打安全。它们都从受众的利益出发，加强买家的心理感受，激发买家欲望，塑造产品价值。

3. 放大产品价值

产品价值一旦表现得过于平淡，就很难让买家感受到它的优势。所以在包装卖点的过程，需要适当地放大产品价值，但绝不能是虚假价值。每款产品至少要塑造一个能让买家花钱的价值点。

近些年，贩卖焦虑感的方式也是放大产品价值的一种表现形式，当然这类形式不适用于实物销售。商家可以利用其价值所带来的好处或坏处进行着重放大、反复叫卖，来加大买家对价值的认可。还是以方太水槽洗碗机为例，“洗碗机洗碗，减少家庭矛盾”“去除果蔬农残，放大健康的重要性”等。商家可以根据自身产品的特性对卖点进行适度放大。

4. 善用修辞和表现形式

（1）夸张。

采用适度夸张的手法可以加大客户对产品的感受，加速买家对卖点的理解。例如，鞋子轻便可以用“飞起来”或“感受不到它的存在”来形容；饼干好吃可以用“流口水”或“好吃到停不下来”形容。夸张是加强买家体验的一种修辞手段。

（2）对比。

对比也是塑造产品价值常用的一种方式，通过对比同类劣质产品的特性，来加强客户对产品价值的认知，区别于竞品。例如，不锈钢栏杆与生锈的铁栏杆对比；同样的时长，消耗一节电池与消耗七节电池的对比等。这些都可以让买家感知到产品的价值。

（3）白描。

使用言简意赅的文字，不加烘托，描绘出产品鲜明的特点，加强买家对产品价值的认知。

例如，小米体重秤：喝杯水都能感知的精准；小米巨能写：能写满 4 个足球场。

5. 借鉴同行的呈现方式

这是一种最简单的方式，当没有思路时，不妨去看一看同行是怎么塑造产品卖点的。我们既可以调研同平台的竞品，也可以调研跨平台的竞品，甚至不是竞品也可以尝试从中寻找灵感。对同行产品挖掘和记录得越多，卖点的提炼和塑造也就越简单。

第 43 讲　FABE 法提炼卖点

FAB 法则是塑造产品价值、说服买家购买的一种常用方法，被营销人员广泛使用。FAB 法所对应的 3 个单词是 Feature（属性）、Advantage（作用/优势）和 Benefit（利益）。另外，还有一种升级版的方法，即 FABE 法则，也就是多了一个 Evidence（证据/佐证）。

简单来说，FABE 法则就是在产品中找出买家感兴趣的属性，剖析这一属性所能产生的作用或优势，将这一作用或优势与买家能得到的利益关联起来。最后寻求一种证据，让买家相信通过此产品确实可以获得相应利益。

1. Feature（属性）

产品的卖点通常来自产品的属性，在思考卖点的时候不妨想一想产品的哪些属性是有价值的。通过剖析产品的材质、功能、特性、工艺、定位、尺寸、重量、外观、新技术、新模块、新功能等，深刻挖掘这款产品的价值属性，将其罗列出来，着重寻找那些只有我们有而同类产品不具备的价值属性。

2. Advantage（作用/优势）

对产品属性进行挖掘之后，紧接着要思考这些产品都具备什么样的作用与优势并列举出来。例如，不锈钢制品的优势在于不会生锈，体积小/迷你的产品的优势在于不需要占用大的空间，使用新技术、提供新功能的产品的优势在于加强产品的体验、便捷性、安全性，等等。

3. Benefit（利益）

将上述挖掘出的产品作用或优势与买家能得到的利益联系起来，重点是传递买家所能得到的利益。例如，不锈钢制品不生锈的优势所能带来的利益就是使用更持久、更加美观健康、长期使用节约成本；体积小、不占空间的产品的优势所能带来的利益就是可以随身携带、轻便快捷；使用新技术、提供新功能的产品所带来的新体验、新特性等优势可以让买家得到更好的精神体验和使用体验，享受产品所带来的美好生活。

在卖点塑造的过程中，买家往往不会直接因为产品具备哪些属性而买单，但会因为这些属性或功能所带来的价值、利益而买单。在传统的营销方式中，商家过于在意产品所具备的属性和功能价值，强调产品的属性技术，而在当今，将卖点与买家的利益直接关联起来，放大买家所能得到的好处，更能加强买家对于产品的感知，帮助买家理解产品所能带来的价值。

4. Evidence（证据/佐证）

FABE 法则的最后一步，需要提供一些佐证来证明产品的属性确实是可以给买家带来好处的，让买家相信我们所说的都是事实。通常是通过演示资料、测试文件、原理解析、销量领先地位、买家证言及品牌效应等来印证我们的一系列表达具有足够的客观性、可靠性和权威性，进而打消买家的疑虑，降低买家对购买的风险评估等级。

FABE 法则是塑造产品卖点价值时常用的一种方式，主要是将产品所具备的属性和功能通过言简意赅的形式表达出来，并与买家的利益关联在一起。因为买家对属性的感知往往不强，需要另外一种解读方式来帮助买家识别产品。

例如，我们和买家讲空调是变频的，买家很难理解这个技术属性有什么用途，当我们告知买家变频可以让空调根据温度间断性工作，从而达到一个省电的价值时，就会促使买家产生需求。买家在意的是省电而不是变频，即便省电是通过变频来实现的。通过 FABE 法则可以让卖点价值以更好的形式呈现出来，更加贴合买家的决策意识，传达效率也更高，能在一定程度上激发买家的购买欲望。

第 44 讲　一句话卖点

一句话卖点是近些年较为流行的方式，凭借着言简意赅、通俗易懂和易于理解传播的特性被越来越多的广告人所认可。商家在设计详情页时也建议遵从这一写法。

1. 每屏的卖点只有一个

在表达卖点的过程中，每屏画面最好只展示一个信息。展示的信息过多会导致买家思维混乱，难以记住和识别卖点。如果一个页面的核心信息有三四个点，则买家在阅读时需要花费更多的时间，甚至很难搞清楚该页面表达的重点到底是什么，造成信息表达的穿透力减弱。

每屏只保留一个卖点，可以让买家在无意识的页面浏览过程中迅速识别页面信息，抓住重点，从而让买家在潜意识里高效率地获取我们所要表达的内容，对产品产生了解。

2. 卖点的呈现方式要简短

卖点的表达要言简意赅，不能过长，最好可以用一句话概括。过多的文字会导致页面排版的视觉效果拥挤，瞬时识别度下降。买家浏览页面时，往往是一直滑动的。难以阅读和理解的页面容易被买家直接跳过，建议将卖点进行深度精炼，通过一句话或几个关键词的形式进行表达，能用一行展示的就尽量不用两行。

例如，Keep：自律给你自由；格力空调：好空调，格力造；戴·比尔斯钻石：钻石恒久远，一颗永流传。

3. 卖点的呈现要容易理解

卖点的呈现方式要通俗易懂，多用贴近生活的口语来描述，少使用难以理解的专业术语和官方语言。买家在浏览页面的过程中往往没有耐心去思考，瞬间看懂才是成交的关键。这就需要商家多去接近买家使用产品的真实场景，去挖掘买家的内在需求和真实感受，在卖点的表达上多使用简单易懂、能引起买家共鸣的文字，并且要能实实在在地关联买家利益。文案越简单越能引起买家的理解和共鸣。

例如，美的变频空调：一晚只用一度电；小米体重秤：喝杯水都能感知的精准；香飘飘奶茶：小饿小困，喝点香飘飘。

一句话卖点在信息理解和记忆过程具有一定的穿透力，人们往往喜欢简单讨厌复杂。复杂、难理解的信息会被人们所忽视，难以将卖点信息有效地灌输到买家的潜意识中，无法加深买家对产品的感知。一句话卖点通常能让买家快速识别并记住产品，如果信息的内容质量穿透力再强一些，也可以影响买家在购物过程的心理决策。

在撰写一句话卖点的过程中，需要商家反复练习。第一次写出的“一句话卖点”往往不是最好的，需要商家多换几种角度去表达、阐述，从中挑选出表现内容最直白、表现方式最简单的一句话卖点加以使用。在卖点文案确定好之后，还需要策划配套的视觉呈现方式来传达这个卖点，做到图文高度合一，逐步落地成策划方案。

第 45 讲　卖点自检清单

商家在策划卖点和视觉的过程中，常常会出现“自嗨”的情况。也就是说我们千辛万苦找出的卖点、设计出的文案和视觉，往往不是买家真正关心的。这就需要我们在设计好卖点文案之后，再去检验一下这些是否为买家真正关心的内容，不能耗费了大量的精力只是在“自嗨”而已。

1．卖点是否有明确的目标受众

在策划卖点前，我们需要思考产品的目标受众是谁，产品能满足目标受众的哪些需求，这几点十分重要。大多数商家在设计卖点时不会考虑目标受众，直接从自身产品出发来罗列卖点。这种罗列卖点的方式往往不够聚焦和深入，不能体会目标受众在购买产品时的感受，在卖点表述设计上也较为平淡，经常表现平平，介绍不到位。

检验卖点的第一步就是要思考：这款产品的目标受众是谁，他们的国家、年龄、习性怎样，采购规模是大是小。不需要考虑真实的流量来源是否与我们拟定的目标受众相同，分析用户画像的目的是找到最需要这款产品的人，以及了解他们最需要的需求点是什么、能帮助他们解决什么问题、主观验证卖点是否有存在的市场空间。如果确认卖点有存在的市场空间，接下来就去思考这些卖点是否为目标受众所真实想要的。如果这个需求点确实存在，并且有足够的需求市场，那么在后期操作这款产品时就会轻松很多。

2．卖点是否为买家真正关心的

验证这一点需要我们以买家的角度去思考，把自己当作买家，放空大脑，去梳理一遍自己买这些东西时是否会关注这些卖点，页面中每一个卖点的重要程度到底可以打几分，形成一个初步的评分。如果自己是买家，对比同行并看了自家店铺内容后都不想发起咨询，自我检验的这一关都过不了，那么必须推倒重来。

做完这一步还远远不够。因为我们自己策划的卖点在检验时往往会带有一定的主观色彩。还需要让没有参与卖点策划的买家检验，问一问他们的意见，特别是这类产品的目标受众，问一问他们的真实想法。如果从真实的买家身上难以收集到反馈，可以尝试让朋友或同事来体验一下，从客观的角度询问一下他们的具体感受。甚至可以要求他们对卖点的重要程度进行打分或强行地“在鸡蛋里挑骨头”，来检验卖点是否禁得住敲打。

3. 市场验证

如果我们没有方法收集到买家的评价，也可以通过验证已有市场的情况，来进行卖点的验证和归纳。进入阿里平台首页，通过输入关键词的形式来搜索同类产品。看一看销量较好的那些同类产品卖点是如何表达的。多收集一些案例，寻找共性最高的那些卖点进行归类排序，来检验我们策划的卖点是否有遗漏或有需要补充的地方。

除了从销售数据较好的产品中进行卖点的收集，还可以通过反向思维，在同类产品页面的评价区域对差评进行收集，来查看买家在使用此类产品时遇到了哪些问题，有哪些是比较棘手的痛点，有哪些是买家抱怨或不愿意接受的痛点，作为我们卖点的补充和验证。差评通常是最能反映买家真实在意点的信息。

上述是检验卖点是否切实可行的 3 种方式，或者说 3 个流程。当卖点能够被推翻时，必须推倒重新策划。好的卖点是成功塑造产品价值的前提，商家决不能沉浸在“自嗨”之中，要实事求是且客观地认知自己的产品和受众。

第 46 讲　攻心文案

攻心文案是近些年提起较多的一种文案类型，是一种从人性的角度思考，以引发买家的情感共鸣、描绘美好生活场景、唤起买家心理认同而撰写的文案，勾起买家对拥有产品后的生活的向往。要求文案内容富有情感，直白有力。写好攻心文案首先需要我们站在买家的立场，去设身处地地从买家角度出发，思考买家的决策心理，满足买家需求。

卖家在销售产品时，通常是偏向于认定买家对产品不了解，然后介绍产品，让买家了解产品并产生购买需求。这一过程通常是以产品为中心，用产品去满足需求的。

而买家在购买产品时，通常是在生活中产生了某一需求，对应着这个需求去找产品，在众多的产品中进行了解、挑选，最后找到中意或认同的产品，从而产生购买。这一过程通常是围绕需求来进行购买，以需求来寻找产品的。

也许有人觉得，B 端交易的卖点挖掘不应该如此具象，不应该过度偏向零售端买家。其实这是大错特错的。笔者着重回忆了创业这些年寻找产品的心理路程，当一款产品能被看懂时，或者和其他产品的呈现方式不一样时，笔者便会倾向于寻找这类产品。放到市场上来说，大部分买家都是小 B 型或新 B 型买家，其专业度和所需服务与传统的大 B 型买家存在很大差异。

如果商家能在信息传达时，突出这款产品的销路确实有很强的可行性，那么小 B 型买家也会借助这些点去拓展他自己的销路，并且会据此认为该产品与其他同类型产品存在差异。如果不能将这些点高质量地传递给小 B 型买家，那么小 B 型买家也很难想到将其传递给 C 端买家。毕竟所有的产品，最终都是面向 C 端买家的，核心卖点需要具备多层穿透性。

所以要想走进买家的内心，就需要从买家的立场出发，以买家需求为出发点进行卖点文案的撰写；立足于生活化场景，触达买家心理，与买家产生共鸣，激发买家对拥有产品之后的生活的向往。

例如，高端音质：畅想生活 vs 身临其境，专心享受音乐的世界；精品纱帘：高端品质 vs 一款能让阳光流动的窗帘，尽享温馨的生活；厨房清洁剂：去除顽固污渍 vs 尽管肆意发挥，用我一抹即净。

除了从买家向往生活的角度去思考，还可以从大众生活观念角度去引导突破。从买家生活出发，将产品的作用/优势、能给买家带来的利益告知对方，得到对方的认同。

例如，不锈钢品质：值得信赖 vs 坚固耐用，可多用十年；品质不粘锅：质量保证 vs 少油少烟，呵护家人健康；鞋子柔软舒适：坚固难用 vs 行百里路也无所畏惧。口红色号齐全：应有尽有 vs 出门随心所欲，耀出自我。

以上都是笔者临时想的一些文案，只是用来举例，没有经过仔细推敲。大部分商家在写文案时，都是偏向于从产品本身出发，很少去考虑买家的想法和感受，无法引起买家的共鸣，不能在观念上得到买家的认可。如果商家没有站在买家立场与买家直接对话、产生交流，那么其产品在众多的同质产品中就难以形成成交。

商家在撰写文案时，要想得到买家的认可，就要完全站在买家的立场上进行思考，从买家的购物心理出发，去塑造一些让买家认同的产品价值和观念，这样更容易打动买家，走进买家的内心，从而激起买家的购物欲望。

第 47 讲　让卖点传递有重点的技巧

在视觉传达中，如果一个页面覆盖的信息过多，那么买家在浏览时往往抓不住重点。因为买家在阅读时多为浏览式阅读，并不会像设计制作者一样对每一个元素进行注意和思考。所以商家在制作产品页面时，要做到让每一屏画面都通俗易懂，有内容、有重点。

1. 一句话表达且重点只有一个

在第 44 讲中我们提到了“一句话卖点”，即用一句简短的话或关键词的形式高度概括产品的卖点。一句话卖点相对于长篇大论，可以让买家更快速地获取信息和理解信息内容。商家在策划卖点文案时，也建议优先使用这种“一句话卖点”的形式，并且在设计视觉效果时，每一屏画面的重点只保留一个。这样可以加强页面信息的穿透力，加速买家对产品的了解。如果一屏画面包含的信息内容过多，除了会造成视觉效果混乱，买家也很难记住这个页面到底在讲什么。

2. 舍弃次要的点

做视觉策划时，商家往往会有很多卖点想要表达。为了让信息的传达更加精准，需要对这些卖点做一个排序，选择出最重要的两三个卖点反复叫卖。千万不要单一地认为有很多的卖点没有表达出来，会影响到买家对产品的识别和倾向程度。太多的卖点往往让买家记不住重点，不知道该产品到底有什么拿得出手的产品价值，进而觉得该产品十分普通、没什么特别。

在众多的品牌案例中，我们可以发现，很多产品都有一个固定的主打卖点，所有的信息都在围绕着这些卖点做阐述/叫卖。例如，有些手机主打性价比，有些手机主打运行速度，有些手机主打拍照，其实现在同价位的手机基本大同小异。正是因为有了这些不同的卖点，才吸引住了在意性价比的买家、在意运行速度的买家，以及在意拍照效果的买家。

一款产品所面对的目标受众越清晰，能产生成交的概率也就越大。在众多的营销学案例中，也都在呼吁商家浓缩做减法，每次只表达一个卖点，通篇围绕这个卖点做极致宣传，进而影响买家的心智，使买家认为该产品在这一方面确实有竞争力。要学会适度地舍弃一些不重要的信息，太多的内容只会让买家的大脑混乱，然后忽略掉该产品。

建议一个页面通篇主打的卖点不超过 3 个，一些补充的卖点可以用一两屏的画面简单提及，其余画面都围绕主打卖点进行反复叫卖，加深买家对该产品的认知，进而使买家认为该产品在某些方面确实优异于其他产品。

3. 讲清楚说明白

让卖点传递有重点还有一个技巧，那就是把卖点说清楚、讲明白，使用口语化的表达，多使用贴近买家生活场景的文字，把产品价值与买家利益关联起来。让买家看到这些卖点文案时，就像与好友对话一样，能瞬间看懂文案所表达的内容，并认可文案的观点。越是通俗易懂、接地气的言语，越能加快买家对卖点信息的吸收，了解产品到底对于自己有什么用、有什么价值。

在练习写文案时，对于同一个卖点，不妨多写几种不同类型的文案，使用不同的表达形式，然后做对比，看哪一种方式更加通俗易懂、更加具有穿透力，然后进行反复训练和择优。

第 48 讲　让卖点传递易理解的技巧

第 47 讲提到了让卖点传递有重点的技巧，这一讲来聊一聊如何让卖点传递易理解。本篇都是围绕卖点的落地技巧而展开的话题，之间有着很强的穿插关联性。在表达卖点、设计详情页时，不妨将这些要点作为设计的标准框架来检测自己设计的视觉效果是否达到了标准。下面是让卖点传递易理解的一些技巧。

1. 简单化表达

简单化表达，就是使用通俗易懂且符合买家日常用语的表达方式，给买家一种交流的感觉。在写详情文案时建议多使用常态词和与买家生活相贴切的词。遇到专业术语或行业叫法时，可以换成贴切目标受众的口语用词，语法习惯上也可以使用目标国家日常交流适用的语法，或者简短的关键词指示。简单化表达，可以加强页面整体的代入感，因为人们大多喜欢简单，讨厌复杂。

2. 图文合一

图片的传达效果要高于文字数倍，所以在设计详情页的内容时，每一屏的画面内容都要尽量围绕所表达的卖点文案进行设计，做到图文高度合一。买家看到一个画面，如果文字表达的是速度快，图片呈现内容也是速度快，那么对于买家了解指定卖点来说是有一个加速信息识别的作用的。不仅如此，图文合一还会给买家留下一种深刻的印象，让买家快速了解透一个卖点，排除其他信息的干扰，加强买家对产品价值的感知力。

3. 情景代入

选择图片素材时，所引用的图片场景最好是与买家生活相关的场景，如出行、家居、办公等场景。有一个情景代入，能够让买家将产品与自己的使用场景联想起来，激发起买家对产品的兴趣。

近几年，大家都在提及人货场的概念。场景本身就是与产品融为一体的，产品不能脱离场景而单独存在，所以引入相关的场景对于买家理解产品价值也有一定的促进作用，甚至人们基于某些场景才会触发购买产品的欲望。建议商家多使用贴近生活场景的设计素材，加强买家使用产品的情景代入。

4. 借用修辞

修辞是让文案呈现更具表现力的一种方式，不仅可以促进买家对卖点的理解，也能加强买家对产品的感知。加强文案理解常用的修辞有比喻、夸张、白描等。例如，表达一瓶水的高端地位时，可以把它比喻为矿泉水中的爱马仕；表达产品结实的质量时，可以引用一个夸张的设计，如子弹都打不坏等。

修辞的作用，就是利用各种表现手法，提高语言的表达效果，使之准确、鲜明、生动，代入感强。修辞手法不仅可以用于文学作品中，还可以借用到营销的表现手法上。当我们实在不知道如何表达一个卖点时，不妨想想有哪些修辞手法可以使用，这对于发散思维、写出创意文案很有帮助。

最后，不论用什么方式写完卖点文案之后，都需要思考这种表达的方式是否有重点、易理解。对于设计出的图片也是如此，思考这个图片是否在无意识状态下就能瞬间“秒懂”。因为买家在快速滑动页面时，基本都是无意识的。需要让买家思考才能理解的设计无疑为信息的传递添加了阻碍。用易理解这个标准来检测视觉设计的好坏，可以提升视觉信息的透传力，给买家更好的体验。

第 49 讲　让卖点传递有逻辑的技巧

页面逻辑和卖点逻辑是让买家理解和信服的一种思维顺序。商家在设计详情页时，既要保证页面中每一屏画面的呈现是有逻辑顺序的、是顺应买家了解一款产品的正常思路的，还要保证每一屏画面所呈现的内容是值得信服的、不是商家夸大或胡编乱造的。

1. 页面逻辑符合买家的采购心理

页面逻辑要符合买家的采购心理，顺应买家的认知心智来介绍产品的内容和卖点。反之，则会给买家一种跳脱、无厘头的感觉，致使买家将思绪点放到页面内容之外的部分，减少对页面信息的吸收。

例如，买家购买服装时，通过搜索看到了我们的产品，点击进入详情页之后发现第一屏介绍的是服装的洗涤方式，紧接着是服装的尺码信息，再往下是包裹的运输信息。这个逻辑很明显是违背买家购买产品时的认知逻辑的。当买家购买一件衣服时，他首先需要了解的应该是这个衣服的款式，所以可以用模特图、正面图、背面图、细节图等这样一个顺序展示。当他对产品有了一个倾向度时，才需要了解尺码等信息。这样一种逻辑才顺应了买家购物时的思考逻辑。

所以在设计详情页时，需要先策划详情页草案，把每一屏要表达的内容罗列出来，思考这个表达的顺序应该是怎样的，是否符合买家购物心理，而不是随心所欲地想到哪一点就先制作哪一个。

2. 具备卖点呈现的事实依据或具象支撑点

在表达单一卖点时，如果商家能够为这一卖点提供信任状，则会让买家信服商家所阐述的内容，认为此产品是可以达到商家所阐述效果的。在这一过程中，商家需要为卖点的塑造寻找支撑点，使之具备一定的逻辑关系，可以支撑起卖点的客观性和认同感。

例如，“美的变频空调，一晚只用一度电”。支撑起“超级省电”这一卖点的核心是新的技术，通过变频的特性，达到间断性工作的状态，进而实现“超级省电”的效果。当买家看到这一卖点呈现时，很自然地就会信服这一卖点，其逻辑关系清晰易懂，易于加深买家对卖点的认可和倾向。

再如，2009 年的香飘飘奶茶的广告语是“一年卖出 3 亿多杯，杯子连起来可绕地球一圈”。它通过“3 亿多”这个数字支撑起“可绕地球一圈”的说法。大家都知道地球是巨大的，而其可绕地球一圈，给买家一种产品畅销和品质信赖的感受。“热销”这一卖点，往往会让人们信服产品的品质，因为人们普遍以为大家都来买的产品肯定不会差。在商家表达卖点时，可以通过案例、科技、现存数据、历史行为、销量地位、品牌背书等形式，来支撑起卖点的信服度，给买家一种逻辑通透、值得信赖的感受，还可加深买家对卖点的理解，使之深入通透，从而在潜意识中记住这一卖点。

3. 先策划，后拍摄，再设计

做详情页设计时，为了加快设计的效率，可先对卖点进行策划，然后根据策划的内容进行素材的整理或拍摄，最后根据策划方案直接进行设计。否则，单纯地打开设计软件、对着屏幕很难知道要做什么，设计出的详情页的质量也往往不高，容易出现逻辑混乱的情况。采用先策划，再寻找素材的方式，可以减少搜集素材时所做的无用功，确保拍摄和寻找的素材利用率高。

最后总结一下，在策划卖点呈现时，要将调研整理的卖点全部罗列出来，然后进行挑选排序，顺应买家采购的心理路径和关注点，将卖点做好逻辑排列，为核心卖点寻求贴切买家生活的信任状进行支撑，对于加强整个页面的逻辑性和信服度都有很大的帮助。

第 50 讲　让卖点传递有感知的技巧

感知是可以调动买家情绪和感受的一种知觉，具有感知力的卖点介绍可以让买家对产品的心理体验更加丰富，进而加深买家对产品卖点、功能的认知和理解。好的感知力可以调动买家对产品的认同感和向往感。商家在设计卖点介绍时，不妨多使用一些可以调动买家感知的技巧。

1. 将细节放大

将细节放大是加强感知的常用技巧，主要分为文字描绘细节放大和图像描绘细节放大。买家在感受产品时，往往会无意识地浏览，看到什么就是什么，并不会去主动思考、放大产品的功效。如果能使用文字或图像的形式放大产品的某一卖点，则会使买家认为该产品的品质较高。

利用文字的形式来放大产品的细节，可以加强买家对产品的感知。例如，描述甜辣可口，用文字将细节放大，则可写成“香辣醇甜，入口即融，咀嚼的过程汁水四溅刺激着每一个味蕾，让人欲罢不能、无法自已”。如果觉得这份文案过于夸张，还可以写成“盈红欲滴的醇香甜辣，来上一口，满齿留香，贼爽！”这些都是用文字放大描绘某一卖点的方式。

除了用文字的形式放大产品的细节，还可以用图像的形式来放大产品的细节。拍摄时将产品的细节放大数倍，可以凸显出产品的质感。利用视觉的冲击力让买家感知到产品的品质，从而加深其对产品的感知和印象。

2. 调用五感通感

人的感官是用来识别外界，感知万物的。如果我们在表述卖点时，能充分调动买家的感官（五感：视觉、听觉、嗅觉、味觉、触觉；通感：将五感相互沟通交错），就能加深买家对产品的理解和印象，让信息的传递更加深入。在写卖点文案时，不妨多利用买家五感中的某一个感官，通过描述细节、描摹画面的形式放大其感受，给买家提供更丰富、更享受的产品体验。感性的买家往往会产生冲动性购买，对于理性的买家也能加大产品价值的传达。

3. 关联大众事实、引用权威

买家对于未知的产品描述往往不会产生感知和信服。如果商家能将某一大众事实或引用权威与产品联系起来，买家就会觉得产品不一般。例如，通过了某某权威认证、使用航空宇航专用材料等，都是加强卖点感知力的有效方式。

4. 具象描述

人们对抽象的东西的感知往往不强。如果商家能用更加具体的文字、数字或图像来帮助买家理解产品，则能提升买家对产品的感知力。上面提到的五感、通感和细节放大也属于具象描述。除此之外，一些难以理解的专业术语也需要商家进行具象描述。否则买家对产品的理解往往只会停留在概念上，难以理解产品的真正价值，无法对产品产生认同和倾向。

例如，将“产品销量非常好”换成“产品已经销售 500000 万台”；将“使用防火材质”换成“可耐 3000 度高温”；等等。具象描述可以加强买家的感知力。在视觉策划做好之后，建议商家对每一屏内容都进行仔细的检查，对过于抽象、难以理解的文案和视觉策划进行重新设计，提升页面信息的感知力。

5. 场景化表达

情景代入、加入产品相关的场景，是这几讲多次提到的。产品不能脱离场景而单独存在，贴合买家生活场景的画面更能加深买家对产品的感知。所以，在准备文案和视觉素材时，多去收集一些与买家相关的生活体验和生活场景，与产品关联起来。这样能加强买家对产品的感知、加深视觉表达的效果，是提升卖点感知力的有效方式。

感知是一个人接触外界信息，识别外界信息，形成对外界事物认知、评判和衡量的过程。有感知力的文案对于买家心理活动会产生积极的作用，从而激发买家对产品的了解、认可和倾向，对于提升转化、促进信息传达有积极的正向效果。商家可以多利用这一点来塑造产品的价值，加强与买家沟通的质量。

第 51 讲　场景化拍摄

在制作详情页的过程中，商家往往需要自己拍摄一些图片。场景化拍摄或情景化拍摄是让视觉呈现更具感染力的一种拍摄方式，通常用来加强产品的价值色彩，使卖点更突出、更具表现力。场景化拍摄相比单一的产品拍摄，可以让视觉效果更加舒适，弥补其内容空洞、无张力的缺点。贴合买家生活场景的图片也容易让买家联想起拥有产品之后的生活状态。

场景化拍摄通常是指借用一些生活场景，将产品融入其中进行拍摄，既可以在家里或办公场所进行，也可以在搭建的摄影棚里进行。对于有实力的商家来说，寻找专业的摄影师在摄影棚的拍摄效果是最好的，但是价格也往往较高。对于大多数中小商家来说，也可以自己拍摄，利用自己家里或办公室的场景作为背景来拍摄产品，也能得到不错的表现效果。

对于装饰、饰品、玻璃制品等产品，其拍摄要求较高，难度较大。如果自己拍摄的效果不满意，建议寻找专业人士进行拍摄。对于大多数产品来说，在进行场景化拍摄时都可以利用以下几点技巧，来使拍摄的效果更具表现力。

1. 认真选择背景

场景化拍摄自然是少不了场景的。好的背景能将产品衬托得更具亲和力。商家可以根据产品特性选择合适的场景：温馨的场景、科技的场景还是休闲的场景，大的场景还是小的场景；等等。合适的背景烘托更能吸引买家感受产品，甚至能实现身临其境的效果。服装的场景化拍摄，往往会选用街拍、咖啡店等生活场景来表现服装的时尚性与生活美感，采取的往往是全身照和半身照、大场景和小场景混合的形式。钢笔的场景化拍摄则往往采用小的场景或简单背景即可。比如，周围放几本书、几个本子，或者一台笔记本电脑，用来烘托办公的场景氛围，加强信息的透传力度。合适的场景和背景烘托，可以让产品生动起来，更具灵性。

2. 选择合适的摆放和陈列

合适的摆放和陈列可以使画面的主体更具美感。在拍摄产品时，可以将产品进行合理的摆放和陈列。例如，拍摄笔记本电脑时，可以把电脑打开成 135 度来拍摄，使之主体更加立体贴近生活。拍摄圆珠笔时，可以把多款产品排列成一排或两排，也可以排列成其他的造型。好的陈列方式可以让产品的拍摄效果更具冲击力。商家在拍摄时，应多调整摆放和陈列的造型，来选择合适的呈现方式。

3. 调整合适的角度

除了摆放和陈列，拍摄的角度对于最终的视觉效果也有很大的影响。是正面拍摄还是立体拍摄，是仰角拍摄还是俯角拍摄，是近景还是特写，所表现的画面感觉都不同。通常在表现产品前几屏时，都是三维立体拍摄的，将产品的整体感觉呈现给买家。而产品介绍模块靠后的位置，会出现一些特写和细节，来表述产品的品质。当然，不同产品的表现重点有所不同，商家可以根据产品的特性选择合适的角度进行拍摄。另外，商家还需要配合产品的摆放和陈列，随时调整测试，找出最舒服、视觉效果最好的方式来拍摄。如果实在没有灵感，商家也可以去学习一些专业技巧和经验，或者借鉴同行的作品来寻找灵感，但不能忽视角度的作用。

4. 寻找合适的光线

光线在产品拍摄时所起的作用也是十分重大的。光线的好坏直接影响到画面的质感。如果商家有准备长期自己拍摄，建议购买一些摄影器材，尤其是灯光器材。不同强度的光线、不同角度的光、不同灯光的组合方式，可以塑造出不同的氛围和体验。这是一门专业的学科，需要深入钻研和尝试。总之，多尝试、多练习是提升拍摄质量的好方式。另外，商家还可以购买专业的书籍来学习产品的打光技巧。

如果商家没有采购摄影器材和专业学习摄影的打算，建议在拍摄时，除了选好拍摄的场景之外，还需要考虑拍摄的时间，不同时间的光线强弱、角度都不同，拍摄出的效果也会有所差异。商家可以根据自己想要呈现的效果多去做尝试，找到适合自己品类的拍摄参数。

5. 塑造情绪

对于服饰、饰品等类型的产品，通常需要借助人物来进行拍摄。建议能与人物相结合的产品多拍摄一些人物场景。带有人物的视觉效果往往会给人一种亲近感，人物丰富的动作和表情也可以加强视觉的代入感，将人物的情绪表现传染给受众，以寻求个性或价值主张的共鸣。

对于电商运营来说，图片越来越重要，电商购物也越来越倾向于看图购物。场景化的图片可以加深视觉的表现效果，场景化的内容也容易引起买家的共鸣，相对于冰冷的白底图更能为产品注入活力，增强产品与买家的情感沟通。

第 52 讲　视频策划

视频是目前许多平台大力推广的一种新形势，可以提升产品的信息质量分。平台还设置了多种新场景来推广含有视频主图的产品，为商家开拓了更多的引流渠道。近些年来，短视频作为传播信息的一种新态势，被越来越多的商家所认可，也被越来越多的买家所习惯，已经逐步形成一种传播信息的大众形式。

当然，对于阿里国际站来说，短视频的传播相对于其他平台，其普及度和受众习惯还是薄弱一些，但做好产品视频依旧可以为产品加分。相较于图片的形式，视频可以更好地传递产品信息。

商家可以利用视频来展示更多的产品内容，吸引买家注意。以下是视频策划的几个要点。

1. 提前写好脚本

在进行视频制作前，需要提前做好策划方案，也就是要先明确所准备视频的主题到底是想表达什么。主题是视频策划必不可少的东西，详情视频和主图视频通常倾向于表现产品描述，所以策划时更倾向于展示产品的外观、功能、卖点；而粉丝通视频更倾向于表达产品的使用内容、使用场景，并穿插产品的卖点进行价值的塑造和拥有产品后的美好生活描绘。不论是哪种类型的视频，在进行视频制作前，一定要策划好视频所要表达的具体内容，包括第一个镜头表达什么、第二个镜头表达什么，对每一个镜头和预计的呈现时间都做好规划。只有商家先明确了到底要表达什么内容，才能让买家更好地吸收这些内容。

2. 视频不宜过长

主图视频和详情视频不宜过长，最好是控制在 30 秒至 3 分钟之间。过长的视频会给买家营造一种需要长时间来完成事项的负担感。短视频可以让买家即看即走，不会花费买家过多的时间，体验更好，所传达的内容少而精炼，减少了买家的思考过程，提升了信息的传达效率。所以在做视频策划时，一个完整的视频要包含多少镜头、每一个镜头大约需要呈现多长时间需要事先做好规划。制作视频时围绕要表述的核心内容进行拍摄或素材的选取，来实现短小精悍的效果。

粉丝通视频可以稍微长一些，时间建议控制在 45 秒至 3 分钟之间。因为粉丝通视频更多传递的是内容，而非简短的功能或卖点，所包含的内容相对较多，所以规划视频的时间也可以相应延长。但仍然不建议整体视频过长，最好控制在一分钟左右，避免给买家营造一种需要花费过多时间的负担感，从而无法专心投入视频中。

3. 每一个镜头都要有主体，有重点

在进行视频策划时，每一个镜头都要有明确的主体和清晰的表述内容，要做到给人一种看完即懂的感觉。并且建议每一个镜头所呈现的内容只表述一个信息，过多的信息会造成买家思维混乱，无法聚焦，难以记住视频所表述的内容。

加深视频画面的记忆点还有一种方式，即使用放大细节和贴切买家生活场景的镜头。细节的放大可以营造出一种有冲击力的表现效果，是呈现产品质感很好的方式，也容易给人留下深刻的印象。另外，选取买家使用产品的镜头也容易加强画面的代入感，让人清晰易懂。

最后一种加强视频画面记忆点的方式是创意灵感。这种表现手法通常是专业人士使用的，一般商家能够将视频的主题和每一镜头的要点表述清晰就已经很难得了。

4. 将表达的信息表达清楚

要想将表达的信息表达清楚，往往还需要一定的拍摄技巧和策划技巧。在正式拍摄前，商家需要提前思考每一个镜头要如何表达才能让买家一眼即懂，是利用运镜和特效来加强产品视频的张力，还是配合字幕来加强画面信息的传达？将卖点言简意赅地表述出来，需要提前做好策划工作。这样在正式拍摄时才不会没

有方向地胡乱拍摄，选取素材时也会有方向地去选择所需要的东西。

做视频策划时，需要事无巨细地去规划过程和手法，策划的草案越详细，后期拍摄和制作素材时越轻松。例如，表达防水时，商家可以设计一个放慢特效的水浸镜头；表达防摔时，可以直接将产品扔到地上，来表述产品的实际效果。通过适度的情景代入和夸张的表述形式来将产品表达得更加简单易懂。对于实在难以表达的卖点，还可配合一些字幕来进行标注式提示。总之，就是要将每一个镜头所表述的信息呈现得足够真实易懂。

整体的视频策划完成之后，还需要对视频策划的脚本进行检验。可以询问身边的同事或朋友，这个脚本看完后是否觉得通俗易懂，最大的记忆点是什么，这个记忆点是否能呈现出产品的实用价值。使用有吸引力的点是加深信息穿透和传播的实用技巧。如果视频所表达的内容有足够的吸引力和价值感就能被买家记住，甚至是一个不懂行的“小白”在看完之后都能清楚地了解并记住其表述的重点内容，那么这个视频的表现效果往往会比较好。

第 53 讲　视频拍摄与剪辑

1. 视频拍摄

很多商家会有自己拍摄视频的计划。在拍摄前，建议按照上一讲提到的内容先做好视频策划的脚本，想好要拍摄的内容与主题，对每一个镜头应该拍摄哪些东西、如何拍摄做一个详细的规划，然后去动手执行。在拍摄时有以下几点建议。

（1）根据策划方案确定拍摄主体。

在拍摄时，对于要呈现的画面要确定好拍摄主体，尤其在对焦时，一定要确保主体清晰完整，不能出现失焦的情况；在拍摄特写和小景深的镜头时，千万要保证视觉主体的干净清晰，不能模糊。清晰的主体有助于买家快速识别画面重点，加快信息的吸收。主体失焦是很多新手商家容易犯的一个错误。

（2）镜头的运用。

拍摄产品时，根据视频策划的脚本，可以选用不同的景别来拍摄，如全景、远景、中景、中近景、近景、特写等。通过控制相机与拍摄主体的距离来控制画面范围。不同的景别所拍摄出的画面给人的感官效果往往不同。商家在做策划时，也可以把景别的运用放到策划方案中。例如，小物件的产品适合拍摄近景和特写，服饰和装饰用品适合拍中景和中近景。在拍摄前规划好景别的运用可以加速拍摄的质量和效率。镜头运用也是视频策划中很细致的一个落地点。

（3）镜头的效果。

在拍摄视频时，可以运用一些镜头效果使画面更具美感。常用的镜头效果有推、拉、摇、移、跟，也就是在拍摄时，通过推进、拉远镜头或变焦的方式来塑造一个画面主体逐步放大或缩小的效果，还可以通过摇臂、滑轨或跟拍的形式拍摄出视角转移的效果。尤其在静物拍摄时，这些镜头效果可以让画面更具活力。商家可以根据预想的呈现效果多做一些测试，亦可配合转盘一起拍摄，为买家提供更加舒适的视觉体验。然而，拍摄时也不能一味地追求特效的运用，简单的特效也能带来很好的视觉体验。特别是新手商家，能用好简单的镜头，通过推拉或固定镜头拍摄出的画面往往也很舒适。

2. 视频剪辑

视频拍摄完成之后，或者收集了一些视频素材后，商家往往需要对视频进行剪辑才能发布使用。现在市面上有很多的视频剪辑软件，专业一点的有 Premiere、Edius 和 Vgeas。另外，会声会影也是不错的剪辑软件。从基础的视频剪辑需求来说，这些软件的常用功能基本差不多，都可以满足日常的剪辑需求，只是操作界面有些区别，使用其中的任何一个就足够了，甚至通过一些非专业的视频剪辑软件，也可以剪辑出很好的视频效果，如爱剪辑、蜜蜂剪辑、剪映等。下面以大众常用的 Premiere 软件剪辑视频为例，演示一下视频剪辑的通用步骤。没有基础的商家也可以简单入门，至少对视频剪辑有一个初步的认知。

（1）导入。

在剪辑视频时，第一个动作就是要将视频素材导入剪辑软件中，如图 53-1 所示。打开 PR 软件新建项目，在项目窗口中双击界面就会跳出一个文件管理窗口，选择要导入的视频导入即可。我们也可以在菜单栏选择“文件”—“导入”来导入视频，或者直接拖动素材到项目窗口中完成素材的导入。导入的素材可以是视频、音频、图片等多种类型的文件。

（2）切断。

导入视频之后，需要对视频进行剪切。如图 53-2 所示。将项目窗口中的视频素材拖入视频时间轴上，即可对视频进行编辑。在工具栏中有一个切片工具，用鼠标拖动播放线到指定位置，使用切片工具可以对视频素材进行切片。（注意，在剪切前，如果不希望音频被剪切的断断续续，可以在视频素材上单击右键，选择“取消链接”选项，将音视频轨道断开连接，即可对音视频轨道进行单独编辑。）

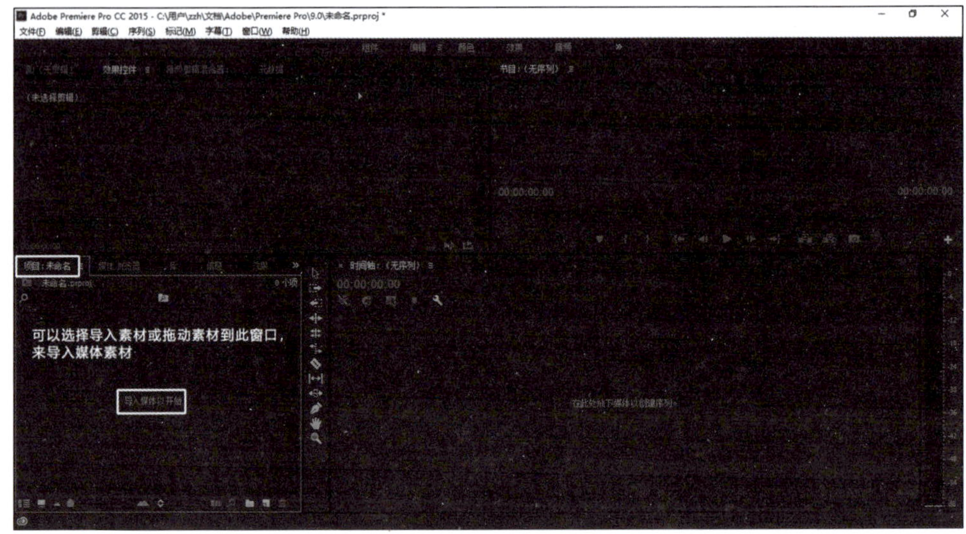

图 53-1　导入素材

图 53-2　切片素材

（3）拼接。

对于剪切好的视频素材，我们需要对其进行拼接，选中不需要保留的素材，点击 Delete 键进行删除。保留需要的素材，按照要导出的视频顺序进行拖动拼接，在时间轴上将视频依次放好即可，中间不要留有空白，保证每一段视频都是紧密相连的，如图 53-3 所示。（可同时导入多段视频素材进行剪辑。）

图 53-3　拼接素材

（4）合成。

拼接完成后，需要对视频合成导出。合成时，需要注意音视频是否完美匹配，也可以删除原有音频，重新导入一条合适的音效素材，将拖入时间轴中进行合成，如图 53-4 所示。软件上可以放置多个音视频轨道，每一个轨道都相当于 PS 中的一个图层，合成时是按视频顺序叠加合成的。通常商家只需要做简单的音视频合成，不需要进行过于复杂的剪辑。此外，商家还可以选择工具栏中的“字幕”—“新建字幕”来添加字幕效果。

（5）导出。

当视频全部剪辑完成之后，可对其进行预览。确认视频和音频字幕等播放都没有问题就可以执行导出动作了。单击菜单栏“文件”选项卡下的“导出”命令，选择“媒体”选项即可进入“视频导出设置”界面，如图 53-5 所示。设置导出视频的格式为“H.264”进行导出即可，相关参数也可以在这里或序列中进行设置，单击“导出”按钮，耐心等待，即可导出视频。

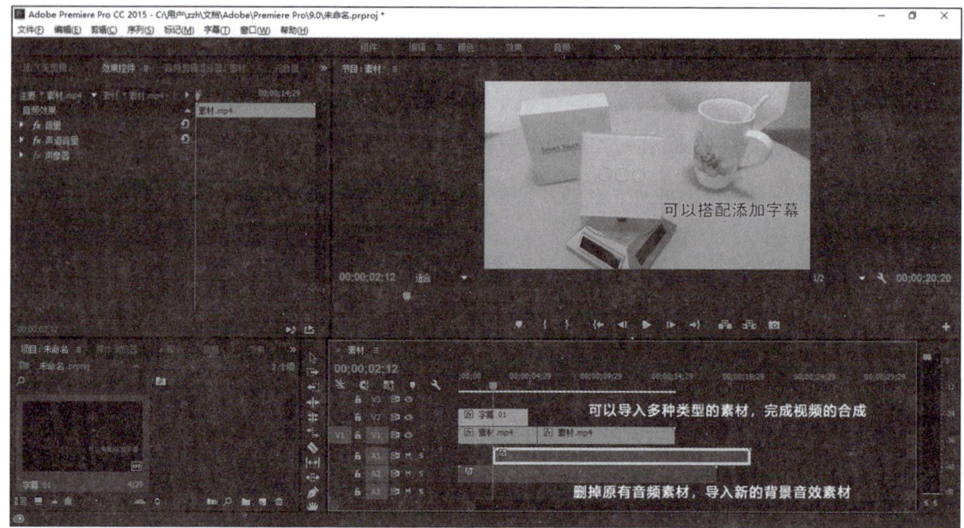

图 53-4　合成素材

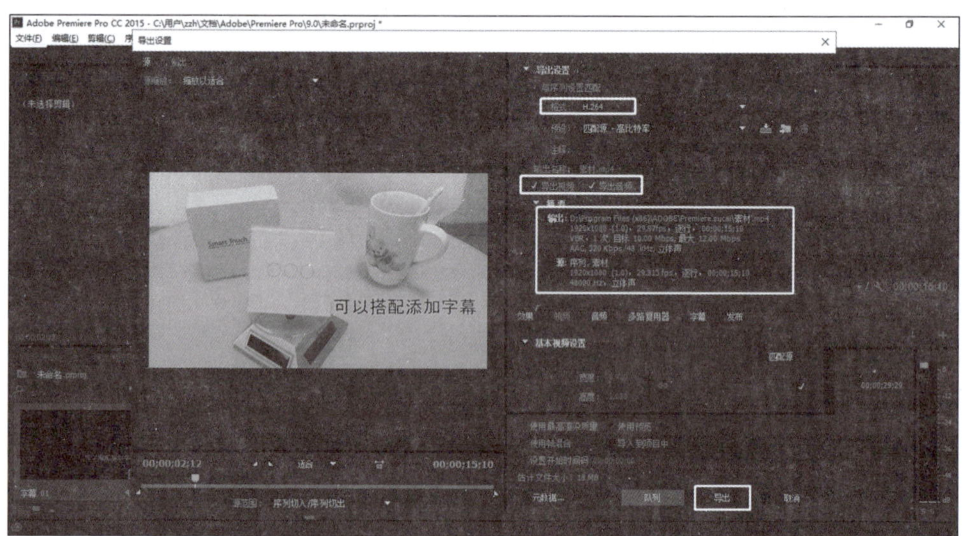

图 53-5　导出视频素材

第 54 讲 文案表达与配合

在电商运营中，不论是详情页设计还是活动海报页，都离不开文案。文案既可以帮助买家了解信息、感知产品，也可以引导买家思绪、传播品牌，从而实现更好的营销效果。在利用文案时，有哪些地方可以添加文案，以及文案如何添加更加舒适，从而起到画龙点睛的作用，都是非常值得思考的。接下来就聊一聊文案的常见配合方式。

1. 大标题

商家在设计详情页的卖点、大海报或活动宣传图时，如果能有一段简短的标题式文字介绍可以让买家一眼就知道这个画面所要表述的主题，帮助买家理解页面所传达的信息，则能吸引买家的注意力。

大标题式文案的用途非常广泛，过多的文字描述往往让买家没有耐心关注。而这种高度概括的方式可以缩短买家识别页面信息所消耗的精力，在潜意识中吸引买家的注意力，从而让买家产生兴趣仔细阅读剩下的内容。这种高度概括的形式多用在详情页设计和活动宣传图设计中，一个亮眼的大标题可以吸引更多的关注，从而提升转化效果。

2. 标注式解说

标注式解说通常用于页面信息的解释。比如，在呈现一个卖点时，有些支撑点或遗漏的地方可以用一行标注去阐述说明，让其逻辑完整、信息通透。又如，做活动宣传时，对于活动的一些要求、期限和亮点也可以用标注式的文案去解释说明，让买家更能了解活动的具体内容，从而知道活动到底是怎么回事，能从中得到什么好处或利益。

标注式文案可以用于一切需要标注解释的地方，是商家在视觉表达过程解释和补充信息让人感觉很舒服的一种设计方式，也是买家较为习惯的一种方式。在遇到文案内容表述不清、信息要点不完整的情况时，不妨加上一个标注式文案让信息传达更加完整、易懂。

3. 商家引导

在做活动和促销时，其优惠方案往往会引起部分买家心动，但他们又会纠结于价格和实用性是否值得，从而产生一种纠结心理。如果商家能在这时配合一个文案来引导买家转变观念，往往能实现临门一脚的效果。

商家在进行宣传、促销活动时，可以在其中增加一些价值观或紧迫感。例如，通过塑造美好生活的方式、描绘幸福家庭的形式来激发买家的兴趣；或者呼吁买家爱自己、绽放自我的观念引导买家转变自己的心理状态；抑或者提醒买家活动时间有限，不马上购买就会失去这次机会，从而营造紧迫感，促使买家做出决定。这种引导式文案可以影响买家购买时的决策心理，使其朝着商家引导的方向去思考。

引导式文案除了用在活动和促销上，在详情页中也可以做一些文案引导，如通过文案引导买家直接下单、咨询客服、发送询盘等。通过提示买家可以做一些动作，也许就能转化几个买家。千万不要低估了买家的“懒惰”程度，你不引导他，他真的很难主动发起互动。

大标题文案、标注式解说文案和引导型文案，除了可以配合日常活动、节日促销，还可以配合多种图像、视频的呈现。例如，用标注式文案来标注视频中的一些部件信息、一些注意事项；用大标题来为页面信息做个爆款标题；等等。在做设计策划时，可以将这几种方式作为备用手段，来加强设计思维的调用。

第 4 篇 客户运营

本篇围绕客户运营工作展开讲述，从客户销售到客户维护、从客户分层到客户管理的链路出发，帮助运营人员做好客户运营方面的工作。对于B2B 类的跨境电商企业来说，客户的管理和运营工作是十分重要的，客户的购买和复购水平直接决定着企业后期维持业绩的难易程度。

本篇对产品销售和客户维护的每一个环节都做了细致的拆解，尽可能用步骤化的形式讲述给读者。让运营人员和业务人员面对客户时，能够知晓如何去做，设身处地地为客户提供价值；接待客户时，保持热情愉悦的心态，时刻掌握销售的核心线路，心中时刻有方向，不被客户带偏，能主导交易的进行，避免无话可谈的焦急局面，掌握一定的谈判技巧，与客户有商有量。

第 55 讲　如何提升业务员销售能力

销售能力是所有商业行为中十分重要的能力。能与客户真诚地沟通、挖掘客户需求、传递产品价值、解决好客户的问题，对于提升业绩起着至关重要的作用。那么，怎么样才能提升业务员的销售能力呢？以下是笔者总结的一些要点。

1. 培养心态

内驱力是促使人们做好一件事的内在驱动力。只要真正想把一件事做好，就会投入自己的全部热情和精力去完成它，可以在很大程度上提升完成的效果与效率，对于任何人、任何行业都是如此。

所以要培养业务人员正向的价值观，在某个岗位上就要把某个岗位的事情做好做棒，通过努力将自身的工作做出成绩，用心和每一个客户沟通，真诚地替客户着想，努力去完成自己的销售工作，提升自己的综合处事能力。

2. 培养职业认同感

要想培养好业务员的心态，首先就要培养业务员的职业认同感。内心不认同这个职业的人往往在工作上难以投入足够的热情和精力，工作效率会大打折扣，久而久之会变成混日子的心态。

培养职业认同感，让业务员了解自身工作的价值和地位，从而增强自信心，找到荣誉感，提升工作的激情。要想让业务员从根本上提升对自身职业的认同，首先需要上一级主管或运营人员与业务员搞好关系，通过真诚的沟通走进对方心里，并向其传递客观、正向的价值观，团队和个人共同获利，从而让业务员发自内心地认为应该多做积极、正确的事情，改变其内心对自身职业的看法，共同协作做好阿里国际站运营的各项工作。

3. 良好的培训和激励机制

培训是提升业务员能力的一种常见方式。尤其是应届生，他们刚刚步入社会没有任何的工作经验，从事业务岗位无法做到和客户放松、有质量地沟通，甚至当与客户沟通时往往不知道应该说些什么内容，工作状态极为尴尬。要想提升业务员的工作能力，需要商家对业务员做这方面的培训，提升其销售技巧。

具体的销售流程会在下一讲中讲述。培训或师带徒是让知识得以传递和发扬的传统方式。

除了培训，还需要调动业务员工作的积极性，适当的激励机制可以让业务员获得精神上的满足与追求，赋予其参与感和荣誉感。当业务员有了参与感和荣誉感，他们会更加容易激发斗志投入工作中。商家可以多组织一些共创会或奖励仪式来提升业务员的参与感和荣誉感。

4. 深度了解产品和客户

提升销售能力，自然少不了了解产品和客户。对产品不了解，业务员在销售时就完全没有思路可言，也就无法为客户传递产品价值和服务客户。所有业务员在工作的第一天就应该了解公司和产品，如果老业务员对产品不了解的话也要重新加强学习。

业务员要透彻了解产品的物理价值和精神价值，剖析产品的属性、功能、特性等，按照第 43 讲提到的 FABE 法则，将这些属性的价值挖掘出来，形成自己的知识储备。这样在与客户沟通交流时，就有东西可聊、有思绪可调用，从而加强转化的效果。此外，业务员还需要了解产品的使用过程，能深入地为客户着想，为客户提供建议和引导。

内驱力和知识储备，是做好任何岗位的重要基石。业务员如果在这些方面存在问题，则其在后期的工作状态就会大打折扣。如果业务员总是心不在焉的，作为领导或主管，需要加强与业务员的沟通，走进对方心里，加强正向价值观的传递，先解决这一底层问题。因为运营的很多工作是需要业务员配合完成的，好的团队协作会让运营过程更有效率。

第 56 讲　一套完整的销售逻辑

完整的销售逻辑让业务员在销售过程中有一个标准的方法论可以调用，认识到自己处于销售过程中的哪一个阶段，了解自己当下应该做的步骤动作，从而更加自然地完成销售工作。另外，标准化的销售逻辑也可以帮助新老业务员提升沟通的效率。以下为笔者梳理、总结的一套销售逻辑。

1. 做好充足的准备工作

销售流程中的第一步，就是做好充足的准备工作。业务员要明确自己有什么，对方要什么，还要时刻收集买家可能产生的抗拒点，认真打磨好应对话术，提前准备好关于产品的知识储备，罗列出产品的 3 个卖点备用，以及准备好日常接待客户的常见话术，勤加练习。准备的越充分，后期的发挥越游刃有余。

2. 调整好心态

心态是完成一件事情的内在驱动力。在销售过程中，业务员要学会自己给自己打气，把自己想象成销售高手，调整好自己的情绪和精神状态，学会放松。这一步对于销售的过程非常重要，好的精神状态可以使业务员把事情做得更出色。

3. 与客户建立信赖感

信赖感是让对方放松警惕、产生倾向的一种主观感受。在与客户交流的过程中，业务员要保持亲切、热情，真诚地与客户做好沟通。建立信赖感要求我们注意以下事项。

（1）称呼客户的名字。

称呼客户的名字，可以让客户有一种被重视的感觉，也会让人觉得很亲切。

（2）真诚地赞美客户。

每个人都喜欢被赞美，客户也不例外。真诚的赞美可以拉近自己与客户的关系，赞美时，切记要真心实意，表达自己对客户的欣赏或仰慕。

（3）认可客户的观点。

同赞美一样，被认可也是所有人的一种精神需求。积极地认可客户，可以让客户产生一种同一战线的感觉，从而拉近彼此的距离。

（4）对产品知识要专业。

这一点毋庸置疑。作为销售人员，对产品知识表现得越专业，客户就越会认为我们“靠谱”。换位思考一下，如果我们购买产品时，咨询客服时其一问三不知，甚至错误百出，我们自己也会觉得这家商店过于业余，产生一种“不靠谱”的印象。对产品知识要专业，是业务员必须做到的事情。

（5）第一印象很重要。

第一印象，也是客户的第一体验。礼貌大方的接待和答复方式，会给客户一种轻松的感觉。在接待客户时，我们可以真诚、热情一些，拉近彼此的距离。

（6）保持相似性（讲话风格、语气、情绪等）。

相似性，也是拉近彼此距离的一种方式。在接待客户时，要学会“见人说人话，见鬼说鬼话”。如果客户一上来就表现得很专业，发送的信息格式正式、问题罗列整洁、逻辑清晰，我们回复客户时，也要保持和客户同样的风格。如果客户一上来就很随意，我们也可以相对随意一些，多称呼客户的名字，以拉近彼此的关系。保持相似性，可以让人感觉到亲近，产生信赖感。

（7）提及其他客户对我们的认可案例。

在与客户沟通的过程中，可以适当地提及第三方企业采购产品时对己方的认可案例，特别是与其相同国家的其他客户对己方的认可。这样可以加强客户对己方的信赖感，这也是促成成交的一种手段。

4. 找出客户的需求或喜好

在销售过程中，只有清楚地知道客户到底需要什么，才能更好地满足客户的需求，达成交易。这一过程需要商家多使用“发问”的形式，来挖掘客户到底需要什么。千万不要让客户一直问，而业务员一直机械简单地回答。如果客户发起成交时总喜欢拖沓，那么业务员该出手时就要出手，主动询问，挖掘客户的需求并引导交易不断向下一步发展。

5. 塑造产品价值

在挖掘出客户需求之后，对于新手客户或犹豫不决的客户还需要塑造产品价值。产品价值一定要关联买家的利益，不要说某些“不痛不痒”的卖点。要站在客户的角度，真心实意地为客户着想，我们的产品和服务对于客户有什么价值，找到它并进行放大。在进行销售前的准备工作时，这一问题就应该被思考和重视。业务员应准备好丰富的话术库以便应对不同的场景和客户。

6. 了解市场竞争环境

要想更好地塑造产品价值、找到差异点和独特卖点，往往还需要了解市场竞争环境、分析竞争对手，从而了解我们的产品和市场上其他竞争产品的差异，找到对方产品的弱点和自身产品的优势。在与客户交流时，要引导客户对比，但是沟通时不要直接否定竞争对手，提醒客户同类产品可能存在的缺点，放大自身产品的优势，进而影响客户的心智。对同类竞品了解得越多，在交易谈单时可发挥的空间也就越大。

7. 挖掘和消除客户抗拒点

我们在与客户交流沟通的过程中，经常会遇到客户产生抗拒的情况，这时需要去挖掘客户的抗拒点。对于愿意沟通的客户来说，询问同样是非常有效的一种方式。如果客户不愿意回复，也可以给他发一些我们猜测的抗拒点，一般是价格和运输问题，同时提出愿意合作、可以协商的想法。如果能命中抗拒点，客人往往会做出反应，事情就可以尝试往下一步进展。

8. 主动促成成交

促成成交的方式大体有两种，一种方式是跟进，也就是在谈单的初期，每隔 24 小时联系一下客户，因为你不去主动联系客户，客户往往也不会主动来联系你。一旦中断了联系，便会导致客户流失。跟进在谈单的过程中非常重要。

另外一种促成成交的方式是主动要求，即主动要求客户提供采购清单和地址来计算价格，主动为客户制作订单，主动催促客户付款。主动相对于跟进来说，其主观引导性质更强，效果也通常较好。

9. 做好售后服务

好的售后服务有利于商家与客户保持长期的交易关系。在遇到物流或产品售后时，商家需要积极承担起责任，主动为客户考虑，真诚地帮助客户解决问题。只有客户在购买产品时感到简单舒适，他才会长期在这里采购，长期地为商家带来价值。在开发客户成本越来越高的情况下，一次性的交易难以实现价值最大化。

10. 维护客户

维护客户，做好客户管理是销售人员得以长期发展的必须工作。只有有了稳定的客户池，销售工作才不会那么费力，维持业绩也就更轻松。做好这一点需要商家定期联系客户加强关系，真诚、主动地为客户解决问题，提供力所能及的帮助；对客户池的客户做好分类管理工作，特别是重点客户，需要定期加强跟进和服务工作。

第 57 讲　提前准备好卖点和话术

卖点和话术是销售过程中经常被调用的内容。如果业务员能事先准备好优质的卖点和话术，那么其在销售的过程中就能应用自如，从而主导销售的进展，促成交易。

经验越丰富的业务员在这些方面的知识储备越丰厚。对于新手来说，由于没有丰富的销售经验，对岗位的了解也不是很深，在谈单的过程中常常不知道要说些什么内容，经常会出现客户问一句答一句的情况，不能主导销售的过程，从而订单转化率低下。

商家必须为团队内的业务员的发展提供正向的帮助和发展路径，帮助其快速成长，从而更好地做好团队协作工作。卖点和话术的准备，就是快速提升业务员销售水平、增强其自信力的方式之一。

1. 提前准备好卖点

第 3 篇提到了很多查找卖点的方式，包括同行调研、拆解属性、拆解买家行为、收集买家生活需求等，还提到了用 FABE 法则剖析产品的卖点的方式。建议业务员在正式接待客户前，花一些时间来专门研究这些内容，对自身的产品进行深入的了解，准备出 3～5 个卖点。卖点一定要有价值，最好具备一定的差异化，以便后期与客户交流时有内容可以调用。

对产品的绝对了解可以使得业务员在销售过程中应付自如。在价值塑造的过程中，我们也要站在客户的立场上，客观、真诚地评价这些价值，将其记录下来，去思考这些价值的作用到底有多大，对其进行排序和归类，从而面对不同的客户有不同的东西可以调用。做好准备工作，是轻松打好胜仗的前提。商家都因为没有提前准备好卖点和话术，导致新手业务员面对客户时常常大脑空白，不知道说些什么，业务水平参差不齐，转化效率低下。

2. 提前准备好话术

话术同卖点一样，也是经常被用到的技巧，甚至比卖点使用得更加频繁。提前准备好话术，可以很好地解决新手业务员与买家沟通时不知道说些什么的问题，帮助业务员见招拆招，把话说得恰到好处，让客户感受到我们的真诚，感受到我们是在帮助他，从而促进交易的达成。在销售过程中，按照交易的步骤，可以分为打招呼、挖掘需求、塑造价值、二次沟通、解除抗拒、促成交易、跟进维护等步骤，商家可以围绕每一个过程设计一些话术，在与客户沟通的过程中反复打磨，内部共享。这对于提升业务员的销售能力有很大的帮助。

例如，在与客户打招呼的过程中加上客户的名字，客户在看到有人称呼自己的名字时，往往会有一种亲切的感觉，从而重视起来。在问好的过程中，要像和朋友一样交流。对于不是特别专业的客户，应多使用“大白话”，少使用官方话术和模板，以免让人觉得生硬化。在塑造产品价值和解除客户抗拒的过程中，要多认可客户的观点，和客户统一立场，让客户感受到彼此之间不是对立的关系。在促成交易时，在向客户提要求之前，可以加一些为客户着想的话语。比如，“我想加速报价的进度”可以说成“需要你的地址来帮助你查询运费”或“需要你的地址来为你计算价格”等为了帮助客户而进行的工作。当得到地址后，除了为客户报价，还可以制作好订单，催促客户检查并支付，主动推进销售的进度。

话术是促进销售达成、被调用极高的沟通技术，优质的话术库可有效加强新手业务员的底气和能力。对于不同行业、不同销售场景、不同的销售目的需要准备不同的话术，商家需要根据自己的情况为业务员提前准备好这些内容，来帮助他们更好地应对各种销售状况，还需要反复打磨、修正和优化自身的话术，内部共享，共同成长。

第 58 讲　客户不回复怎么办

在业务员谈单的过程中，经常会出现客户不回复的情况，导致联系中断，销售过程无法继续。这是一种十分常见的问题，给很多商家带来了苦恼。面对这一问题，商家需要先了解客户不回复的原因，才能更好地做出针对性动作。客户不回复，大体是以下两种情况。

1. 客户已读未回

对于已读未回的客户，需要隔一段时间做一次跟进工作。比如，昨天给客户发消息但客户没有回复，今天上班时可以再给客户发一次消息。如果客户还是已读没有回复，24 小时后再跟进一次。对于 3 次以上跟进，仍是消息已读未回的客户，就不建议再次跟进了，因为客户可能是真的没有兴趣。不建议频繁地打扰客户，以免影响客户体验。

在跟进已读未回的客户前，需要先查看聊天内容，尤其是客户停止回复前聊过的内容，了解之前双方都聊了哪些内容，猜测一下是什么原因导致客户没有回复，是价格问题，还是交期问题，等等。根据聊天的内容对客户的心理做一个猜测，然后把我们认为可能的抗拒点找出来，专门针对这些抗拒点做话术的整理。

如果是因为价格问题，可以直接给客户发送消息做试探。但在谈价格问题时，不要直截了当地提及，以免给客户贴上一个贪图便宜的尴尬标签，要委婉且不失礼貌地描述问题。例如，“Hi，××（客户的名字，显得亲切一些），如果你觉得这笔订单对你的销售有些难度，我可以给你一些折扣来帮助你更好地销售产品，你有任何问题都可以让我知道，你能告诉我你的顾虑吗？等待着你的回复。”（在客户不回复的时候，可以适度地加一句“我在等你的消息”，给对方一种压迫感，促使对方回复，但语气要委婉客气。）

如果客户看完依旧没有回复，那么我们猜想的抗拒点可能存在偏差，这个时候可以再次查阅历史聊天记录，提取出客户可能存在的其他抗拒点，在下一次跟进时，直接将我们认为的客户抗拒点直截了当地提出来，认为什么重要就发什么消息给客户，只管完成这个动作。因为消息显示已读，通常表示客户已看到该消息，一旦命中了客户的抗拒点，说中了客户的心思，就容易驱动客户做出回复。

对于一个客户，建议的跟进次数是 3 次，超过了 3 次就不建议继续跟进了。客户实在不想下单，就不应该继续纠缠，我们应该把时间花在其他该做的事情上。

2. 客户未读未回

未读未回这种情况通常是客户不经常登录阿里平台导致的。在这种情况下，我们可以先在询盘或 TM 咨询框中进行一两次跟进，实在没有反应就通过邮件的形式与客户进行联系。在阿里旺旺右侧的买家信息中，通常可以找到客户的联系邮箱。有些客户在第一次询价时也会主动告知买家自己的联系邮箱或其他社交软件的联系方式。商家可以尝试通过邮件联系客户，也许会有机会得到回复。因为有些客户确实是不经常登录阿里平台的，只有在找货的时候临时登录一下，如果能通过其他渠道与客户取得联系，也许就能多转化一些客户。

对于这类不经常登录阿里平台的客户，我们在取得联系后，最好能保持邮件或第三方社交软件的联系，这样也便于后期的客户维护和激活。如果在跟进客户的过程中，确实得不到客户回复，消息也一直未读，那么在几次跟进后也可以考虑放弃了。我们需要认真对待每一个客户，但如果实在无法与某些客户取得正常的联系，也不应该过度地做无用功，而应把精力放到其他的客户身上，继续做好服务和转化工作，慢慢地学会衡量和取舍。

第 59 讲　资深业务员是如何谈单的

资深业务员由于工作时间久，对行业、产品和客户的了解较深，熟悉谈单套路，所以在回复客户消息时总能得心应手，轻松完成交易。而对于“小白”来说，因为没有什么工作经验，在工作时容易干着急，缩手缩脚，不知道如何将工作继续下去，从而给自己的心理和公司业绩都造成一定的负担。面对这一问题，应该学会让业务员具备一些资深业务员所具备的技巧和放松感，从而更好地服务客户，与客户达成交易。

1. 学会发问

资深业务员在谈单的过程中，往往不会出现没话聊的尴尬局面。其在与客户沟通时，能够捕捉客户心理、挖掘客户需求，并通过高质量的发问和话术引导促成交易。资深业务员在这一点上是很多新手业务员望尘莫及的。

发问是达成交易过程极为重要的一个环节，对引导客户心理和挖掘客户需求都极为重要。新手业务员要学会整理一些发问话术，如关于采购清单的发问话术、关于采购需求的发问话术、关于收货地址的发问话术、关于催付的发问话术等。总之，发问是主动挖掘客户需求很实用的一种技巧。业务员可以在解答客户问题之余主动出击，询问客户，引导交易向更积极的情形转变，不至于与客户大眼瞪小眼，出现双方都没话聊的局面。

聊天提出问题时，开放式的问题有助于挖掘客户的真实需求，让客户畅所欲言；而封闭式的问题，给出几个固定的选项让客户选择可以缩短客户选择的范围，有利于交易朝着我们预设的成交状态去发展。

2. 营造轻松的氛围

轻松愉快的沟通氛围可以卸掉客户的心理防御。在谈单时，根据客户的性格，可以适当穿插一些朋友之间的聊天内容，甚至开个小玩笑。多认同对方的想法，与对方融为一体，对于营造放松交流的氛围很有帮助。很有可能因为这种亲近感，客户就会在你这里下单。真诚与热情是拉近彼此距离，增加信任关系的有力武器。作为销售人员，首先要做到自我放松，并尝试去营造这种轻松愉快的氛围，让客户能够卸掉防御，真诚地表述自己，从而促进交易的达成。

3．具备专业的从业经验

良好的专业形象可以给对方一种信赖感。不论是在介绍产品还是在制作报价时都要体现自身的专业性，从产品的功能到用法进行剖析，要能为客户做出专业的阐述和建议，绝对不能在交流产品知识时还不如客户懂得多，给客户一种“不懂行”的印象。

在制作报价单或发票时，也要专业、正式，且格式清楚、准确，让客户一眼就能了解具体内容，给客户一种专业的感觉。专业的形象会给人一种这是“权威的”感觉，可以加强客户对店铺的信服度，从而更倾向于与之交易。

4．善于解决客户问题

作为业务员要能站在客户的立场上去思考问题，解决问题。设身处地地为客户着想，也是加强关系、促成转化的一种技巧。在谈单时，业务员要根据谈单的内容，深刻理解客户所处的状态，以及他想做什么事情、需要哪些帮助。如果是老客户寻找新的供应商，我们可以询问他的关注点，并向他保证产品的交期和售后问题，让客户可以放心地选择尝试合作。如果是创业新手，我们可以推荐最合适的产品供客户选择，哪怕最合适的产品的利润不高，也要真诚地为客户考虑，真心实意地为客户着想。当然，这其中可以穿插一些利润产品，一起打包给客户，求得一个双方共赢的结果。绝不能一味地只顾自己的利益而忽略了客户想要解决的问题和期望的利益。

5．掌握一些谈判技巧

谈判技巧是每一个业务员都需要具备的能力，尤其是在价格的谈判上，要做到游刃有余，使双方都不尴尬。好的谈判手段可以为商家赢得更多的利润空间。

常用的谈判技巧有如下几个。

（1）小范围的让步：如果利润范围允许，商家可以通过小范围的让步来加快订单的成交。通过给客户订单一个小的折扣，或者降低部分产品的价格，抑或者为整个订单减去一定的价格等，让客户有一种占了便宜的感觉。小范围的让步可以在客户犹豫时刺激客户成交，挽回部分价格敏感型的客户。

（2）有要求的让步：在与客户谈判时，如果客户提出让商家做出让步的要求，那么商家在答应让步的同时，可以提出另外一种要求让客户也让步。例如，告知客户可以实现其降价的要求，但是购买数量要增加等。以交换的方式使得双方都做出让步，实现共赢的效果。

（3）选折中方案：在客户提出不合理的价格或要求之后，如果一下否定掉，会使客户产生一种失落感。如果能和客户协商，取得一个折中的要求，往往也能促成交易的达成，不容易破坏交流的气氛。

（4）表达自身情绪：在客户提出无理的价格或要求之后，商家可以以一种惊慌失措、大吃一惊的语气与客户交谈。例如，“哇，不会吧！”“我没听错吧？”等。给客户一种精神上的反馈，让客户知难而退，从而改变谈判的想法。

（5）引入上级：对于有些客户提出的问题，商家往往会感到十分恼火，但很难拒绝。这时不妨引出一个不参与交流的上级人物作为“黑脸”来驳回用户的过分要求，自己依旧站在客户的立场上为客户提供方法、给出建议，从而维持与客户的关系，假装在为客户争取利益，做出特权申请。降低自己的权力地位，往往能打消一部分客户的过分要求，同时也给了自己后退一步的机会。

6. 主动促进交易达成

业务员在谈单过程中，要时刻记住自己的目的是达成交易，积极主动地主导谈单的进度，适时提出下一步的要求，主动促进订单的达成。在与客户沟通时，经常会出现僵持的情况，如果双方都没有更进一步的打算，交流就会拖很久，甚至终止，造成客户流失。在合适的时机主动出击，询问客户需求、索要采购清单、催促客户付款，可以主导交易的进度，加快交易的达成。

第 60 讲　如何轻松处理售后问题

售后问题是所有商家都难免会遇到的问题，对于大多数商家来说，遇到售后问题的概率不是很大，根据自身的产品性质而定。不同行业、不同产品有着不同的售后率，但普遍的售后率应该在 10%以内，否则商家就会非常头疼，建议商家放弃售后率过高的品类，因为一旦售后问题处理不好，出现问题的买家基本不会再次复购。所以，为了生意的长期发展，商家要重视售后问题。

售后问题通常会给商家带来一定的损失，让商家苦恼。如果能通过总结售后案例找出售后问题的共性，也许就能改进产品，增强产品在市场上的竞争力。如果售后问题不能为商家带来任何的价值，出于法律和道德层面的考虑，商家也应该积极处理，做出正向的表率，为长久的口碑和生意做积累。

1．安抚情绪，积极表态

遇到问题的第一步，就是要表达出积极的态度。首先要安抚客户的情绪，告知客户不要担心，我们会处理这个问题，先给买家吃一个定心丸。因为客户也害怕问题不能得到解决，当商家主动承诺会积极协助处理问题时，可以缓和客户与商家的对话氛围，方便后期的沟通。

2．了解问题所在，要求客户提供问题图片或视频

遇到问题，安抚客户情绪之后，紧接着就要询问具体的问题。商家可以要求客户提供问题的图片或视频，鉴别具体的问题所在。但在收到问题的图片或视频反馈后，商家要给客户一个消息回复，让其知晓问题的处理进度。但并非所有的问题都要立刻解决，对于棘手的问题，可以回复“图片或视频已经提交给公司技术部门，有消息后会立即回复你”，让客户知道我们已经在处理这件事情，稍微拉长售后处理的过程。这样可以给商家留出一个缓冲期，方便商家思考话术和解决方案。

3．鉴定问题的大小难易

根据售后问题的轻重缓急，商家的处理方式往往是不一样的。所以要对客户所反馈的问题做一个评判：是大问题，还是小问题；是需要退款补发的，还是因质量问题需要退款的。商家可以根据问题发生的频次来挑选普遍问题做出应对程序来处理售后事件。如果是小问题，建议商家主动承担风险，承担一点损失，让客户安心，便于长期的交易合作。如果是大问题，公司内部要做好充分的讨论与思考，多次沟通收集证据，确定问题点到底出在哪里，然后想办法解决售后问题。可以的话，商家也可以形成一个常见问题的处理手册，便于新手业务员快速上手处理售后问题。

4．确认补偿方式

对于售后的常见问题，如果没有给客户造成损失，通常提供指导方案和维修方案即可友好解决。如果给客户造成了一定的损失，商家往往要做出一些弥补。对于个别产品质量问题导致的损失，商家可以在安抚客户情绪的同时，主动提出一些补偿方案。例如，可以告知买家会在下一次的订单中给他一些折扣或在下一次订单中免费补偿他一些产品等。对于这些补偿方案，大多数买家都是可以接受的，这也为后续的客户返单提供了机会。

如果是大问题或紧急问题，商家往往需要和买家保持沟通，高度重视，反复确认售后具体的问题点出在哪里，针对具体的问题点进行解决。大问题往往带来

的损失也更大，需要寻找损失更小的解决方案，是替换零件，还是让买家降价销售后再做相应补偿，做好沟通谈判工作，尽量将损失降到最小。之后，商家也要多多注意此类问题，在生产和发货前着重检查，避免由于同样的问题带来损失。

第 61 讲　RFM 分析

RFM 分析是客户分析中常用的一种手段，从 Recency（最近一次消费时间）、Frequency（消费频率）和 Monetary（消费金额）3 个角度来分析客户价值。这 3 个指标可以从客观上反映出店铺所有交易客户的大致轮廓。在众多的客户管理模型中，RFM 模型是使用最为普遍的一种，旨在分析客户、盘活客户、提升客户价值。

1. RFM 模型逐一指标阐述

最近一次消费时间是衡量客户上一次消费至今间隔了多久的指标。间隔时间越久的客户忠诚度越低，复购的希望越小。商家可以根据客户上一次消费的时间间隔来选取一个时间段，如最近 90 天内的客户，主动跟进和盘活这个时间段内一些有可能复购的客户。

消费频率是指在一个时间周期内客户购买的次数。消费频率越高的客户，其忠诚度越高，与商家的关系也越亲近。反之，消费频率低，其客户价值也低。商家可以根据客户的购买频率来将客户进行分层管理，定期跟进一些复购率不高的客户，尤其是一次性客户，将新客户和多次复购型客户分开管理，有针对性地设置跟进话术。当跟进的客户数量足够多时，就可以挽回一些客户，从而提升店铺客户池中客户的数量和质量。

消费金额是指在一段时间内，客户在店铺购买的总金额。消费金额越高的客户，其客户价值越大。商家应该格外重视这些客户，为其提供优质的产品和服务。同时，商家还应该积极加强与客户的关系，与客户保持长期的联系，从而获得更持久的交易。

2. RFM 模型多指标组合划分客户分层

RFM 模型要求将店铺所有的成交客户集合在一起，根据客户的类别对客户进行分层管理，针对不同类型的客户制作不同类型的营销手段。除了上述根据单一指标进行分层管理，RFM 模型还支持根据多指标进行分类管理。商家可以按照 RFM 模型中 3 个指标的组合维度进行客户分层和管理。现将客户分成如下 8 类。

（1）高消费频次，高消费金额，近期有在下单的客户。这类客户属于高价值客户，属于店铺的老客户，对待这类客户应该保持百分之百的热情和专注，为其持续提供优质产品和服务，必要时可以提供额外的帮助，来加强与此类客户的关系。节假日时，也要主动发起问候，形成长期的友好关系，这类客户属于店铺最优质的客户。

（2）高消费频次，高消费金额，已经长期没有下单的客户。这类客户属于重点保持客户。客户突然中止下单，往往意味着出现了困难。对于此类客户要加强联系，保持沟通，主动询问其最近的状况、是否需要帮助等，必要时可为客户出谋划策，提供力所能及的帮助，为后期的采购做好跟进工作。

（3）高消费频次，低消费金额，近期有在下单的客户。这类客户属于相对优质的客户。因为有着稳定的采购频次，所以一般不需要过度跟进，当采购周期临近时其自然就会来下单，对待这类客户只需要持续为其提供稳定的服务即可。如果此类客户突然长期没有复购，则要主动出击联系客户，做好客户近况的询问工作，及时发现客户遇到的问题，避免客户流失。

（4）高消费频次、低消费金额、已经长期没有下单的客户。这类客户属于一般价值客户。客户长期没有下单，可能是因为找到了其他的供应商或遇到了问题。由于此类客户采购规模较小，所以稳定性也弱一些，如果商家的精力允许，则可以尝试联系激活此类客户。

（5）低消费频次，高消费金额，近期有在下单的客户。这类客户通常是新客户。由于采购金额较大，其价值一般也较高。对于此类客户可以长期发展，将其视作优质买家扶持，积极为其提供优质的产品和服务，加强沟通，保持关注。高金额采购客户，通常是有实力的客户。

（6）低消费频次，高消费金额、近期没有下单的客户。这类客户属于一般保持客户，客户黏性不高，仅采购一两次之后流失，长期没有返单行为。这类客户通常对销售的产品不满意，或者无再次使用产品的需求。但由于采购金额较大，这类客户通常是有实力的客户，也建议商家尝试联系激活，尝试询问上一次的货物是否出现了问题，或者有何不满意的地方，加强联系，查明原因，为后续的返单工作打下基础。如果实在无法激活，则不应该过度打扰客户。此类客户的忠诚度不是很高。

（7）低消费频次，低消费金额，近期有过下单的客户。这类客户属于小批量采购的新客户。这类客户的价值往往一般，通常是新的创业个体户或小商家，按正常流程完成销售即可。一旦其采购的频次和金额开始上升，则需要保持重点关注，为后续的长期合作提供力所能及的帮助和服务，加强沟通，维持关系。

（8）低消费频次、低消费金额、近期没有下单的客户。这类客户属于低价值客户，也是大多数商家遇到较多的一类客户，一两次采购样品之后，后续无联系。对于此类客户，由于长期没有交易和联系，后续盘活的可能性极小，商家可以直接放弃，将精力花在重点客户、近期有交易行为的新客户上。

对客户进行分层，有助于商家跟进和管理。将现有客户池充分利用起来，进行有针对性的营销和维护，有利于盘活客户和增加更多的订单，充分释放客户价值。同时也可避免混乱的客户信息堆积，造成客户盘活工作困难，产出效率低下。

第 62 讲　客户分层

第 61 讲提到了使用 RFM 模型对成交客户做分层管理。除对成交客户做分层外，对非成交客户的分层也很重要。只有将数据分细，才有机会有针对性地对其制定营销策略。本讲来讲述另外一种分层方式——按照标签对客户进行分层。

按照标签对客户进行分层，也是客户管理较为常用的一种形式，且这种分层方式更加灵活。常见的客户标签有企业性质或个人性质、性别、年龄、国家、购买频次、偏好产品、消费金额、偏好价格、采购意向、浏览记录等。

1. 客户性质

如图 62-1 所示，在询盘和 TM 咨询框右侧的客户信息中，可以看到客户的基础信息，特别是公司名称、公司官网和客户邮箱，通过这些内容可以借助背调网站来挖掘客户性质是企业性质还是个人性质，是大规模企业还是小规模企业。一般企业型客户的采购规模往往较大，对于初期的样品价格也不会特别纠结，所以谈单时往往会轻松很多。针对企业型客户，商家要尽力表现得专业、热情，给客户一种“靠谱”的感觉。

图 62-1　阿里旺旺聊天框右侧显示的客户信息

2. 基础信息

性别、年龄等这类标签分析一般对于提升外贸企业的客户价值的实用性不强。因为究其根本的采购行为，受这些标签的影响很小，所以在分析这些标签时，往往难以有针对性地加以营销。但是，如果我们能够从这些标签中分析出客户是年轻的客户，则可以尝试使用轻松一些的聊天方式与客户沟通。通常有着多年采购经验的老客户沟通时偏向于严格地使用正式模板，而越来越多的新客户则不看重这些，他们更喜欢随心所欲的沟通的方式和简单的沟通。

3. 采购信息

购买频次和购买金额这两个标签，是客户管理中十分重要的标签。因为这两个标签直接关联着企业的利益和利润。所以在做客户分层时，一定要给客户贴上这些标签，便于后期的维护和管理。尤其对高价值的客户要做好维护工作。

4. 客户偏好

如图 62-2 所示，最近搜索、最常采购行业、最近询盘产品是用来定位买家所从事行业的标签。在品类覆盖时，我们的店铺一般会覆盖多个品类的产品，但是这些客户并非与我们完全一致，他们大多只是需要其中的一种产品。对于这类客户，商家要有针对性地推荐产品。

面对 A 行业的客户要说自己在 A 产品上表现得更为专业，面对 B 行业的客户要说自己在 B 产品上表现得更为专业，或者干脆向业务员分配产品线，各自深钻不同的产品，从而在与客户的交流中做到让客户认为我们是专业的。同时，根据客户的最常采购行业和最近询盘产品，业务员可以主动推荐合适的产品，哪怕是买家没有咨询的产品也可以推荐，以提升交易成功的概率。

图 62-2　客户信息中的买家偏好行为

5. 交易行为

已成交客户和未成交客户标签是用来区分客户亲近关系的重要标签。对于已成交客户，当其再次咨询时，下单概率会比首次咨询下单的概率大很多。有过历史交易的客户，由于之前有过沟通，双方对彼此都有一定的了解，在谈单的流程上会轻松很多。商家可以根据上一次的聊天内容，更真诚、热情地接待老客户，为其提供力所能及的帮助，以求维持长期稳定的交易。

用标签来为客户分层是所有商家经常有意或无意使用的方法。细致的标签分类有助于商家对自身客户池进行了解和盘点，有针对性地做出反应。如果不做分层，商家往往难以认知和管理客户。在为客户打标时，可以借助 Excel 表格或客户通备注等工具将客户进行打标整理，形成客户数据。

除了上述标签，商家还可以自定义更多适用于自己的标签，也可以参考 RFM 模型的分层方式，对客户按不同的组合标签进行多维度的分层，从而有针对性地对客户进行管理和营销。

第 63 讲 如何做好客户维护

大多数公司的业绩构成都符合"20%的客户贡献了 80%的业绩"的定律。其中，老客户为企业的业绩发展做出了不小的贡献，做好客户维护是加强买卖关系和长期发展的重要内容。

关系的本质是信息的交换。我们与客户沟通的次数越多、交换的信息越多，我们与客户的关系也就越好，从而滋生出一种亲切感。在面对老客户时，我们会深有体会的。情感可以促进生意的持久和良性发展。甚至在交易过程中，情感所带来的作用会高于价格上的优势。所以商家要定期维护客户，做好客户的管理工作，加强与客户的关系。

加强客户关系的常见方式有两种，一种是多沟通、多分享，另一种是赠送礼物。商家可以根据客户的层级、质量来有针对性地加强关系黏性。

1. 沟通与分享

沟通是建立情感联系的底层通道，经常与客户交流沟通、分享自己的生活会给对方一种亲近感，从而对方也容易向你分享自己的生活和想法。所以在谈单时，对于经常复购的老客户，不妨多聊一些内容，分享自己的生活或想法，或者主动多提供一些帮助，这对于加深双方关系有很大的帮助。

还有一种加深关系的方式是节假日的祝福。借助节日契机来加强与客户的沟通，或都激活近期交易的客户，主动发起询问或索要好评，从而取得联系，为加强商业关系塑造机会。除此之外，商家还可以以店庆或大型活动为由，来主动与客户建立联系，向客户发送问候信息，同时可以发送新品目录、产品报价等来增加交易的机会。主动沟通，交换信息可以加强客户的信赖感。

2. 赠送礼物

送礼是表达心意的常见方式，自古以来就有“礼多人不怪”的说法，几乎每个人收到礼物之后都会开心，客户也是如此。所以在某些时候，商家不妨给优质客户和老客户赠送一些礼物，来加强双方的关系。

那么，什么时候送礼合适呢？首先是节假日，在客户所在国家重要的节假日为其准备一些礼物，可以让客户感受到商家的心意，对于后期的交易也会更友好。其次是客户的生日，此时送礼也可以让客户倍感温暖。除此之外，还可以在见面时为其准备一些礼物，包括我们去国外拜访客户或客户来中国会面时的赠礼。

至于送什么礼物，建议赠送一些具有特色意义的礼物，如定制礼品或具有中国特色的礼品。在淘宝上，商家可以轻松地找到很多定制礼品，包括定制印刷的 T 恤、U 盘、瓷器、印章等，价格不贵并且可以定制成客户专属类型，让客户感受到礼物的用心和不一般。另外，商家还可以赠送一些具有中国特色的礼物，如茶叶、中国结、中国扇、中国传统工艺品等。送一些客户所在国家罕见的礼品可以给客户心理带来很大的新奇感和愉悦感，从而让客户更加认可我们，感受到我们的真诚和心意。

关于礼物的邮寄，要考虑客户清关的要求，有些客户所在的国家对于部分产品清关很困难，甚至还会使客户遭受处罚，所以在寄出礼物前，务必保证礼品可以顺利清关，可以咨询相关货代来了解此事。寄出时还可以告知客户里面有送给他的礼物，让客户有个心理准备，也许客户还能提前开心好几天。最后一点，礼物的包装是重中之重，好的包装可以凸显礼品的价值，所以送礼时在包装上绝对不能马虎，必要时可以单独购买礼品的包装。

客户维护是商业长期发展以来一直都被看重的环节。客户维护的核心根本是保持联系、加强关系，以便于在长期的联系中持续地交换信息和产生交易，为生意的长期发展及客户价值的最大化利用提供便利。

第 5 篇 活动运营

从事电商行业，多多少少都不可避免地接触到营销活动，活动也是当前所有电商平台都会采用的营销玩法，旨在通过让利的形式获取到更多流量。不论是大促活动还是日常活动，要想让活动产生效果，对于活动的规划工作必不可少。

本篇围绕活动运营相关工作，从设置活动目的，到活动选品，再到活动预热推广，将活动运营的过程拆分成一个个模块为读者进行介绍，帮助读者建立活动运营的线路，以及为读者提供一些活动运营的知识技巧，以便将活动细节做得更好。

第 64 讲　活动目的与预想目标

活动是所有商业行为中基本都会涉及的环节。尤其近些年来，不论是线上还是线下，大大小小的活动几乎每天都有。活动之所以这么普遍，主要是因为活动往往能为商家带来一定的业绩提升。其核心是给客户一定的利益、好处，从而促进客户的消费行为，通过提升销量的形式来提升业绩。

阿里国际站也经常举办一些活动，甚至有些活动是长期进行的，如 Weekly Deals 活动。在三月新贸节、九月采购节时，还会举行平台大促活动。对于商家来说，选择合适的活动，做好活动策划，可以有效地突破公司业绩，打破平稳的流量水准，让其向上跃动。

平台的活动那么多，商家应该选择哪些活动呢？首先，商家要明确自己的目的，是为了提升利润还是为了提升销量规模，是为了清理库存还是为了打破日常平稳的气氛。当商家的目的不一样时，所制定的策略往往也会不同。

在运营过程中，商家可以时刻关注平台的活动，定期去活动市场看一看，都有哪些活动适合自己，根据活动的要求来选择自己要不要参加。如果商家日常不是很忙，建议能参加的活动都积极参加，因为阿里国际站活动的准备工作往往不需要花费太多的时间和精力，很多活动只需要提交产品或只需要报名即可。尤其是 Weekly Deals 活动，商家可以长期从场景流量中进行引流。商家每周只需要花费几分钟即可完成日常活动的报名工作，且不需要做额外的事项工作。

面对大型活动时，建议商家不要随意报名了之，要提前规划好选品、促销方式和活动节奏等工作。成功都是留给有准备的人的，只有花费了心思，才能更好地收获活动带来的结果。切记不要为了参加活动而参加活动。如果漫无目的，仅仅是为了响应平台或跟风参加活动，没有提前做好任何的工作准备，那么活动的效果往往会大打折扣。

1. 明确活动目的

在参加任何活动时，商家都需要事先明确自己的目的，是利润导向，还是规模导向；是日常活动不参加白不参加，还是准备要得到一定的效果。不同目的的商家所做的规划和投入也不相同。如果是利润导向，商家在设计促销活动的时候，对于促销价格的计算和活动门槛要深入思考，活动价格要有利润可图。同时，为了提高活动的效果，客户参加活动的门槛不能过高，要便于客户完成活动。比如，可以设置捆绑销售后打折，或者以转发、收藏产品赠送配件的形式来提升销量。商家可以根据自身的品类特征设置合适的活动方案。

如果是以规模导向，不在意利润，旨在清理库存或塑造优秀的平台数据、拉升交易额提升权重，那么在活动策划上，价格可以压到最低，甚至没有利润。提前做好活动前的蓄水工作，大力投放广告来实现销售规模大幅度提升的效果，从而塑造优秀的平台数据，实现短期目的。

当然，活动策划还可以有其他的目的。比如，想通过降低一点点价格的方式来促进销量的提升，想推广一个新产品，想搭配促销清理滞销品库存，想实现业绩翻倍，等等。但不论商家是为了达成哪种目的，只有商家先明确了自己的目的，确切地知道自己到底要什么，才能有的放矢，才能有方向地做好活动工作。

2. 计划预想

商家确定好活动目的之后，接下来就要预想活动的策划过程，选择什么样的活动方式，是满减还是折扣，是捆绑销售还是买二送一，是运费 5 折还是赠送礼品，等等。商家需要做好活动前、活动中、活动后的规划，包括活动文案怎么设计，活动前的预热方式、活动中的推广计划、活动中可能出现的问题等，做出一份草案预设，来为后续的工作规划方向。

计划是实现目的的有效线路，根据活动目的，商家需要设计出能够实现这一目的落地执行的方案，并反复斟酌和打磨。活动策划越详细，活动执行的可控性就越强。

第 65 讲　活动策划

活动策划包括从商家主观规划活动开始前一直到活动结束后，这个过程要发生的事情和预期的效果，需要我们明确活动目的、策划活动形式、准备活动海报、预热推广，以及做好店内流量承接、活动正式推广、实时数据调整和活动总结工作。

1. 明确活动目的

目的是指引行动方向的指明灯。在商家做活动策划之前，必须清楚活动目的是什么。如上一讲提到的，是利润导向还是规模导向；是想通过降低价格来促进销量的提升，还是想推广新产品；是想清理滞销品库存，还是想实现业绩翻倍；抑或是为了“吸粉”等其他商业目的。总之，在做活动策划前，商家要有一个主观的想法，清楚自己到底想实现什么目的。

2. 明确活动选品和活动形式

在活动开始前，根据预设的目的，商家需要主观设计出一套活动的形式来实现这个目的，所以在选择产品的环节上一定不能马虎。如果是为了冲量，那么所选产品一定是现阶段表现较为优秀的那款产品；如果是为了清理库存，那么所选产品一定是指定的某款产品，绝不能随便选择某些产品参与活动。规划得以实现的前提一定是每一个环节都经过了仔细的思考。

选出产品之后，还需要设计活动的形式，即通过怎样的方式进行促销。是游戏式还是直接降价式？是捆绑式还是免运费式？总之，要有一个可以刺激转化的可行的活动形式。活动形式需要简单易懂，容易操作，易于完成。复杂的活动设计是活动能够良好开展的天敌，越简单就越容易带来效果，这需要商家仔细去策划。

3. 设计活动主题和海报

活动形式策划好之后，商家要设计出一个宣传的介质，也就是活动海报或活动文案。海报要有清晰、明确的主题。活动标题要亮眼、有吸引力，能够凸显活动带来的利益，可以在一定程度上刺激客户的购买行为。商家可以通过配套的活动文案，来指明活动的时间、具体内容和玩法，做到让客户一看即懂。

4. 活动预热推广

预热是活动爆发的重要环节，可以提前告知新老客户我们在哪一个时间点会准备活动。预热的周期通常是活动前一周，通过几天的预热来积攒一波流量。如果没有这个环节，当活动突然开始时，由于客户都不清楚细节，也会导致推广较为吃力，冷不丁的一个突击性活动往往难以带来较好的流量效果，甚至压根无法带来效果。

5. 店内流量承接设计

在活动开始之前，店内流量承接设计也是必须做的，包括详情页的优化、卖点的包装及关联营销的设置。特别是关联营销的设置，可以起到活动流量分流的作用，加强客户的访问深度，给客户提供更多的选择。必要时，详情页内也可临时添加活动简介，以塑造活动的气氛，同时向客户清楚地介绍活动的时间和内容，作为预热准备。

除了对详情页做流量承接的临时改进，业务员也需要做好活动内容的引导，在系统的自动回复及聊天的快捷短语中可以告知客户店铺的活动日期和内容，全方位做好活动流量的承接准备工作。

6．活动正式推广

活动开始时及临近活动开始前，大力的推广可以让店铺获得更多的流量，从而让更多的人看到我们的活动内容。而活动内容由于带有一定的利益刺激，相对日常可以更好地转化客户带来成交，有利于活动效果和目标的达成。在活动推广时，建议相对平时稍微加大一点推广力度，将流量集中引导到活动产品上。

有一点需要注意的是，在引流的同时，我们也要确保活动的形式有吸引力，这一点是至关重要的。特别是价格吸引，如果活动内容平平，客户即便了解到了活动的内容，也没有理由做出应激反应，那么引入再多的流量也很难发挥作用。在很多时候，刺激性强的活动内容是提升活动效果的必备保障。在活动开始前，商家务必重视活动的策划和力度，给足客户参加活动购买的理由。

7．根据实时数据做调整

数据是反应效果最直接的表现。由于后台的流量数据更新有延迟，所以无法直接从后台数据来分析活动的效果，但是商家可以通过即时咨询情况来感知效果。如果活动时间内的咨询量明显增加，如原来的常态是一天三五个咨询，而活动开始之后，半天就有六七个咨询，这种情况就可以说明活动是有效果的。商家根据咨询量可以适度加大活动推广的力度。

如果活动开始半天后没有动静，有可能是因为活动的预热不足，导致流量没有大幅度增长。在这种情况下，商家要酌情处理，是选择加大推广、加大活动力度来让活动继续，还是停止推广维持日常，商家可以根据自身产品的历史数据来做规划。如果已经产生了很多推广费用，则建议停止推广，因为推广消耗意味着引进了流量，即有客户看到了我们的活动，在这种情况下没有效果就要及时止损，做好复盘总结，为下一次活动提供经验。

8．活动总结

复盘总结是积累历史经验、找出自身不足的常用方式，对商家提升自身能力和积累经验有很大的帮助。不论活动成功还是失败，复盘总结工作都是十分必要且有价值的。商家可以等待后台数据出来之后查看访客的增幅及在活动时间段中哪些产品的访客和咨询是增加的，来对比活动的效果。访客详情页面记录了买家行为，如搜索了哪些词、进入了哪些品、停留时长是多少、询盘量是多少等都是可以查看的，都可以作为活动效果的评价数据。同时，对于这些效果表现，好的地方要提炼出原因，不好的地方也要积极总结，吸取教训。

在复盘总结时，要梳理活动过程中的每一个流程和细节，哪些地方还值得完善，哪些环节出现了“翻车”现象，将良性经验和注意事项积累到下一次的活动策划中，通过不断修正和打磨，来为后期长久的活动安排积累经验。

第 66 讲　活动选品

好的产品是获得好的活动效果的基础。在活动开始前，根据活动目的来选品的工作尤为重要。活动选品不同于上新选品，要在店铺现有的产品中进行选择。如果是为了提升业绩，商家通常会选用现有数据中表现较好的产品。如果是为推新品或清库存，那么商家选择的产品通常是指定的某款产品。

1. 为提升销售业绩选品

要想提升销售业绩，产品的转化效果一定要好，否则引来的流量无法承接转化，也会导致活动效果疲软。商家要在现有产品数据中选出表现最好的那几款产品来参加活动。商家应分别按照询盘、TM 咨询、订单、转化率降序排序，优先选择综合指标，特别是咨询量和转化率都较好的产品来参与活动，以求得产品在经由流量放大之后，依然能承接转化，有较好的表现。

另外一点值得注意的是，在数据选品过程中，除了看产品的点击率和转化率效果，还要看此产品的流量规模，也就是曝光量和点击量的量级是否够大。要参加活动的产品必须是有一定搜索热度和需求量的产品，这样可以引来更多的访客。冷门、小众的产品在参加活动时，由于流量规模极小，难以实现很好的效果。

此外，产品的活动价格也是影响活动效果的重要因素，活动产品的价格不能过高，商家需要选出一个价格能为大众所接受的产品，能通过利益刺激加强成交。只有考虑了市场需求、价格和历史表现之后选出的产品，才更容易获得好的活动效果。

2. 为了促进主推品成长选品

利用活动来促进主推品成长，也是常见的商家目的。在销售的过程中，由于主推款的业绩数据常常会遇到瓶颈，需要一定的外力来促进产品销售，积累更加优秀的订单和信保数据。活动则是提供这种外力的一种形式，通过引进更多流量、刺激更多订单的形式，来让产品更上一层楼。

在这一过程中，商家要着重考量主推款的销售可行性，即在参加活动时，其价格和市场卖点是否有足够强的竞争力。商家要对产品的历史表现和市场情况做好充分的调研，如果产品没有足够强的价格竞争力，也没有足够强的卖点竞争力，则不适合参加活动。并非所有的产品都适合做活动，也并非所有的主推款都能经受住大量市场流量的检验。在确认大概率可行的情况下，才可考虑下一步的操作，也就是卖点的塑造和活动力度的计划。

3. 为了清理库存选品

清理库存也是常见的活动选品方式，通常为指定产品参加活动。库存产品由于备货量较大，或者历史销售数据不佳导致库存堆积，会占用大量的资金。这时商家清理库存往往不是为了盈利，而是为了回笼资金。在做活动时，商家可通过低利润、无利润甚至亏本的形式来实现库存变现。

在做清仓类活动时，活动氛围和活动价格要宣传到位，利益点也要明确地透传给客户，以刺激客户购买。在阿里国际站平台上，也不乏零售型卖家或小 B 型卖家，非常喜欢以低价的产品实现短期获益，快速清仓可以快速回笼资金。此外，商家在后期的选品备货上也要谨慎，防止再次由于错误的市场预判导致库存堆积。

不论是通过哪种方式选出的产品，在活动开始前，都应该做好内功的优化。商家要对卖点、主图、详情、文案再三检查、优化，活动时，建议酌情添加或修改一些图片来告知活动的内容。活动设计的海报建议多用红色、黄色，以能烘托气氛的颜色和设计为主，同时简要地注明活动时间和活动内容，来促使活动更好地展现，加强活动的效果。

第 67 讲　促销手段

促销是活动运营中基本都会用到的手段，一般是指通过各种形式的让利来刺激客户下单。常见的促销手段有以下几种。

1. 满减满送

满多少减去多少，或者满多少赠送一个相关的产品。例如，满 100 美元减去 3 美元，满 1000 美元减去 50 美元，等等。这种方式可以促使客户为了达成所定目标而多购买一些产品。商家在设计满减满送时，所满的金额要有阶梯性，并且每一级阶梯所设置的标准都不能太高，如果太高则容易导致客户直接放弃。在做活动时，需要适度的刺激，这种刺激是为了让客户完成一件容易完成的事情，而不是一味地让客户多买而设置的满减的阶级。

在设置满送时，商家所赠送的产品一定要与客户购买的产品有一定的关联性，或者干脆就赠送本产品，如买 10 个本产品送一个本产品等。无关的赠品往往会让客户觉得没有意义。

2. 优惠券

优惠券的方式和满减满送十分类似，商家可以在后台设置一些优惠券来营销客户。在做活动时，商家设置的优惠券金额要稍微大一些，要对客户有吸引力。另外，优惠券使用的门槛一定不能过高，过高同样会让客户失去兴趣。

3. 折扣

折扣也是商家在促销时经常使用的一种形式，即通过对产品单价（也可以是部分产品单价）或订单总金额进行打折的方式来为客户提供一定的让利空间。除了活动可以打折，在与客户谈单时，商家也可以使用折扣的形式来引导客户达成交易。但是，不要随意地给出折扣权利，以免让客户觉得产品价格虚高。在活动期间，商家则可以顺理成章地给客户一个促销的理由。

4. 组合捆绑促销

这种销售方式在 B 端不多见，但是如果有些产品是属于配套产品，商家也可以进行捆绑销售，只要给出的价格有吸引力，也是可以进行尝试的。

5. 连贯性促销

连贯性促销也就是以第二件半价或第 N 件几折的形式进行促销的方式。这种方式在 B 端销售也不多见。商家可以借鉴其方式做些改动，如收到货好评后会在下一次订单中给一个大额折扣，以此来刺激客户复购。这种方式用在活动中会有些勉强，但是用在谈单时，尤其是沟通较为友善的客户，有很大的概率会产生复购。

6. 运费 5 折或 8 折

这种方式对于 B 端客户来说是较有吸引力的，因为国际运输的价格往往不便宜，如果能在运费上给客户一个折扣，对于客户来说也是很愿意成单的。商家在做运费打折的基础上，可以稍微提高一些运费的报价，然后进行打折，但要确保是真正的打折，打折后的运费价格必须比正常价格低很多，从而给客户一个更好的体验。

7. 延长保修

对于部分客户来说，他们对售后保修是十分重视的，但是单单以此来做活动则往往力度不够。在做活动时，如果能额外添加一项赠送保修服务，也可以在一定程度上刺激客户下单。商家可以适当地延长保修期限，给客户一个心理上的安慰。

活动的形式多种多样，但不论采用哪一种形式，在做活动前都需要有一个噱头，要么是平台提供的噱头，也就是官方活动自带的主题，要么是商家自己制作的噱头，如季节性促销、清仓促销、新老客户回馈、店庆促销、节假日促销、现货促销等。总之要给客户一个合理的理由，这样的折扣让利才会让客户觉得是真正的让利，是不常见的获利机会，从而产生下单的冲动。

在设计促销方案时，商家既可以采用上述形式中的一种，也可以采用其组合的形式。活动策划时，需要达到一个标准，即活动方案对客户来说是真实的、有刺激性的利益，并且活动是容易完成的、是通俗易懂的，所有让客户深度思考才能理解的营销对活动效果来说都是阻力。

第 68 讲　活动文案

好的活动文案可以激发客户的兴趣和传播。在电商运营中，活动文案主要是写在海报或详情页中的，目的是介绍活动的内容和刺激买家成交。在写活动文案时，有几个点是必须写清楚的，即活动的主题、活动的内容及活动的时间等，用来让客户透彻地了解活动内容。另外一些点也是值得注意和反复打磨的，那就是文案内容的表现力和信息穿透力。

1. 活动的标题要亮眼，有吸引力

一个亮眼的标题可以吸引客户的第一注意力。标题对于所有形式的介绍都是极其重要的。好的标题是成功吸引客户的第一步。商家在设置活动主题或活动内

容时，一定要利用好标题的作用，将活动的主题及客户能得到的直接利益，用大字号的字体凸显出来。例如，三月新贸节全场 8 折、回馈新老客户运费 5 折等。这类含有核心利益刺激的营销词一定要重点醒目，以便迅速吸引客户，引发其兴趣，从而有意愿停留阅读更多的文案内容。

2. 活动的内容介绍要有吸引力

活动的内容介绍要能够烘托气氛和产生利益刺激。在写活动文案时，可以在活动海报中多使用一些相对夸张的营销词，如重磅推出、直降金额、包邮到家、全部产品 8 折等文案字样，有助于烘托活动的气氛。另外一种烘托活动气氛的方式是视觉上的设计，商家可以多围绕红色、黄色等常用的活动海报风格来做设计，好的视觉所凸显的活动气氛更加浓烈。

除了重点营销文案，活动的参与方式和活动时间也要简要写明，将活动内容清晰地简化和提炼出来，让客户看完活动海报后能“秒懂”其参与方式，“秒感知”自己的利益所得。在进行信息传递时，复杂是传递效果提升的天敌，简单易懂的文案才是活动介绍该有的标准。

3. 注意卖点强化

突出卖点是让客户感知产品价值的方式之一。除了活动本身的利益刺激，产品自身的价值对转化的影响也是很大的。塑造卖点价值时，可以使用适度夸张的手法来表述卖点，只有让客户先了解了产品，活动才更容易起效。在描述产品时，商家可以使用一些卖点修饰词来使得产品表现状态变得不一样。例如，某某不锈钢扶手，8 年不锈；某某无线鼠标，3 年无须更换电池；某某浴盆，使用 3 年洁净如初；等等。如果活动文案仅介绍活动的内容，而缺少产品的卖点烘托，往往会让客户意识不到产品的价值，从而让活动的刺激性大幅缩减。

4. 价值观引导

除卖点外，传递价值观也是引导客户心智的一种营销方式。如果商家在活动中能塑造一种与产品相关的价值观进行引导，也容易引起客户的心理共鸣。例如，某某色口红，让别人多看你一眼；某某洗碗机，不想做便不做；某某净化器，让家人更健康；等等。价值观赋予了产品一种精神上的意义和共鸣。

不论是卖点式还是价值观式的引导，都需要保证文案和画面视觉高度一致。视觉是展示活动，专递内容最好的方式，好的视觉冲击力会让客户身临其境，进而加深其对产品价值的感知和活动利益对客户的吸引力。如果视觉和文案内容不统一，则不论是视觉表现力还是文案表现力都会大打折扣，这一点商家需要额外注意。

关于文案的更多写法和套路，大家可以多翻阅一些专业书籍。市面上关于文案技巧的书籍有很多，内容也多成体系。文案的核心是表达，活动文案也是如此。表达的内容和形式要多番斟酌。文案并不是为了彰显文采，也不是为了讨好所有人，而是要根据产品自身，从客户体验出发，说给想听的那部分人听，把话说清楚，讲明白。内容也是针对这部分受众进行设计的，设计得越具体，活动就越容易产生效果。

第 69 讲　活动预热

活动预热是让客户提前了解活动信息的一种方式，用来“蓄水”活动的流量。如果商家想达到较好的活动效果，这个环节一定不能少。突如其来的活动，往往让很多客户没有做好准备，从而导致活动的转化率底下，预热是活动蓄水和活动公告的重要环节。

1．预热的时间不宜过长

商家在做活动预热时，最好控制在活动开始前 7 天内进行。因为参加活动的热情都是短暂的，过早预热会让客户的激情消失，从而丧失一部分蓄水流量。另外，过早预热也会耗费商家大量的精力，占用大量时间。往往 3～7 天的活动预热效果是最好的，会给客户一种冲动上的刺激，营造一种活动就在当下的氛围。

2．预热的渠道可以多样

在做活动预热时，首先要明确预热面向的对象是哪些，如果是重要的活动且有大型的促销方案，可以提前联系老客户，按照第 61 讲提到的 RFM 模型对客户进行分层，对优质客户和近期联系的客户逐一发送通知，告知其有大型的促销活动，从而激活现有客户池中的客户。

除了老客户，现有引流渠道也要充分利用起来，商家可以设计活动海报放置在店铺的首页或详情页中，做好页面链接的跳转，尤其是单日流量最多的几个产品详情页，其详情页展示位置要充分利用起来，首屏临时放置活动宣传海报向客户传递我们近期会有活动的消息，从而额外“蓄水”一些意向客户。

最后，粉丝通也是触达客户的一个渠道。在活动前3～7天，有一定粉丝量的商家可以在粉丝通上多发布一些活动预热的海报或视频，来为活动蓄水工作增添一个流量入口。所有商家可以利用的、可以触达客户的渠道都可作为活动蓄水的流量入口，商家可根据自身的精力选择合适的渠道来提前对活动进行预热。

3. 预热推广可以适度加大

在活动预热前期，可以适当地增加推广费用，来获得更多的展现次数和点击量。这样既可以增加店铺的流量、提升店铺的曝光度，也可以给客户一个犹豫的时间，在活动开始前做好充分的准备，以避免冷不丁地推出一个活动让客户不知所措。

加大推广力度，旨在增加活动推广的受众，让更多的客户知道这里在做促销，从而在活动开始前，就有部分客户做好了购买或咨询的准备，便于活动的顺利展开。在增加推广费用前，店内流量承接的准备工作要做好，确保活动的海报、活动的简介和氛围都设置到位，以便引进的流量知晓我们的活动内容。

4. 预热过程可做引导性工作

预热时，要引导客户关注我们的活动、收藏店铺或产品的链接，以便其在活动开始时能顺利地找到我们。不要小瞧这个举动，对于有些事情，如果我们不主动告诉客户，那么客户是很难意识到自己应该怎么做的。所以我们必须明确地告诉他，现在应该怎么做。

引导收藏的另一个好处是搜索加权。当客户通过搜索关键词的方式找到了我们的产品，如果产生了收藏行为，这些行为数据都是可以被搜索引擎拾取纳入权重算法中的，对于提升产品的排名也有促进作用。

活动预热的目的，就是广而告之。很多时候，商家精细策划的活动没有效果，都是因为预热工作做得不到位，以至于在活动开始时知晓活动的不是很多，突如其来的活动让很多客户没有思想准备，从而错失了活动时间并打消了采购的念头。所以，在活动开始前，商家应提前策划好产品的卖点和促销的形式，充分告知客户这是一场有利可图的活动。这样往往能在活动正式开始时，收获不错的效果反馈。

第70讲　活动执行与造势

活动执行是活动得以开展的必经过程。在活动正式开始的时候，商家需要做些什么事情呢？在活动过程中遇到一些突发问题，商家应该如何调整呢？这里分享一些笔者个人的经验。

1．活动执行

在活动过程中，业务员要提前熟悉活动内容和编辑好相关话术，当客户来咨询时，按照活动策划的内容执行相应的优惠活动；主动引导咨询非活动产品的客户查看活动内容，充分地利用好流量。作为直接接待客户的业务人员要充分发挥其作用为活动助力。

在活动执行过程中，按照正常的流程开展活动并不困难。难的是活动过程中经常会发生一些突发状况或意想不到的事情，让商家不知所措。

商家有时会遇到活动开始后无人咨询也无人下单情况，遇到这种情况商家基本可以考虑放弃活动效果了。这种情况通常是由预热不足或产品及活动没有吸引力导致的，商家应该重新审视活动选品、活动策划和活动预热的工作是否做到位了。

当然，在检查这一问题之前，商家对于当前的现状也应该有一个决策，是任由活动失效，还是做一些弥补措施。商家可以根据自己的情况进行取舍。如果商家选择做一些弥补，通常要加大一些推广的费用或加强一些折扣的力度来使得活动继续下去，即通过提升流量和加强利益刺激的形式试图产生效果。如果商家认为暂时不值得去承受这些损失，也可考虑放弃活动效果，做好复盘，等待下一次活动。

如果活动表现还不错，商家可以做一些优化上的调整。商家可以根据产品的咨询量对直通车预算进行调整分配，对表现好的产品多注入一些流量，对无人问津的产品停止推广，以求得推广价值的最大化利用。

2．活动造势

在活动执行过程中，商家要时刻捕捉活动中的一些亮点来及时做好宣传。比如，从活动开始到现在销量已经达到了100个订单，已经售出3000件，以及常见的活动问题解答、销售国家的覆盖，等等，都可及时捕捉并制作成海报传达给受众，以此来加热活动效果，进行活动造势。

对于新挖掘的活动亮点或主观塑造的一些亮点，商家在做宣传的时候，要单独写文案并及时放置到页面中透传给客户，字体要大，透传力要足，充分传达活动氛围给客户，刺激其心理决策。当然，这都是以活动流量规模较大为前提的。更多的真实情况可能是流量规模并不是很大，那就只需要按照活动的流程做好相应的工作，让活动顺利结束即可。

总的来说，活动执行的效果主要取决于活动的促销力度是否有吸引力，以及活动的预热和推广力度是不是够大，再简单一点，就是活动给不给力，知道的人多不多。如果知道的人够多，活动又特别给力，那么活动的效果自然不会难看。如果知道的人不是很多，活动力度还算有吸引力，至少稍微有点效果还是容易做到的。就怕知道的人不多，活动力度还毫无吸引力，那么商家花费再多的精力也不会有什么作用。

所以在活动执行前，关于活动策划的细节一定要展开到位。活动开始后，如果表现一般，则要考虑是要加大扶持力度，还是要等待活动结束。如果活动表现还不错，那么中途的宣传和造势工作要做好，充分烘托起活动的氛围来圆满完成整个活动项目。

第 71 讲　活动复盘

复盘是总结规律、归纳原因的重要手段。在活动结束后，及时地对活动进行复盘，总结其成功和失败的经验，可以使商家在下一次活动中有效规避一些可能导致活动失败的因素。在经过几次复盘之后，商家通常能总结出一套固定的流程来提升活动成功的概率。

在做复盘工作时，建议使用情景重现的方式来梳理问题、总结问题，以流程回放的形式将活动的过程重新演练一遍，从活动目的的确认，到活动选品、活动玩法和规则的设计、活动预计的投入、活动海报和文案的制作、店内活动流量的承接、活动预热和活动执行一项一项地进行排查。

1. 活动目的是否达成

活动复盘的第一件事，就是看活动的目的是否已经达成。如果未达成，则要重新思考这个动机是不是“靠谱”，是不是合理。如果面向的是一个小型活动，设置成爆发性销售的活动目的，显然是不科学的。在活动开始之初，商家就要确认好活动的目的是实现什么样的结果，根据这个目的去做相应的展开规划，确保规划的每一步都有逻辑。

如果商家认为自己的活动目标是合理的，那么就要去拆解规划中的哪些地方没有按照规划发生，是流量不够，还是转化不足，以活动目标为顶点，做结构化拆解。

2. 活动选品是否出错

复盘活动选品，主要看这款产品的自身属性是否符合活动的要求，是否具备达成活动的条件。对于产品表现效果，要考虑其所面向的受众范围是大是小，如果是一个冷门的产品，受众极小，能引来的流量规模也十分有限，那么想实现较好的活动效果就会很难。在活动之初，对于所选产品是否适合做活动，也是商家做复盘工作时要考虑的。

除了产品的自身属性，产品的历史数据表现也是影响活动成功与否的重要内容。商家挑选产品时，是否只考虑了单一指标来选择产品？单单选择点击率高的或利润率高的产品，而忽视了转化等条件也是导致活动效果不佳的重要因素。活动产品的自身属性和综合历史表现，迁移到活动场景后要能够与之融合。

3. 复盘活动玩法和规则设计

活动玩法和规则设计是活动的主心骨内容，活动促销的力度是不是足够有吸引力、规则设计是不是易于完成是活动能够顺利开展的重中之重。商家在做复盘工作时，特别是在有访客的情况下，当活动效果不好时，务必思考这两个点：活动的力度和规则是不是能够引起客户参与的兴趣；活动内容是否为客户易于完成的。活动不能只有无关痛痒的利益刺激，或者过于复杂难以完成的活动内容。

4. 根据访客量和转化率检查活动预算

预算是所有项目活动都需要考虑的东西，不论是方案策划、制作海报，还是预热推广，都是需要消耗人力和财力的。商家要根据自己的情况，去做适合自己的预算分配。在做复盘工作时，商家也要考虑是不是因为限制了预算，影响了某些关键环节。比如，预算过少导致推广流量不足、让利不够，进而导致活动没人看、产品没人买。总结经验，以便在下一次活动时做出相应的调整。

5. 审视活动海报和文案

海报和文案是呈现活动的载体。在复盘活动广告时，商家主要是依据活动的效果来审查海报的标题是不是有吸引力，以及有没有突出利益性刺激，活动介绍是不是简单易懂、全面准确的。商家应将每次活动的效果记录和海报素材进行存档，以便后期调用。

在活动效果较为满意的时候，商家应积极总结视觉技巧，如写标题技巧、文案套路、元素使用技巧、排版布局技巧等，对好的内容进行总结和提炼，反复“摔打”，从而形成一套或多套活动标准视觉模板，方便下次选用。

6. 复盘活动流量的承接准备工作

静待流量到来之前，商家需要提前做好准备工作。活动结束之后，商家也要依据各个环节的转化因素去审视每一个环节的流量承接是否到位。例如，从客户进店开始，客户看到的页面是否有醒目的活动内容提示，介绍的活动内容是否有足够强的利益刺激，以及向业务员发起咨询时，业务员对活动的了解和话术是否准备充分，等等。这些都是活动得以顺利开展的前提，也都在一定程度上影响着活动的效果。在做复盘工作时，如果发现有更好的承接流量的坑位和形式，商家也要积极整理，以便下次利用；对于表现不足的地方，商家也需要吸取教训，加强培训。

7. 预热工作复盘

复盘预热分为两个层面的检查，一个是没有做预热导致的活动流量较少；另一个是做了预热但是预热效果不好导致的活动开始后流量较少。

对于第一种情况，没有做预热导致活动流量较少，商家在下一次组织活动时，就要吸取经验，提前全方位地做好预热工作。如果是第二种情况，做了全方位的预热工作，但是效果不好，商家也要思考是不是因为活动的力度不够，或者活动形式难度过大导致的客户兴趣不足，积极总结整个活动的优势和不足。在下一次活动时，商家要汲取经验，对活动的内容和力度进行慎重思考，从而避免无效的预热浪费精力。

8. 活动执行复盘

活动执行复盘用来审视活动执行过程出现的错误或不足，重心在于回放整个活动开始后发生了哪些现象，以及商家是如何处理的。比如，活动开始后，出现了没有访客进店的现象，商家的对策是加大直通车引流；或者是客户咨询客服时，客服对活动一无所知，商家没有及时地给出对策；抑或是进店流量大多没有发起咨询，我们没有通过造势透传活动氛围的形式来加强转化，等等。商家应将暴露的问题一一收集起来，并给出对策形成总结。

在活动复盘工作中，除了思考哪些环节出现了问题、哪些流程和细节需要优化，还需要从正向的角度去思考有哪些表现好的地方是促进了活动效果的。将这些亮点找出来，进行标注打磨，以便在下一次活动中充分利用这些技巧来增强活动成功的概率。

复盘是认知自我、剖析过程、沉淀经验和总结规律的常用手段，其重要程度相信做过复盘工作的人都有感触。不要小看这一举动，它可以帮助商家在几次活动之后，对活动的流程和技巧有一些深刻的认知，也会在几次复盘之后，让活动设计的流程和方案更加贴近实际现状，规避已知风险，提升活动的效果。

第 6 篇 数据分析

本篇讲述阿里国际站运营常用的数据分析思维和技巧。从市场分析到同行分析，还有自身店铺运营效果的数据分析，为读者讲述一些通俗易懂、方便实用的数据分析案例。为了方便更多的读者理解，本篇内容以“出口通”店铺数据分析为例，没有行业版“数据参谋”的读者也可以通过多种方式进行数据分析，来为自己的店铺提供数据指导和决策服务。

数据是历史行为的产物，通过数据总结历史现象和规律，可以帮助商家更好地做好运营决策和优化工作。在实战运营中，商家也可以不断总结数据案例和数据分析方法来为自身运营提供指导。在做数据分析时，建议运营人员选择简单的方式，直奔数据分析的目的而去，避免炫技或将分析过程复杂化，一切以实用为准，这是很多商家容易进入的误区。绝不能为了数据分析而分析、为了做表而做表，要确保数据分析的实用性和高效性。

第 72 讲　什么是数据分析

数据分析是商家在运营工作中经常会关注的内容，几乎所有人都认可数据分析的重要性。但是在实际运营工作中，很多人往往不知道该如何分析数据。随着各种版本的数据分析工具的普及，越来越多的分析方法可供选择。在众多的数据分析方法中，如何找到适合自己的方法，或者说如何提高自己的数据分析能力，是很多运营人一直在探索的。

之所以可以利用数据分析问题、解决问题，是因为数据通常是行为的体现。通过数据的共性来探究行为共性和规律，从而在这些行为表现中发现影响最终结果的那些举措。通过对这些举措的探索和优化，使得事情朝着好的方向发展。这就是数据分析的意义所在。

在电商运营中，商家所面对的未知问题有很多，这就需要商家能够通过数据来分析问题、排查问题、检查店铺的健康度、调整店铺的发展方向，并能够通过数据来指导运营工作，实现数据化运营。

数据化运营是指，在数据思维、数据技巧、运营思维的基础上，通过流程梳理、问题挖掘、业务理解、数据获取、数据处理等手段，对市场、产品、客户、视觉、营销、管理等运营模块所涉及的流量、点击、转化、留长、访深、复购、金额等各项指标数据进行科学的理解与分析，来实现运营指标的优化、运营问题的解决、运营目的的微调。

这个关于电商数据化运营概念，是笔者自己总结的。在整个电商运营中，涉及很多运营模块，如市场调研、爆款打造、客户管理、营销推广等，每一个模块、每一个环节都是一个小的运营项目，都有着自己的发展生态。商家需要通过这些小的运营项目所衍生的行为数据，把这一个个小的项目做好做优。

例如，通过梳理效果结构，排查点击率和转化率的问题，对表现不好的产品进行转化提升；通过分析某一客户下单的频次来计算维护客户的活跃周期；通过分析询盘的时间和国家分布来调整推广方案；等等。运营的最终结果，就是由这一个个小的运营项目所连接和组成的。

而在运营过程中所需要做的用数据来指导运营工作，也就是利用好这每一个小的项目所衍生的行为数据，去解决运营过程中所遇到的一个个小的项目问题，从而在整体上提升运营效果。

通过数据来解决运营问题，首先需要商家深刻地了解其所面对的业务本身到底是什么，同时需要商家具备一定的数据分析思维。业务框架和场景解决的是商家要做什么、怎么做的问题，也就是认清自己所处的环境及前进的方向；而数据分析则是在商家走偏的时候，能够及时发现问题、修正方向，从而把商家拽回正轨，还可以在商家不知道接下来的路应该怎么走的时候提供一些指引，做好决策。

进行数据分析就是为了指导运营工作，而在实际运营中，有很多的运营人员喜欢收集数据，每天花费大量的时间来记录数据，却不知如何利用这些数据，无法为运营工作提供指导作用。这种做法是十分不提倡的，这完全就是在假装分析数据，不是数据在服务商家，而是商家在服务数据，花费了大量的时间和精力，却得不到任何的产出，这种现象是运营人应该避免的。

另外一个数据分析的误区就是认为数据分析的作用是极大的，是很厉害的一种解决问题的手段，其实不是。在大多数运营工作中，数据分析都是用来解决琐碎的小问题的。只有解决了一个个琐碎的小问题，店铺才能朝着更好的方向发展。数据分析是尝试解决一切问题的手段，而不是解决高深问题的手段，其解决问题的过程往往并不厉害。

在电商运营中，商家需要使用科学的数据分析方法，把握科学的数据思维方式，来应用数据、分析数据，从而解决一个个影响运营结果的问题，不断地修正、完善，来实现运营指标的优化、运营问题的解决和促进运营目的的实现。

第73讲　数据分析的10种常用思维

在数据分析中，经常会用到一些分析思维，这里挑选出了10种常用思维供大家参考。这些思维都非常简单，也都非常实用，许多人无形中都经常使用着它。希望本讲能让大家在调用这些思维时，能够做到有意识地调用，学会在合适的节点调用合适的思维去分析指定的问题。

1. 数据分析思维——对比

对比是数据分析中用得最多的思维，包括自己与自己的对比、自己与同行的对比、自己与优秀的对比、同比（比如，今年 5 月和去年 5 月的对比）和环比（比如，今年 5 月和今年 4 月的对比）。各项数据都可以使用对比的方式来看自身的好坏、差距和趋势。

2. 数据分析思维——排序

排序也是分析问题经常用到的一种思维，尤其是在分析爆点反效果的时候，按照不同的指标排序，可以迅速识别出影响最终效果的最靠前的那几款产品，从而着重分析这些影响力度较大的产品来查找店铺效果所存在的问题，使商家对于把控店铺整体运营效果更加方便、快捷。排序是迅速识别所分析指标中最靠前的那些选项数据，以及快速识别出指定选项数据位置的最直接的方式。

3. 数据分析思维——细分

细分是解决具体问题常用的一种方式。例如，在分析店铺绩效下滑时，通过整体的店铺数据通常不能定位出问题，而在对效果做拆解的过程中，将效果数据拆解到渠道、拆解到产品时，则能很快地定位到具体是哪一个渠道、哪一款产品、哪一个词出了问题。细分在分析效果，尤其是直通车效果时最为实用。另外，细分市场需求、细分市场属性，也是商家选品和调整战略方向的常用手段。细分是数据分析中十分重要的一种分析方式。

4. 数据分析思维——分组

分组是主观地分析和管理商家所面对的事物的较为便捷的方式。在做数据分析的过程中，对需要分析的细化属性做分组，有助于加速分析的进程和统计不同分组之间的区别。分组的形式通常由商家自定义划分、归类，这也为数据分析的灵活度和便捷性提供了很大的帮助。

5. 数据分析思维——趋势和转折点

趋势是分析事物发展走向的常用方式。在电商行业中，人们经常通过趋势来判断产品效果的发展，当数据下滑或上升时，商家能够及时地感知，从而根据数据的表现效果进行及时的调整。另外，商家通常可以在趋势的转折点中发现问题或机遇，为商家调整方案和制定决策提供数据支持。

6. 数据分析思维——异常值

异常值是商家在数据分析过程中需要额外注意的。异常值通常反映着一定的错误或机遇。在做数据分析的过程中，异常值通常是被排除在外的，如数据缺失、数据过高或过低。进行分析时需要定位到具体的异常值，来排查是什么问题。

7. 数据分析思维——假设

假设是从反方向验证问题的一种分析方式，也就是根据数据的规律来猜想可能导致这个现状的原因，根据“猜想—执行—验证”的方式来分析问题，通过控制猜想变量的形式来反向验证问题，发现导致问题的根本原因，从而解决问题。

8. 数据分析思维——数值转换

在数据分析的过程中，为了衡量一些情况的好坏，通常需要将一些指标进行计算，来形成一个新的指标，或者将数值的格式进行转换，来形成一种新的数值形式，以便商家有针对性地描述问题、分析问题。例如，在计算同行某款产品的销售金额时，我们在其产品页面可以获取到销量数据、价格数据。这两个数据相乘，即可估算该产品线上交易的金额，形成一个新的指标来看待问题。

在权衡关键词搜索指数和商家规模指数的时候，可以用搜索指数除以商家规模指数来形成一个新的指标——热度竞争比，以此来衡量用词的问题。在数据分析的过程中，会经常遇到需要进行数值转换的情况，尤其是在衡量两个量级指标之间的转化时，相互运算形成率指标来作为评价指标，这也是经常用到的一种数据分析思维。

9. 数据分析思维——制图

制图是直观分析数据的一种形式。当面对一堆杂乱数据的时候，商家往往难以从中发现规律和问题，这个时候需要用图表的形式来将数据可视化处理。商家可以利用 Excel 的图表功能来实现数据的可视化展示，通过图形直观地查看不同指标的对比、分布或占比等表现。商家可以根据分析的问题需要，选择最合适的图表来使用。

10. 数据分析思维——公式

公式是数据分析过程中经常被使用到的思维方式，依托“绝对正确”的等式来辅助商家分析问题。例如，在分析直通车价格的时候，根据直通车扣费公式“扣费=（下一名的出价×下一名的推广评分）/自己的推广评分+0.01”来分析，要想降低自己的扣费，提升推广评分就是一种很好的方式。在数据分析案例中，经常会用到公式来辅助分析，并且公式多种多样，所能覆盖的分析范围也非常广泛，是数据分析必不可少的思维方式。

第 74 讲　Excel 基础应用

在数据分析过程中，Excel 是十分常用的一种数据处理软件，是记录、处理和分析数据的必备工具之一。Excel 最常用的功能模块主要有 4 种，包括基础的表格应用、图表的制作、函数的应用和透视表的应用。这一讲主要介绍一些高频次的函数使用。

1. 基础的表格应用

Excel 的基础使用相信大家都不陌生，如数据的录入和修改、数据的排序和筛选、格式的设置等。即便不经常使用的人在学校学习时也大多接触过 Excel。

2. 图表的制作

图表也是 Excel 常用的功能，用来将数据可视化。Excel 软件中自带了很多图表类型，基本能够满足人们日常使用的需求。例如，直方图、柱形图、面积图、折线图、饼图、雷达图、散点图等，每一个图表都有其固定的适用类型。

直方图和柱形图通常用来做对比，折线图通常用来分析趋势走向，面积图和饼图通常用来分析占比，雷达图通常用来分析优劣势，散点图通常用来分析数据规律和分布。每一种图表都有其突出的功能点，在分析数据的时候，可以灵活使用这些图表。

3. 函数的应用

函数是在数据处理过程中经常被用到的功能，Excel 软件自带了上百种函数，当然，常用的函数并不是很多，大家能熟练地掌握常用的函数即可。除了系统自带的函数，Excel 还支持自定义函数。商家可以在 VBE 窗口中写入自定义函数的名称和计算过程，自定义函数同样可以像系统自带的函数一样调用。

Excel 常用的函数有求和、计数、平均数、最大值、最小值等。下面列举一些常用的函数及用法，希望能够唤起初次接触 Excel 函数的读者的兴趣，希望大家能够以此为起点，越发精进地研究下去。

（1）SUM（求和函数）：公式格式为“=SUM(单元格或区域)”，对单元格或区域的值进行求和。

如图 74-1 所示，对 A1 到 A5 区域的数值进行求和。

=SUM(A1:A5)

A	B	C	D	E	F
1	15				
2					
3					
4					
5					

图 74-1　SUM 函数应用演示

（2）SUMIF（按条件求和函数）：公式格式为“=SUMIF(范围,条件,求和区域)”。

如图 74-2 所示，统计 A2 到 A6 区域中组别条件为第二组的成绩，对其 B 列成绩进行求和。

=SUMIF(A2:A6,C2,B2:B6)

A	B	C	D	E	F
组别	成绩	组别	成绩汇总		
第一组	1	第二组	6		
第二组	2				
第一组	3				
第二组	4				
第三组	5				

图 74-2　SUMIF 函数应用演示

（3）COUNT（计数函数）：公式格式为“=COUNT(单元格或区域)”，对单元格或区域内的值进行计数。

如图 74-3 所示，统计成绩列表中 B2 到 B6 区域成绩项的个数。

=COUNT(B2:B6)

A	B	C	D	E	F
组别	成绩	共几组			
第一组	1	5			
第二组	2				
第一组	3				
第二组	4				
第三组	5				

图 74-3　COUNT 函数应用演示

（4）COUNTIF（按条件计数函数）：公式格式为“=COUNTIF(范围，条件，计数区域)”，对范围内满足条件的值按指定区域进行计数。

如图 74-4 所示，统计 A2 到 A6 区域中条件为第二组的个数。

=COUNTIF(A2:A6,C2)

A	B	C	D	E	F	G
组别	成绩	条件	共几组			
第一组	1	第二组	2			
第二组	2					
第一组	3					
第二组	4					
第三组	5					

图 74-4　COUNTIF 函数应用演示

（5）AVERAGE（求平均数函数）：公式格式为“=AVERAGE(单元格或区域)”，对单元格或区域内的值进行平均数计算。

如图 74-5 所示，统计成绩表 B2 到 B6 区域中所有成绩的平均值。

=AVERAGE(B2:B6)

A	B	C	D	E	F	G
组别	成绩		平均数			
第一组	1		3			
第二组	2					
第一组	3					
第二组	4					
第三组	5					

图 74-5　AVERAGE 函数应用演示

（6）IF（条件判断函数）：公式格式为“=IF(条件，满足条件时的返回的值，不满足条件时返回的值)”。按设定条件进行判断，返回相应的值。

如图 74-6 所示，判断成绩表 B2 单元格成绩是否大于等于 60，满足条件则显示合格；不满足条件则显示不合格。

（7）VLOOKUP（查找匹配函数）：公式格式为“=VLOOKUP(查找的值，查找的区域，返回相应列的值、模糊匹配或精确匹配)”，在查找的区域内查找指定的值，返回其相应列所对应的值。通常使用精确查找。

如图 74-7 所示，在 A1 到 B6 区域，按 C2 条件执行精确查找，并返回查找区域第 2 列所对应的成绩值。

=IF(B2>=60,"合格","不合格")

	A	B	C	D	E	F	G
1	组别	统计字符串字节数	是否合格				
2	第1组成绩	65	合格				
3	第2组成绩	85	合格				
4	第3组成绩	26	不合格				
5	第4组成绩	60	合格				
6	第5组成绩	18	不合格				

图 74-6　IF 函数应用演示

=VLOOKUP(C2,A1:B6,2,0)

	A	B	C	D	E	F	G
1	组别	成绩	组别	查询			
2	第一组	1	第二组	2			
3	第二组	2					
4	第三组	3					
5	第四组	4					
6	第五组	5					

图 74-7　VLOOKUP 函数应用演示

（8）INDEX+MATCH（查找匹配搭档函数）：

①公式格式为“=INDEX(选定区域范围，指定返回第几行，指定返回第几列)”。如图 74-8 所示，返回 A1 到 B6 区域中第 3 行、第 2 列的值。

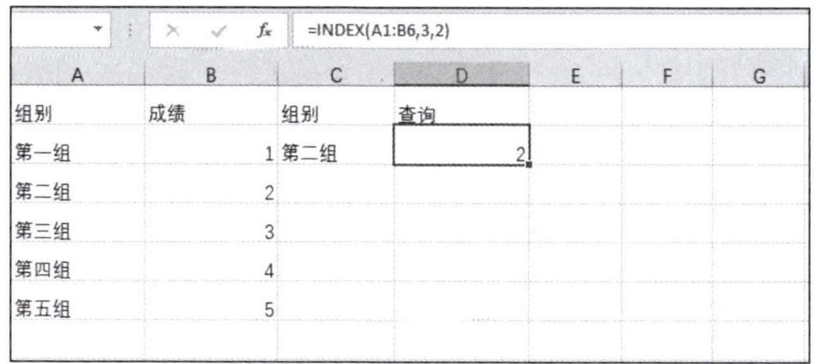

=INDEX(A1:B6,3,2)

	A	B	C	D	E	F	G
1	组别	成绩	组别	查询			
2	第一组	1	第二组	2			
3	第二组	2					
4	第三组	3					
5	第四组	4					
6	第五组	5					

图 74-8　INDEX 函数应用演示

②公式格式为“=MATCH(查找的值，查找的区域，精确匹配或条件匹配)”。

如图 74-9 所示，在 A1 到 A6 区域精确查找 C2 的值，并返回区域内 C2 值所在的行数。第二组在 A1 到 A6 区域的第三行，返回结果为 3。

=MATCH(C2,A1:A6,0)

	A	B	C	D	E	F	G
1	组别	成绩	组别	查询			
2	第一组	1	第二组	3			
3	第二组	2					
4	第三组	3					
5	第四组	4					
6	第五组	5					

图 74-9 MATCH 函数应用演示

③公式格式为“=INDEX(选定区域范围，MATCH(查找的值，查找的区域，精确匹配或条件匹配),指定返回第几列)”。INDEX 函数和 MATCH 函数是一套绝佳的搭配组合。

如图 74-10 所示，先精确查找 C2 在 A1 到 A6 区域所处的行数，再返回 A1 到 B6 区域该行数所对应的第二列值，即先查找组别中第二组所在的行号，再返回该行所对应的第二列成绩的值。

=INDEX(A1:B6,MATCH(C2,A1:A6,0),2)

	A	B	C	D	E	F	G
1	组别	成绩	组别	查询			
2	第一组	1	第二组	2			
3	第二组	2					
4	第三组	3					
5	第四组	4					
6	第五组	5					

图 74-10 INDEX+MATCH 函数应用演示

（9）LEFT（从左侧提取函数）：公式格式为“=LEFT(提取的文本，提取字符的长度)”，对指定单元格的文本内容从左侧按照设定的字符长度进行提取。

如图 74-11 所示，从左侧提取 A2 单元格的内容，提取字符长度为 2 个。

（10）RIGHT（从右侧提取函数）：公式格式为“=RIGHT(提取的文本，提取字符的长度)”，对指定单元格的文本内容从右侧按照设定的字符长度进行提取。

如图 74-12 所示，从右侧提取 A2 单元格的内容，提取字符长度为 2 个。

（11）MID（自定义提取内容函数）：公式格式为“=MID(提取的文本，从第几个字符开始提取，提取字符的长度)”，对指定单元格的文本内容按设定的起始位置和提取的字符长度进行提取。

如图 74-13 所示，提取 A2 单元格的内容，从第 2 个字符开始提取字符长度为 3 个。

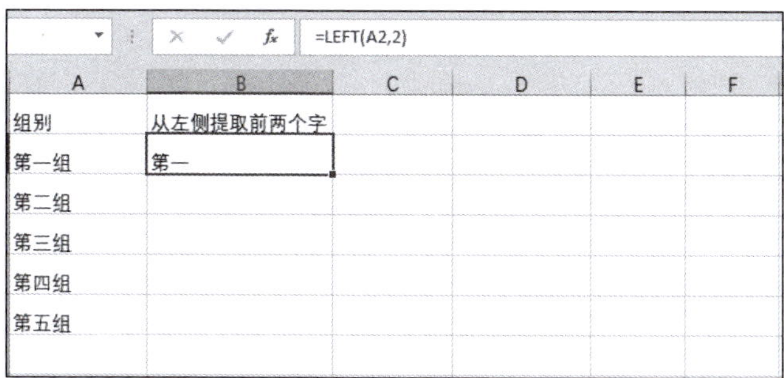

图 74-11　LEFT 函数应用演示

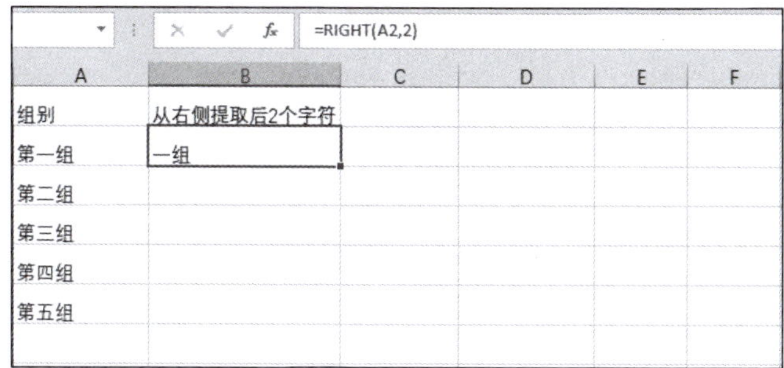

图 74-12　RIGHT 函数应用演示

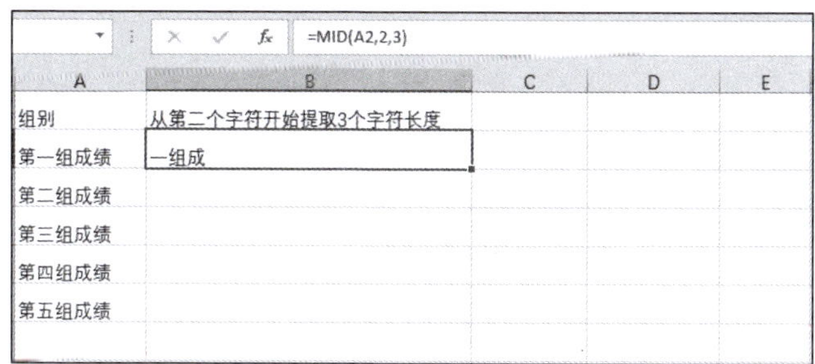

图 74-13　MID 函数应用演示

（12）INT（取整函数）：公式格式为“=INT(数值)”，对单元格内的数字进行取整。

如图 74-14 所示，对 B2 单元格内的数值进行取整。

=INT(B2)

组别	成绩	取整
第一组成绩	5.6	5
第二组成绩	2.3	2
第三组成绩	5	5
第四组成绩	4.5	4
第五组成绩	6.7	6

图 74-14　INT 函数应用演示

（13）LEN（统计字符长度函数）：公式格式为“=LEN(文本)”，对单元格内文本内容的字符数进行统计。

如图 74-15 所示，统计 A2 单元格内容的字符数。

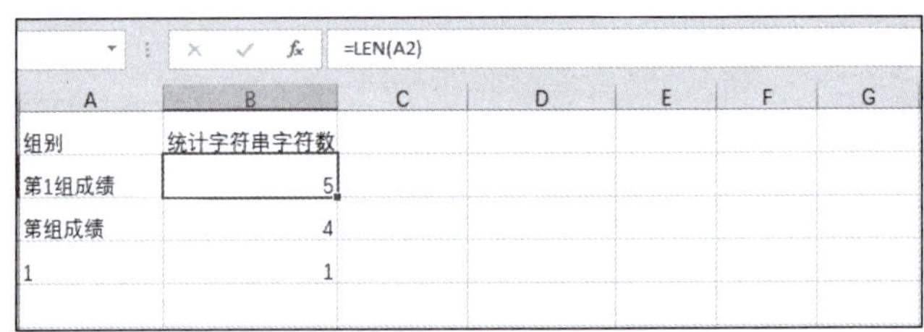

=LEN(A2)

组别	统计字符串字符数
第1组成绩	5
第组成绩	4
1	1

图 74-15　LEN 函数应用演示

（14）LENB（统计字节长度函数）：公式格式为“=LENB(文本)”，对单元格内文本内容的字节数进行统计。

如图 74-16 所示，统计 A2 单元格内容的字节数。（常识：一个汉字占 2 个字节，一个数字占一个字节，一个英文字母占一个字节。）

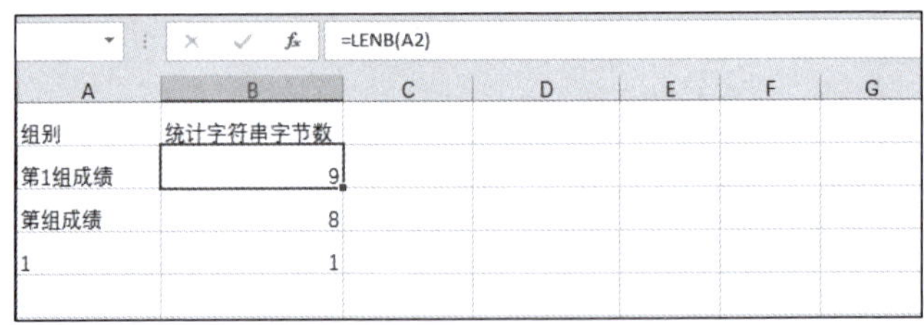

=LENB(A2)

组别	统计字符串字节数
第1组成绩	9
第组成绩	8
1	1

图 74-16　LENB 函数应用演示

（15）MAX（取最大值函数）：公式格式为“=MAX(单元格或区域)”，返回选定单元格或区域内的最大值。

如图 74-17 所示，返回 B2 到 B6 区域的最大值。

=MAX(B2:B6)

	A	B	C
1	组别	成绩	最大值
2	第一组成绩	5.6	6.7
3	第二组成绩	2.3	
4	第三组成绩	5	
5	第四组成绩	4.5	
6	第五组成绩	6.7	

图 74-17　MAX 函数应用演示

（16）MIN（取最小值函数）：公式格式为“=MIN(单元格或区域)”，返回选定单元格或区域内的最小值。

如图 74-18 所示，返回 B2 到 B6 区域的最小值。

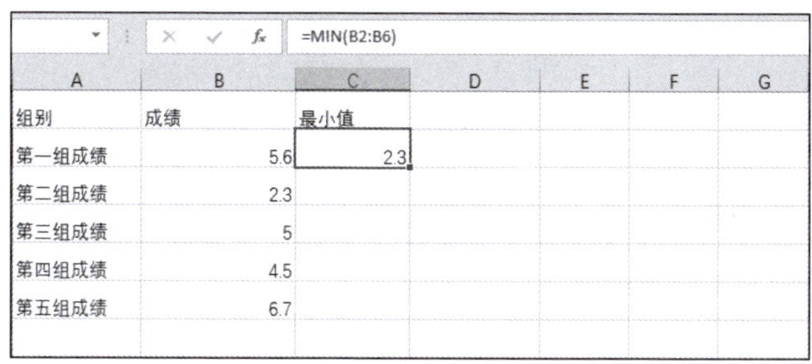

=MIN(B2:B6)

	A	B	C
1	组别	成绩	最小值
2	第一组成绩	5.6	2.3
3	第二组成绩	2.3	
4	第三组成绩	5	
5	第四组成绩	4.5	
6	第五组成绩	6.7	

图 74-18　MIN 函数应用演示

（17）LARGE（取第几大值函数）：公式格式为“=LARGE(选定区域，返回第几大值)”，返回选定区域内设定的第几大值的内容。

如图 74-19 所示，返回 B2 到 B6 区域的第二大值。

=LARGE(B2:B6,2)

	A	B	C
1	组别	成绩	取第二大值
2	第一组成绩	5.6	5.6
3	第二组成绩	2.3	
4	第三组成绩	5	
5	第四组成绩	4.5	
6	第五组成绩	6.7	

图 74-19　LARGE 函数应用演示

（18）SMALL（取第几小值函数）：公式格式为“=SMALL(选定区域，返回第几小值)”，返回选定区域内设定的第几小值的内容。

如图 74-20 所示，返回 B2 到 B6 区域的第二小值。

=SMALL(B2:B6,2)

	A	B	C	D	E	F	G
1	组别	成绩	取第二小值				
2	第一组成绩	5.6	4.5				
3	第二组成绩	2.3					
4	第三组成绩	5					
5	第四组成绩	4.5					
6	第五组成绩	6.7					

图 74-20　SMALL 函数应用演示

4．数据透视表

利用数据透视表可以快速地对数据进行分类汇总。这是分析、汇总数据十分便捷的方式。数据透视表内部的字段和值计算方式可以自由设置，灵活度高，对于统计大量数据和分类查看数据而言都极为便捷。在使用 Excel 做数据分析时，可以通过菜单栏插入数据透视表。

如图 74-21 所示，数据透视表主要由 4 个区域构成：筛选区域、行区域、列区域和值区域。选中数据源生成数据透视表以后，只需要在数据透视窗口中拖动数据源中相应的标题字段到指定的区域，即可完成数据的自动分类汇总。在“值”字段的设置中，还可以选择数据的求和、计数等各种运算形式，可以满足绝大多数数据分析的要求，对于处理大量数据极为方便。对于不了解数据透视表的读者来说可能有些难以理解，但没有关系，建议读者去购买一套系统的 Excel 教程来学习。

Excel 在日常工作中使用的频率是非常高的，不局限于电商数据分析，各个行业的工作记录和分析都会经常用到，掌握这项技能对于工作的帮助非常大。建议有兴趣的读者可以花费一两个月的时间，静下来专心地学习一套 Excel 教程。

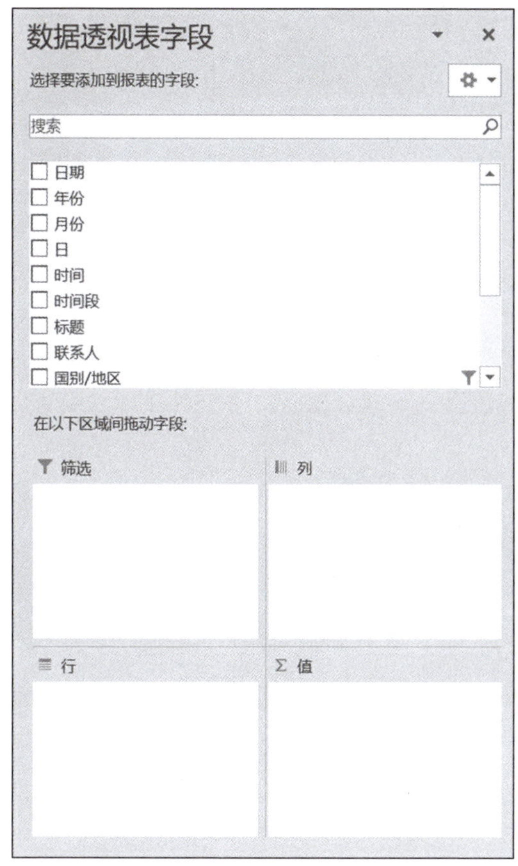

图 74-21　透视表字段设置界面演示

第 75 讲　市场容量及趋势分析

市场容量是判定产品所属品类或所要切入品类需求规模的一个指标。例如，2020 年，产品 A 在某平台上所有商家的销量之和为 1000 万件，那么这 1000 万件就是该产品在这一年的市场容量。再如，产品 B，2020 年在某平台上所有商家的销售金额之和为 1 亿元，那么这 1 亿元就是产品 B 在这一年的市场容量。

市场容量是衡量市场所能容纳买家需求量的最大限度，其衡量单位既可以是人数、销量，也可以是销售金额，甚至可以是其他指标。换句通俗易懂的话说，某产品在 2020 年有 5000 万人的市场、某产品在 2020 年有 5 亿元的市场、某产品在 2020 年有 2000 万台的市场。这些不同的衡量单位都可以衡量市场总需求，即市场容量。金额与销量是评判市场容量常用的指标。

1. 判断市场容量

评判市场容量的方法是，获取市场上某品类所有的销售数据，但实现这一点并不容易。常见的方法有购买海关数据或平台出口数据。通过付费的方式直接购买现成的出口数据来分析市场容量，是最直接、最简单的方式。

另外一种方式是自己去整理数据。如图 75-1 所示，商家可以在产品详情页中的“交易信息”板块查看到某款产品的销售数据，如果能够把平台上的这类产品在某一段时间的销售数据全部统计出来，那么也就意味着我们掌握了该段时间内这个平台上该类产品所有的销量情况。

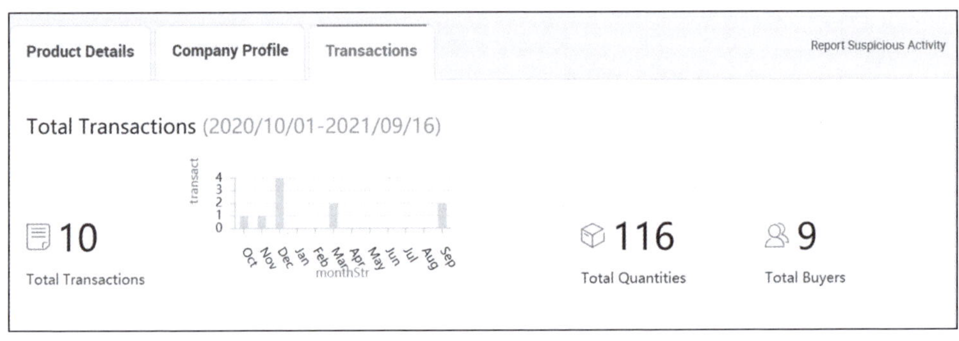

图 75-1 产品详情页中记录的单品销售数据

如果不借助软件编程或爬虫技术，那么实现这个功能是一件成本很高的工作，并且收集的数据也会存在一定的误差。误差主要表现在两个方面。第一个产生数据误差的地方在于，有些商家隐藏了交易数据，虽然主动设置隐藏数据的商家不多，但还是有少部分商家选择了不公开展示销售数据。这就产生了影响数据源准确性的第一个误差。

影响数据源准确性的第二个误差在于，搜索一款产品时，系统最多只展示 100 页搜索结果，100 页之外的产品数据则无法获取到。但是考虑到 100 页之后的产品很难会产生交易数据，所以误差也就可以忽略。其数据分析结果也是有很大参考价值的。

除了通过搜索关键词的形式来获取产品的销售数据，还可以通过在阿里国际站前台选择产品类目来获取某类目下的产品销售数据，从而了解该类目下的品类市场容量，用于选品分析（见图 75-2）。这种方式相对于通过关键词分析品类来说更加严谨。

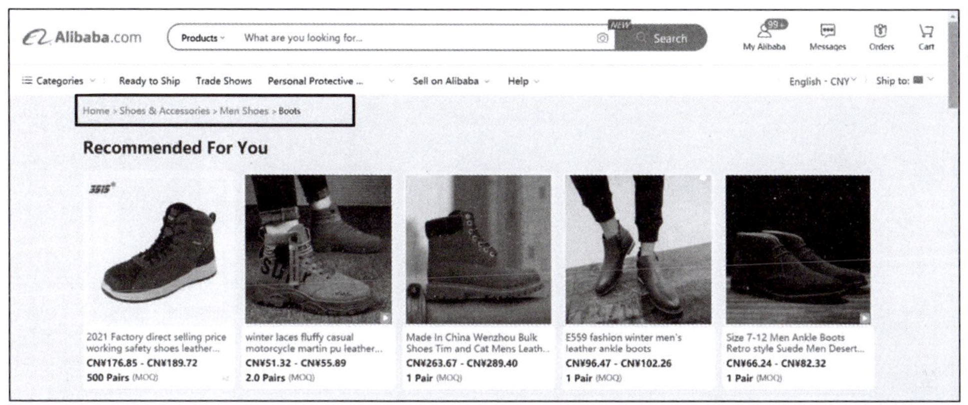

图 75-2　汇总某类目下的全部产品销量以统计市场容量

手工整理这些数据是一件极其烦琐的工作，但是花时间专门整理出来的这样一份数据也是有分析价值的。我们并不需要获取该品类下全部的销量数据，只需要收集前几百名或前几千名商家的销量来分析即可。如果有能力的商家，还可以购买一些辅助工具或爬虫插件来自动收集、整理这些数据，实现机器化数据收集。因为这些数据并不需要频繁地整理、分析，只有在对比类目容量、选择切入品类的时候才偶尔需要整理、分析，所以使用手工的形式来制作数据往往也是能够接受的。

如果觉得上面的方法依旧过于烦琐，还有一种更简单的方法，那就是通过搜索指数来感知市场容量。关键词搜索指数是衡量买家搜索次数的一个指标，产品的搜索指数越高，那么产品所对应的需求量也就越大，市场容量也就越大。商家可以通过品类核心大词的搜索指数来感知市场容量，如图 75-3 所示。

单看某品类的市场容量和搜索指数所展现出的价值并不是很大，只有通过对比才能知道好坏，才能选出市场需求相对更大的品类。这就需要商家把几个品类的搜索指数数据放在一起进行对比，通过数据对比来查看哪一个品类的市场需求更大，如图 75-4、图 75-5 所示。

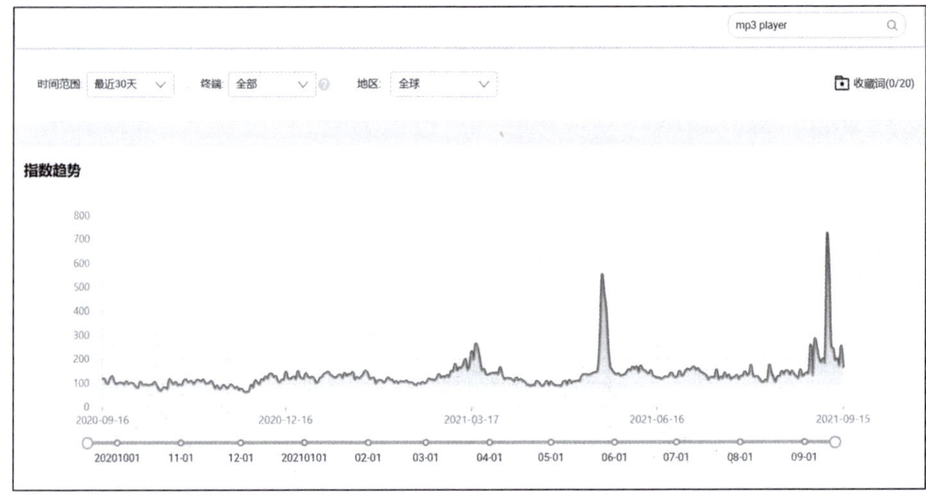

图 75-3　通过品类核心词的搜索指数来感知市场容量

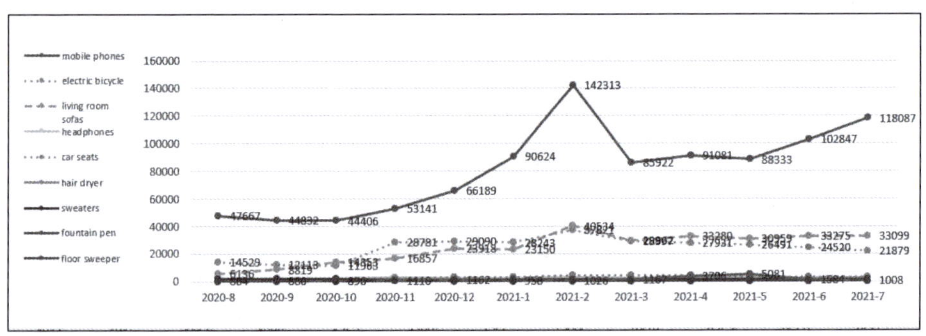

图 75-4　不同品类类目核心词的搜索指数对比

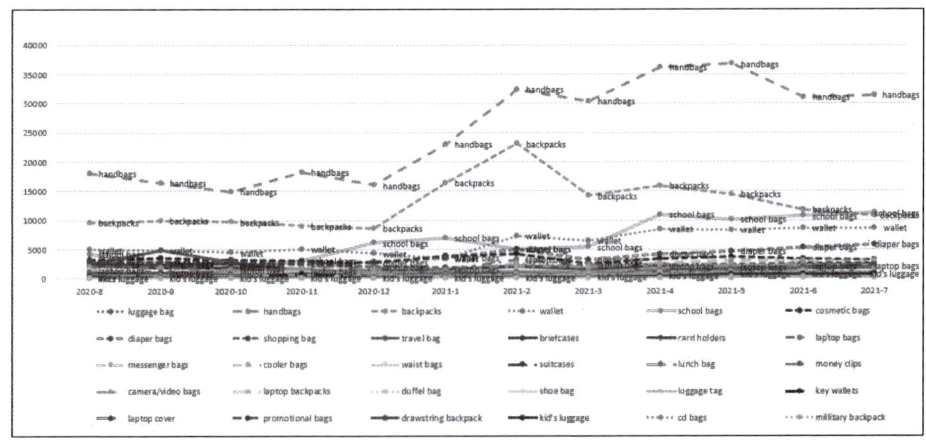

图 75-5　同一大类目下的不同小类目的搜索指数对比

2. 判断市场趋势

除了判断市场容量，商家还需要判断整个市场的销量或搜索指数趋势。趋势是判断市场发展方向的常用方法，如果趋势一直上升，则说明该品类的市场需求一直在往好的方向发展；如果出现了大幅度的提升，则其中往往蕴藏着机遇。反之，如果趋势一直在下降，或者大幅度下跌，则商家需要注意避免“踩坑”。

另外，有规律的趋势也是商家安排自身运营节奏的参考标准，尤其是季节性的产品，商家可以通过数据波动的规律来规划店铺的运营方向，如什么时候上架哪些产品、什么时候加大推广力度等。市场容量和趋势都是指导商家选品和运营的有力指标。

第 76 讲 市场竞争度分析

在第 75 讲中提到了市场容量的分析，那么市场容量较大的品类在运营操作上就会更轻松吗？显然不是的，在第 11 讲“选品”中还提到了需要参考更多的指标，如竞争度的分析。

在分析竞争度之前，首先需要了解哪些同行才是我们的竞争对手。在竞争对手分析中，有宽泛的竞争对手，也有具体的竞争对手。例如，搜索一个关键词，按照系统展示出的产品数来判定竞争的难易程度，这种方式就是非常宽泛的。因为在搜索出的结果中，并不是所有的产品都是我们的竞争对手。以此作为判定，难免会出现错误的情况。

1. 衡量竞争度的方式和指标

第一种分析市场竞争度的方法是宽泛的市场竞争度分析。商家可以通过搜索的形式来看某一个关键词下的搜索结果数，作为竞争度的第一个参考。

第二种分析市场竞争度的方法是查看头部产品的销售情况。同市场容量的分析一样，需要通过一份收集自平台产品的销售数据来看头部产品的销量情况。按照销量排序，如果排在第一百名、第二百名的产品的销售数据依然很好，那么这个行业就是竞争比较激烈的。我们的产品能不能挤进前一百名，则十分关键。

第三种分析市场竞争度的方法是查看“数据分析”板块的“关键词指数”。在

“关键词指数”中，平台提供了一个评价关键词竞争度的指标——“卖家规模指数”，该指数越高，说明使用该词的商家数就越多，竞争也就越激烈。商家可以在后台“关键词指数”中搜索行业的核心类目词来获取该数据，将不同品类核心类目词的“卖家规模指数”做对比，从而了解哪一个品类的市场竞争度更大（见图 76-1）。这也是分析行业竞争度最简单、最直接的方法。如果是金品诚企店铺，在“数据参谋”板块的“市场洞察”“产品洞察”中可以了解到更多竞争环境的信息。

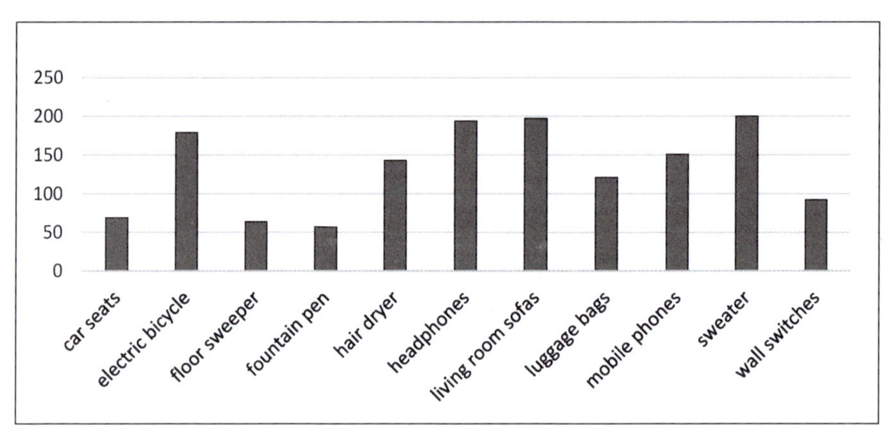

图 76-1　2021 年 7 月不同品类核心类目词的卖家规模指数对比图

2. 具象衡量市场竞争环境

宽泛的市场竞争度分析，只能给商家一个大的参考框架。在实际运营过程中，商家更需要的是精细的竞争度分析，甚至需要定位到具体的一些竞争对手来分析市场竞争情况。分析竞争对手，首先要确定谁是我们的竞争对手。定义竞争对手的方式有很多，既可以将与我们的产品属性、功能、外观都高度相似的产品作为我们的竞争对手，也可以将与我们的产品所面向的受众和需求完全一致的产品作为竞争对手，还可以将与我们的发展水平类似的同品类商家作为竞争对手。不论选择哪一种判定竞争对手的方式，都需要定位到具体的产品和同行卖家。

先来说第一种，将与我们的产品属性、功能、外观高度相似的产品作为竞争对手进行分析，需要在宽泛的竞争分析中将产品按照属性来进行归类，剔除掉与我们的产品差异较大的品类。例如，我们的产品定位是碳酸饮料，那么在分析竞争对手时就要剔除掉非碳酸饮料的产品。再如，我们的饮料定位的功能是补充能量，那么就要把非补充能量的饮品剔除，如东鹏特饮、红牛才是我们的竞争对手，而冰红茶和果粒橙不是。大体就是这个思路，我们要按照细分的属性去了解几家对手的销售情况，进而分析市场竞争的难易程度。

第二种定位具体竞争对手的方式是，将与我们的产品所面向的受众和需求完全一致的产品作为竞争对手进行分析。这种定位竞争对手的方式是从买家需求的角度出发的。例如，我们的产品是威化饼干，那么与之相关的所有能解决目标客户饥饿这一问题的大类产品都将被视为我们的竞争对手，如砂糖饼干、苏打饼干、华夫饼干、夹心饼干、薄馅饼干和压缩饼干等，甚至麦片、其他饼干也是我们的竞争对手。我们要通过分析这些竞品的市场销量数据，来判定所处类目或所要切入的类目的竞争度情况。

第三种定位具体竞争对手的方式是，将与我们的发展水平类似的同类型店铺作为竞争对手进行分析。例如，在我们的店铺中该类产品月销售数据为 20 件，与我们的发展水平类似的同类型店铺的销售数据是 30 件，那么不管市场上其他商家的竞争激烈程度如何，我们只需要关注 3～5 家与我们的发展水平类似的店铺的销售情况，从而在市场中的某一个非靠前的位置做到“小富即安”，只对标同水平的竞争对手来调整自己的运营方向。在小的竞争环境中，尽量向上发展，而非定位于大的目标，这种方法更适合“草根”商家的规划。

市场竞争度分析是与市场容量分析紧密相连的。单独分析市场竞争规模的意义不大，还需要与买家需求容量对应起来一起分析，甚至可以用一个新的指标来同时衡量搜索指数和卖家规模指数的关系。用搜索指数除以买家规模指数得到一个新的指标，来同时衡量需求和竞争。这个数值越大，说明该词下需求相对较大、竞争小。

除了宽泛的市场竞争度分析，精细地缩小竞品范围来分析真正的竞争环境也很重要。甚至在实际运营中，只有同类产品的精细分析才能为商家提供运营决策数据，细化到具体属性、具体定位场景下的供需分析，才更能指导商家运营的方向。

第 77 讲　市场份额分配量分析

市场份额分配量既是对竞争度的具体化分析，也是对市场垄断程度的一种分析，用来衡量处于某一个位置的商家所能分配到的市场容量还有多少。如果觉得这个说法过于抽象，那么我们可以这么理解它，如在某品类的市场分布中，前五名的商家占据了这个品类 80%的销量，那么这种就属于垄断性非常强的品类市场。如果想瓜分这 80%的销量，就要与这前五名的商家做竞争。如果商家有信心“分得一杯羹”、挤进前五，那么它对于该商家来说，是一个不错的机会。那么如果商家没有信心挤进前五，却硬要挤进市场，那么该商家就只能与剩下的大部分商家瓜分剩余的 20%的销量，其盈利难度可想而知。

上述所说的这种情况是较为极端的情况，更多的情况是前面 20%的商家占据了 60%左右的市场总销量，后面 20%～50%的商家占据了 30%的市场总销量，而余下的商家占据了剩余 10%的市场总销量。

不同类目的销量占比分布数据会有些差异，但总的来说几乎所有的品类都可以划分成头部商家总销量、腰部商家总销量和底部商家总销量。其比例关系也大多是头部商家总销量大于腰部商家总销量大于底部商家总销量。具体的销量分布数据可以让商家感知到处于某一位置时大体能够分配到的销量有多少。

获取这份数据的方式同市场容量分析一样，需要先收集此类产品的销量数据，然后通过排序汇总来计算排名前十的商家的销量占比、排名前二十的商家的销量占比、排名前五十的商家的销量占比，来对市场销量的分布程度做一个呈现。

如图 77-1 所示，从这份分析报告中可以看出，某产品在阿里国际站线上最近一年的市场容量约为 50000 件，其中前十名商家占据了 85.68%的市场总销量；前二十名商家占据了 94.62%的市场总销量；前五十名商家占据了 99.71%的市场总销量。根据此份数据，商家可以感知到自身产品达到哪一个层次时，能够获取的销量大概是多少。同时，商家可对标头部产品进行产品价格、卖点、运输等各个维度的对标分析。这对于商家了解自身所处环境，评判自身实力，切入市场有着极大的指导意义。

=SUM(J2:J11)/SUM(J:J)

产品标题	产品价格	起订量	店铺年限	店铺主页	产品评分	评价数量	订单数	销量		
1 Gang Nocturnal Light Indicator	$8.71-$9.17	500.0 Pieces	2	https://nbyo	5	2	1	10000		
tuya eu version wifi wall touch	$7.00-$9.00	1 Piece	13	https://szne	4.7	22	9	8296	前10销量占比	85.68%
SHUWEI new product voice control	$8.50-$9.80	2.0 Pieces	2	https://beij	5	24	85	4375	前20销量占比	94.62%
2021 Lanbon Latest 5 model in on	$30.40-$38.00	5.0 Pieces	12	https://lanb	4.8	107	157	2399	前50销量占比	99.71%
EU standard Life App Home Glas	$5.40	2 Pieces	5	https://cnsk	4.8	27	42	2200		
US EU Wifi Wall Touch 1/2/3 Ga	$7.65-$11.82	2 Pieces	8	https://lont	4.8	79	69	2128		
EU Works with Tmall Genie Contro	$9.00	2 Pieces	3	https://eard	5	19	31	1376		
Wall Infrared Sensor No Need to	$4.30-$5.00	1 Piece	5	https://szya	4.7	126	17	1360		
WiFi touch remote control wall	$6.20-$7.80	5 Pieces	3	https://funk	4.8	93	2	1010		
China Supplier Alexa Google Voic	$6.50-$10.00	1.0 Sets	10	https://cham	4.7	24	4	968		
Fast delivery 1 Gang EU WiFi Am	$6.15-$6.85	2 Pieces	2	https://meev	4.9	9	13	952		
WF31S Made In China American Sta	$12.50-$15.00	1 Piece	7	https://niet	5	39	15	427		
Tuya remote control fan dimmer	$12.10-$12.50	50 Pieces	6	https://clubl	4.9	3	1	340		
Excel Digital 1 2 3 Gang US	$6.50-$9.90	1.0 Pieces	10	https://exce	4.8	105	13	325		
LEDEAST DS-101JL-4 Voice Remote	$6.59-$8.59	2 Pieces	8	https://lede	4.9	57	18	311		
wall sockets and Brushed 1 2 3	$9.20-$9.80	50 Pieces	7	https://hidi	5	23	21	277		
(Manufacturer)Tuya touch WiFi 1	$5.50-$6.50	2 Pieces	1	https://smar	4.6	3	7	266		
power window switching supply fl	$0.36-$0.80	300 Pieces	1	https://honl	5	7	3	237		
(US Standard)Tuya home device	$6.90-$7.70	1 Piece	2	https://docl	4.5	29	4	222		
Naten 240v wall interruptores ta	$6.70-$9.90	1.0 Pieces	1	https://nant	4.8	17	26	201		
Glass Panel Wholesale Low Iron	$1.50-$2.20	500 Pieces	4	https://shbo	4.9	3	1	200		
Tuya Life 2 Gang WIFI Touch RF	$7.99-$9.55	1 Piece	4	https://posh	4.7	65	14	192		
Tuya Life App US EU touch 1-4g	$6.44-$10.33	5 Pieces	2	https://gleb	5	34	4	192		

某类目产品信息整理　价格段分析　垄断程度分析

图 77-1　市场销量集中度分析图

分析市场份额集中度的过程并不难，难的是对市场数据的收集、整理，这需要商家按照类目或关键词去前台搜索，将所有产品的销量数据整理出来。这个过程较为消耗时间，手工整理难度较大，商家可利用工具或爬虫软件去收集、整理这些数据，效率会高很多。

当获取到市场数据之后，分析过程将变得非常简单，只需要将数据导入 Excel 表格，按照销量指标做降序排序，分别计算前十名产品的销量之和在总销量中的占比、前二十名产品的销量之和在总销量中的占比、前五十名产品的销量之和在总销量中的占比，以此类推，即可对该品类市场的销量份额分布做一个可数字度量的数据分析，从而为商家判断该品类市场垄断程度、操作难易程度提供数据指导。具体的层级划分，并不一定以固定的前十名、前二十名、前五十名商家为分层点做分层，也可以采用其他更灵活的方式。

第 78 讲　品类价格段分析

价格是影响市场竞争力很重要的一个因素，具有吸引力的价格在竞争过程中有着天然的优势。定价的过程对运营来说尤为重要。当我们准备切入一个市场，或者已经身处一个市场时，如果我们的价格超过同行均值较多，而自身的产品又没什么独特的功能或卖点，那么在买家比价的过程中，我们很容易被淘汰。所以分析市场价格也成了商家了解市场调节自身状态的参考因素。

进行宽泛的价格段分析时，商家可以参考“数据参谋”—“商品洞察”中的“价格分析”，来了解行业的价格段分布情况，即大多数的商家都把价格设置在哪一个区间，以及对应的询盘量是多是少，以此来决定自己的定价决策。

对于没有行业版“数据参谋”的商家，要想分析行业的价格段分布，则需要自己去整理。同上一节“市场份额分配量分析”一样，首先要通过搜索关键词或类目的形式将平台上的某品类产品的数据尽可能多地采集下来，然后将其价格按照一定的价格宽度进行计数统计，来分析平台上某品类产品的价格段分布情况。

如图 78-1 所示，我们可以分析出，在某品类统计的前台全部产品价格段中，大部分商家的定价为 10～20 美元。所以，如果我们准备切入这个品类，那么最高定价建议不超过 20 美元。我们需要根据自己的利润和规划，以及决策要切入的哪一个价位的市场，来判断自身是否具备优势。

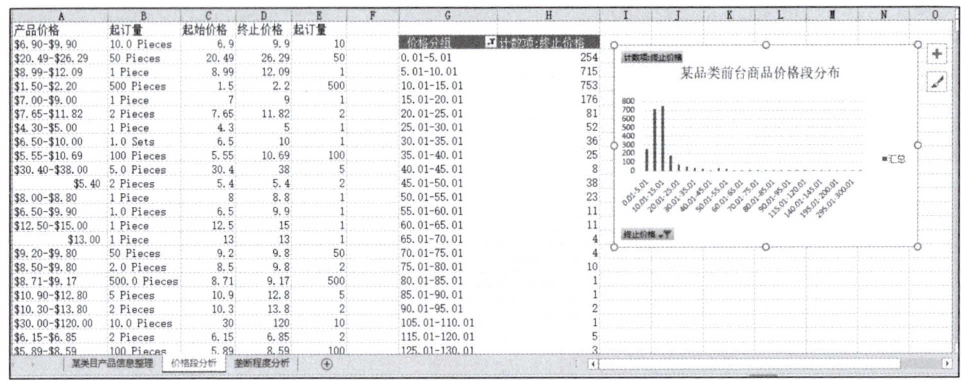

产品价格	起订量	起始价格	终止价格	起订量
$6.90-$9.90	10.0 Pieces	6.9	9.9	10
$20.49-$26.29	50 Pieces	20.49	26.29	50
$8.99-$12.09	1 Piece	8.99	12.09	1
$1.50-$2.20	500 Pieces	1.5	2.2	500
$7.00-$9.00	1 Piece	7	9	1
$7.65-$11.82	2 Pieces	7.65	11.82	2
$4.30-$5.00	1 Piece	4.3	5	1
$6.50-$10.00	1.0 Sets	6.5	10	1
$5.55-$10.69	100 Pieces	5.55	10.69	100
$30.40-$38.00	5.0 Pieces	30.4	38	5
$5.40	2 Pieces	5.4	5.4	2
$8.00-$8.80	1 Piece	8	8.8	1
$6.50-$9.90	1.0 Pieces	6.5	9.9	1
$12.50-$15.00	1 Piece	12.5	15	1
$13.00	1 Piece	13	13	1
$9.20-$9.80	50 Pieces	9.2	9.8	50
$8.50-$9.80	2.0 Pieces	8.5	9.8	2
$8.71-$9.17	500.0 Pieces	8.71	9.17	500
$10.90-$12.80	5 Pieces	10.9	12.8	5
$10.30-$13.80	2 Pieces	10.3	13.8	2
$30.00-$120.00	10.0 Pieces	30	120	10
$6.15-$6.85	2 Pieces	6.15	6.85	2
$5.89-$8.59	100 Pieces	5.89	8.59	100

价格分组	计数项：终止价格
0.01-5.01	254
5.01-10.01	715
10.01-15.01	753
15.01-20.01	176
20.01-25.01	81
25.01-30.01	52
30.01-35.01	36
35.01-40.01	25
40.01-45.01	8
45.01-50.01	38
50.01-55.01	23
55.01-60.01	11
60.01-65.01	11
65.01-70.01	4
70.01-75.01	4
75.01-80.01	10
80.01-85.01	1
85.01-90.01	1
90.01-95.01	2
105.01-110.01	1
115.01-120.01	5
125.01-130.01	3

图 78-1　某品类前台产品价格段分布

宽泛的价格段分析可以给商家一个大的参考框架，但是在实际运营中要想做到游刃有余还需要具体化的价格段分析，也就是把竞争范围做细，将属性、功能、外观等高度相似或完全相同的产品进行打标归类，按照一定的价格宽度统计相同或相似产品的价格区间和对应的产品销量，从而了解具体化的价格段分布和对应的销量情况，为商家定价和调整运营策略提供数据支持（见图 78-2）。

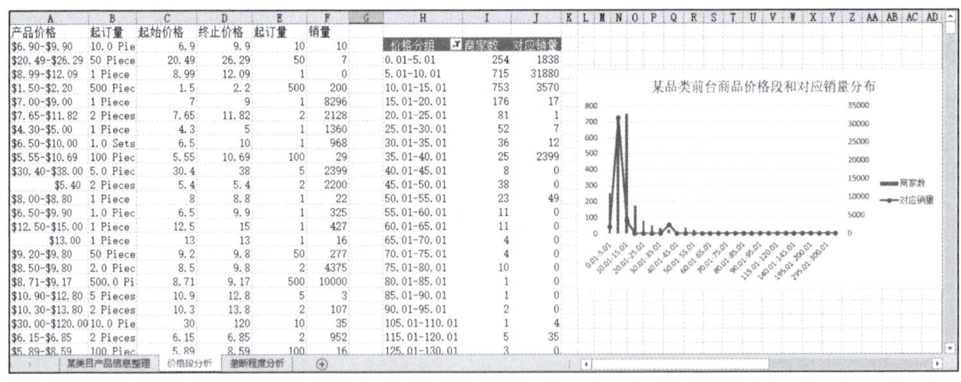

产品价格	起订量	起始价格	终止价格	起订量	销量
$6.90-$9.90	10.0 Pie	6.9	9.9	10	10
$20.49-$26.29	50 Piece	20.49	26.29	50	7
$8.99-$12.09	1 Piece	8.99	12.09	1	0
$1.50-$2.20	500 Piec	1.5	2.2	500	200
$7.00-$9.00	1 Piece	7	9	1	8296
$7.65-$11.82	2 Pieces	7.65	11.82	2	2128
$4.30-$5.00	1 Piece	4.3	5	1	1360
$6.50-$10.00	1.0 Sets	6.5	10	1	968
$5.55-$10.69	100 Piec	5.55	10.69	100	29
$30.40-$38.00	5.0 Piec	30.4	38	5	2399
$5.40	2 Pieces	5.4	5.4	2	2200
$8.00-$8.80	1 Piece	8	8.8	1	22
$6.50-$9.90	1.0 Piec	6.5	9.9	1	325
$12.50-$15.00	1 Piece	12.5	15	1	427
$13.00	1 Piece	13	13	1	16
$9.20-$9.80	50 Piece	9.2	9.8	50	277
$8.50-$9.80	2.0 Piec	8.5	9.8	2	4375
$8.71-$9.17	500.0 Pi	8.71	9.17	500	10000
$10.90-$12.80	5 Pieces	10.9	12.8	5	3
$10.30-$13.80	2 Pieces	10.3	13.8	2	107
$30.00-$120.00	10.0 Pie	30	120	10	35
$6.15-$6.85	2 Pieces	6.15	6.85	2	952
$5.89-$8.59	100 Piec	5.89	8.59	100	16

价格分组	商家数	对应销量
0.01-5.01	254	1838
5.01-10.01	715	31880
10.01-15.01	753	3570
15.01-20.01	176	17
20.01-25.01	81	1
25.01-30.01	52	7
30.01-35.01	36	12
35.01-40.01	25	2399
40.01-45.01	8	0
45.01-50.01	38	0
50.01-55.01	23	49
55.01-60.01	11	0
60.01-65.01	11	0
65.01-70.01	4	0
70.01-75.01	4	0
75.01-80.01	10	0
80.01-85.01	1	0
85.01-90.01	1	0
90.01-95.01	2	0
105.01-110.01	1	4
115.01-120.01	5	35
125.01-130.01	3	0

图 78-2　某品类前台产品价格段和对应的销量分布

完成具体化的价格段分析，需要我们把前台的产品数据全部收集起来之后多做一步数据处理，也就是将同属性、功能的产品挑选出来，为的是让我们分析的竞争范围更加精确。这一过程通常需要手工来完成，会耗费大量的精力。为了提升数据处理的速度，我们也可以直接对产品标题进行分析，使用 Excel 的筛选功能筛选出标题中包含某些属性或功能单词的产品，从而加速分析的过程。但是这一方法也存在着一定的误差。例如，如果有些商家在写标题时没有添加相应的属性词或功能词等，那么就会造成数据遗漏，这一点是需要注意的。

如果要获取更精确的竞争环境分析，那么需要采用人工分类的方式。采用这种方式的效率会低一些，花费的时间也较多，但是结果会更加准确，可以确保所选择的竞争环境下都是我们产品定位范围内的真正竞品，从而使分析结果的数据价值更高。如果我们不需要过于准确的数据，或者仅仅是想通过标题来提取属性做练习，那么通过筛选的形式对产品类目和属性进行归类来做价格段分析是最合适的。

第 79 讲　市场属性需求与分析

分析市场属性的需求分布，最简单的方式就是从市场属性关键词入手。买家在搜索关键词时，往往带有一定的购物意图，如果商家能够将这些购物意图归类，并计算每一个购物意图的搜索指数，则可通过数据分析搜索市场中买家都对哪些产品感兴趣、感兴趣的人数是多是少，以及感兴趣的具体属性是哪些。

1. 分析市场属性需求分布的方法

根据搜索行为分析市场属性分布，首先需要将市场上的搜索词数据全部收集起来。商家可以在后台“关键词指数”板块收集某一个三级类目或某一个关键词相关的所有热门搜索词，并将这些词数据进行整理，然后做归类统计，进而了解市场上都有哪些需求和属性分布。

如果商家拥有行业版“数据参谋”，可以直接使用系统自带的导出功能将在“关键词指数”中查询到的词全部导出，省去一页页复制、粘贴的烦恼。如果是“出口通”用户，没有行业版“数据参谋”，那么只能手工来整理这些数据，将关键词指数中的关键词一页一页地整理到 Excel 中，或者利用第三方工具来一键收集这些数据。

数据收集完之后，接下来要做的就是对数据进行归类分析。在归类之前，我们需要对关键词做一个大致的了解，也就是看一下市场属性关键词中都有哪些属性、功能是买家所需要的，并将这些数据提取出来。

为了更好地理解这句话，举一个例子来说明关键词是如何包含买家需求属性的。例如，买家 A 在平台上搜索“大码红色毛衣”这个词，系统将这个词记录下来，并统计搜索热度为 1（搜索热度与搜索次数实际上是不相等的，搜索热度是搜索次数的函数运算值，热度与次数成正比关系）。同理，买家 B 在平台上搜索“高领毛衣”、买家 C 在平台上搜索“高领长袖毛衣”、买家 D 在平台上搜索“红色高领毛衣”、买家 E 在平台上搜索“黑色高领毛衣”，系统将其全部记录下来，并以搜索指数的形式进行呈现。

假设上面就是平台上全部的搜索数据，那么在这个案例中，毛衣这个品类中红色属性的需求有多少？黑色属性的需求有多少？高领属性的需求有多少？大码属性的需求有多少？长袖属性的需求有多少？

我们可以从数据中知晓，红色属性的需求是 2，分别是买家 A 和买家 D 的需求；黑色属性的需求是 1，为买家 E 的需求；高领属性的需求是 4，分别是买家 B、买家 C、买家 D 和买家 E 的需求；大码属性的需求是 1，为买家 A 的需求；长袖属性的需求是 1，为买家 C 的需求。

通过这个案例可知，在毛衣这个品类中，红色的需求大于黑色、高领的需求大于大码。所以商家在切入市场选择产品的时候，就要优先考虑买家需求较大的产品，避免进入市场后由于需求受众小而受到冲击。

依据这个思路，商家可以将整理好的关键词数据按照不同的需求属性进行归类汇总，统计包含这些属性的关键词搜索热度之和（见图 79-1）。然后用各个属性相应的总热度数据来评判该属性的需求容量，以此来了解市场上某品类属性的需求分布情况，为商家选品、拓品等运营工作提供数据指导（见图 79-2）。

关键词	搜索指	点击	卖家规模指
plus size sweaters	4403	0.35%	172
men's sweaters	4110	0.26%	138
women sweater	3051	1.70%	260
sweater	1472	4.20%	203
plus size women's sweaters	1128	0.66%	98
cardigan sweater coat	1018	6.75%	88
sweater dress	458	2.84%	178
plus size men's sweaters	387	1.61%	38
knitted sweater	385	6.63%	226
girls' sweaters	366	1.84%	119
baby sweater	284	4.99%	73
sweaters women tops	260	2.44%	81
boys sweaters	258	1.69%	69
kids sweaters	257	3.84%	81
dog sweaters	245	4.74%	77
sweater women	241	5.06%	167
sweater hoodie	237	3.70%	117
casaco cardigan sweater	235	4.68%	21

人群	热度汇总	风格	热度汇总	颜色	热度汇总	材质	热度汇总
women	13193	plus size	6483	red	401	cotton	1160
men	9782	knit	6338	black	273	wool	1112
baby	2473	cardigan	3801	white	271	cashmere	831
girl	2309	knitted	2356	pink	261	woolen	149
kids	2191	pullover	2021	green	185	cardigans	136
man	2092	long	1958	blue	106	polyester	135
dog	1206	oversize	1427	grey	89	acrylic	82
boy	1174	oversized	1180	brown	81	chenille	67
ladies	977	christmas	1090	yellow	71		
boys	839	fashion	751	purple	57		
children	692	short	646	multicolor	53		
pet	222	autumn	644	beige	49		
		turtleneck	512	multicolour	28		
		stripe	444	gray	18		
		v neck	377	khaki	5		
		loose	369				
		crochet	338				
		unisex	330				

包含sweater的热门搜索词 处理重复词根 处理词根

图 79-1　将不同属性的搜索热度归类汇总

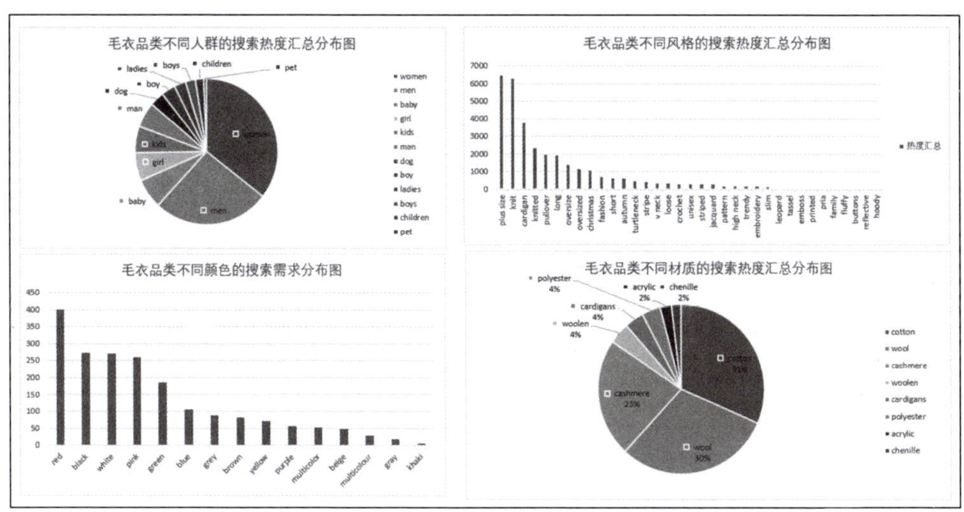

图 79-2　毛衣品类不同需求属性的搜索指数分布情况

2. 关于提取属性和汇总热度的小技巧

关于属性的提取，商家可以借助词频分析工具，将整理的关键词表按词根的形式进行拆分、统计，并根据拆解的词根进行属性的提取和分类，这样可以大幅度降低不同属性提取分类的工作难度。

产品不同属性搜索指数的统计，也就是包含这些属性的关键词搜索指数之和，商家可以利用 Excel 中的函数来统计，用到第 74 讲“Excel 基础应用”里面提到的 SUMIF 函数，具体写法为“=SUMIF(A:A, " * " &C2& " * " ,B:B)”，如图 79-3 所示。

=SUMIF(A:A,"*"&C2&"*",B:B)

关键词	搜索指数	材质	热度汇总
plus size sweaters	4403	cotton	1160
men's sweaters	4110	wool	1112
women sweater	3051	cashmere	831
sweater	1472	woolen	149
plus size women's sweaters	1128	cardigans	136
cardigan sweater coat	1018	polyester	135
sweater dress	458	acrylic	82
plus size men's sweaters	387	chenille	67
knitted sweater	385		
girls' sweaters	366		
baby sweater	284		
sweaters women tops	260		
boys sweaters	258		
kids sweaters	257		
dog sweaters	245		
sweater women	241		
sweater hoodie	237		
casaco cardigan sweater	235		
woman sweater suit	222		
christmas sweater	220		
cos sweater	212		
sweater set	205		
cashmere sweater	192		
baby boys' sweaters	192		

包含sweater的热门搜索词 | 处理重复词根 | 处理词根示例 | sumif用法示例

图 79-3　SUMIF 函数统计不同属性关键词指数汇总示例

其中 A 列为关键词数据，B 列为对应的热度数据，C 列为要分析的属性词，D 列为对应属性词的总热度。函数所代表的含义是在 A 列进行查找，查找包含单元格 C2 的所有关键词，满足条件的单元格对其相应的 B 列搜索指数数据进行求和汇总。

第 80 讲　竞品分析

了解竞品数据是很多商家都希望去做的，在第 10 讲“做同行调研”中提到了一些可以分析同行的入手点，如果一时想不起来，不妨回过头去温习一下。

通过数据来分析同行，重点在于分析自身与同行之间的差距，以及分析与自身店铺类似的同行店铺的现状和发展情况。在分析具体同行之前，商家可以先从大的方面来了解市场上同行均值数据、同行最优秀者的表现。

在后台“数据概览”和“店铺分析”板块，商家可以查看自身店铺各项指标与同行平均和同行优秀的差距，如图 80-1 所示。这些指标数据可以让商家清楚地了解到自身所处的位置，是在同行均值之上，还是在同行均值之下，以及具体哪些指标已经超过了同行均值，还有哪些指标与同行对比是表现不足的，从而对自身店铺的效果有一个大致的了解。

除了阿里平台提供的同行数据，要想深入地分析同行，商家还需要走出店铺后台，去同行店铺中去看一看、翻一翻。在第 10 讲“做同行调研”中提到了可以分析同行店铺的产品线、产品标题、价格、主图和详情页等情况，这些对于竞品分析来说是较为基础也是较为重要的，是分析竞品时首先就要想到的分析要素。此外，分析同行的销售数据也很重要。

1. 分析同行的销售情况

在阿里国际站中公开的竞品数据是比较少的，所以需要商家多去同行店铺中仔细翻一翻，来尝试性地获取一些竞品数据。在竞品的详情页中，商家可以看到具体某一款产品的销售情况，如成交了多少订单、销量是多少、买家购买的时间和数量分别是多少、分别是哪些国家（或地区）的客户在购买的等。

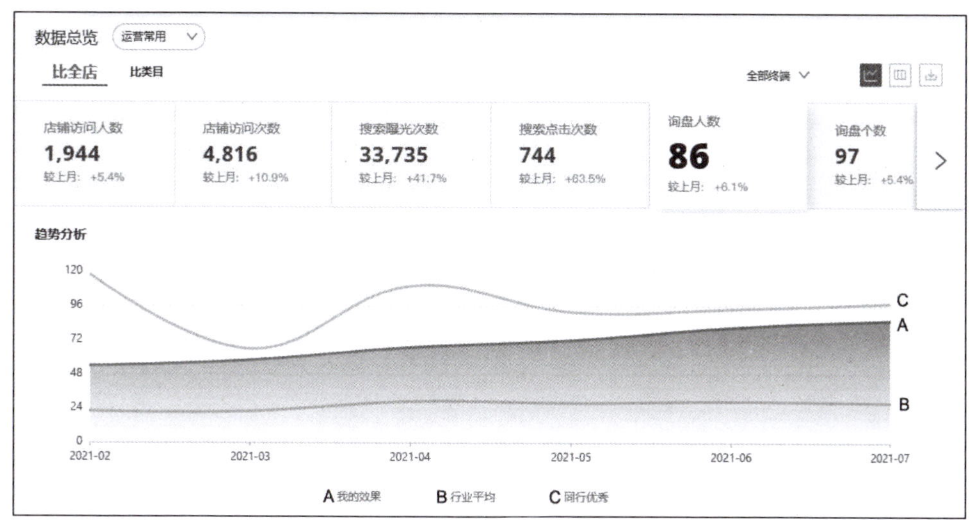

图 80-1　后台店铺“数据总览”和“趋势分析”

这些数据可以让商家知晓竞品的销售情况，以及该类产品在哪些国家（或地区）比较受欢迎、同行一个月的销量大概是多少、销售额大概是多少，从而在这些数据中提炼出该产品的目标受众国家，来指导自身的运营决策。

在阿里国际站店铺中有这样一种现象，即大量的商家喜欢重复发布产品。同一家店铺有大量的同类型产品，为竞品分析增加了难度。解决这一难点的方法是，商家可以在同行店铺首页的产品分组中找到同行的橱窗产品，橱窗产品通常是数据表现较好的产品，可以直接用来做对比分析。

另一种方式是借助工具，利用工具批量获取同行店铺的全部产品和销量数据，将获取到的数据按销量做降序排列，这样也可以将同行店铺优秀的产品挖掘出来，如图 80-2 所示。商家可以参考挖掘出的优秀竞品，对其价格、主图、卖点、详情等进行逐个分析、提炼，来修正、完善自己的产品。

除了分析竞品的销售数据，还可以监控同行销量的变化，看一段时间之后，同行的销售是增多了还是减少了，从几家同行的发展情况来感知市场的风向变化。经常分析竞品，也有助于商家了解市场变动，从而做到知己知彼，在操作上更加自如。

2．制定超过竞品的运营对策

分析同行销售数据的另一个好处是，有助于制订自身的运营计划。众所周知，不论是搜索渠道还是各种场景榜单渠道，产品的排序都是按照各个渠道权重赛马的形式进行的，排名位置靠前的产品有机会获取更多的展现机会。而在权重赛马的众多影响因子中，很大一部分是由销售相关的业绩指标决定的。如果我们能够参考竞品的销售指标去制订自己的推广投入计划，在某些数据维度上超过竞品，则有机会获取到比竞品更好的流量位置。

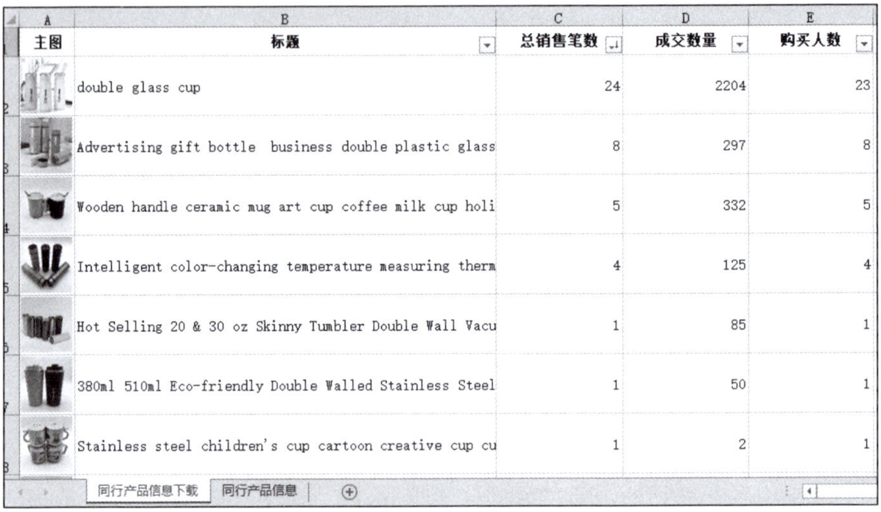

主图	标题	总销售笔数	成交数量	购买人数
	double glass cup	24	2204	23
	Advertising gift bottle business double plastic glass	8	297	8
	Wooden handle ceramic mug art cup coffee milk cup holi	5	332	5
	Intelligent color-changing temperature measuring therm	4	125	4
	Hot Selling 20 & 30 oz Skinny Tumbler Double Wall Vacu	1	85	1
	380ml 510ml Eco-friendly Double Walled Stainless Steel	1	50	1
	Stainless steel children's cup cartoon creative cup cu	1	2	1

同行产品信息下载　同行产品信息

图 80-2　优秀同行的产品信息数据下载和分析

弄清了竞品具体的销售数据以后，商家还可以通过业务引导或赠送老客户的形式，来对标竞品制定相应的销售政策。在自身产品基础点击率、转化率都不错的情况下，大力集中方案和资源来提高自身产品的销售数据，从而超过竞品，获得更高的产品权重。

第 81 讲　全店效果结构分析

为了更好地诊断店铺效果，首先需要了解店铺效果的结构。全店效果结构既是由每一款产品支撑起来的，也是由每一个渠道支撑起来的。把全店效果向下拆解，是深入了解店铺、定位具体问题的唯一方法。

在做全店效果分析时，商家可以在阿里国际站后台的“产品分析”板块，将产品数据按照要分析的时间段进行下载。分析月数据则按月下载，分析周数据则按周下载。下载完成之后，对每一列的数据进行求和，即可完成对“数据概览”板块中各指标的汇总分析。

汇总之后，我们要看其结构，全店产品的总曝光量等于“产品分析”板块中所有产品的曝光量之和，点击量为“产品分析”板块中所有产品的点击量之和。搜索数据与店铺概览数据完全一致，其他指标则会有一些差异。误差主要体现在以下几个方面。

“产品分析”板块中的访客是对产品单独进行的统计，所有产品访问人数求和出来的数据没有做过“去重”处理，通常会高于“数据概览”板块中的店铺访问人数，也就是同一个访客访问了多款产品，我们在求和时，同一访客访问不同产品是被重复计算的。这是导致数据出现无法对应的一个情况。还有一种情况是，有些访客只访问了店铺的非产品页面，如只访问了首页或公司介绍页，会被计入店铺访客，而不计入产品访客，导致“产品分析”板块汇总的访问人数与“数据概览”板块系统统计的店铺访问人数形成差异。

不仅如此，“产品分析”板块中的询盘人数求和后的数据通常也会比“数据概览”板块中的数据少一些，同样是因为有些询盘不是通过产品产生的，而是直接访问了店铺的其他页面发起询盘导致的产品询盘人数汇总后与店铺询盘人数略有差异。同理，TM 咨询和交易金额也是如此，这是很多商家在分析数据时较为疑惑的地方，但商家只需知晓误差在哪里及产生原因即可，在具体的分析过程中可以将误差忽略。

如图 81-1 所示，当有了产品详细的求和数据之后，只需要按照各个指标进行降序排序，即可知晓店铺各指标的效果具体来源于哪些产品。例如，支撑起店铺曝光效果的产品都有哪些，哪些产品的曝光率高，哪些产品的曝光率低，排序后效果分布即可一目了然。商家可以据此来对店铺进行分析、诊断，对贡献度高的产品进行重点关注，放大流量以带来更好的效果；对于贡献度低的产品，要着重排查其产品发布质量和推广设置是否存在问题，不断调整、优化以提升效果。

对“产品分析”板块中的产品分析数据进行下载求和，除为了解店铺的整体效果表现，使其可以结构化呈现外，还为了展示更多数据概览中没有汇总的业绩指标，如产品总的分享人数、总的收藏人数等。这些汇总数据可以从更多维度来评价店铺的效果表现，让商家对店铺有更多维度的了解。不仅如此，每一项汇总数据的指标，反过来又可以拆分到具体的产品数据效果分布，使商家了解店铺的效果结构更加便捷。

	A	B	C	D	E	F	G	H	I	J
1	数据汇总（对列求和）	17515	344	915	25	24	20	2	0	36
2	产品名称	搜索曝光次数	搜索点击次数	访问人数	询盘个数	询盘人数	收藏人数	分享人数	对比人数	提交订单个数
3	Support app and voice control 3 Gang 1	1889	39	56	2	2	2	0	0	0
4	Tuya APP WIFI Remote Control Shutter R	763	27	41	1	1	0	0	0	0
5	Smart Electricity Energy Meter for Tuy	666	12	51	2	2	0	0	0	0
6	US WIFI Wireless Control 1Gang Crystal	494	6	13	0	0	0	0	0	2
7	Smart Life APP Wifi Wireless Control W	484	12	18	1	1	0	0	0	1
8	10A Tuya WIFI 3Gang 1 2 3 Way Wall Lig	478	6	27	9	9	0	0	0	3
9	433MHz Wireless Door Window Detector a	441	6	7	1	1	1	0	0	0
10	Tuya Smart Life APP Wireless WIFI Remo	440	17	45	5	4	1	1	0	1
11	Tuya Wireless WIFI Remote Control 120d	399	7	12	0	0	1	0	0	0
12	Tuya APP Smart WIFI Controlled 63A 2P	322	11	19	1	1	0	0	0	0
13	Tuya APP Smart Wireless WIFI Air Tempe	308	8	9	0	0	1	0	0	0
14	WIFI Smart Electricity Meter for Tuya	291	23	35	1	1	0	0	0	0
15	Tuya or Smart Life App Wireless Wifi R	262	7	15	0	0	0	1	0	0
16	Tuya APP Wireless WIFI Remote Control1	255	4	18	0	0	0	0	0	0
17	Wireless WIFI Remote Control 2Gang 2Wa	255	2	9	0	0	0	0	0	2

图 81-1　将各个指标降序排序来观察具体产品对店铺效果的贡献程度

当店铺效果出现波动时，商家还可以通过全店效果结构拆解的形式直接定位到影响某指标大幅波动的具体的产品。比如，店铺的访问人数突然下滑 50%，经访客效果结构排查为产品 A 的访问人数大幅度下滑所致，从而精准地定位问题、分析问题和解决问题。全店效果结构拆解是诊断店铺和优化店铺的常用手段。

当然，商家也可以同时打开“数据概览”和“产品分析”两个数据页面来对店铺做数据检查，通过数据对比和排序了解，在数据概览中，每一项效果指标主要是由哪些产品支撑着的，进而梳理出店铺的效果结构和分布情况。直接在后台数据页面做结构梳理和排序分析的方式相对于下载数据后整理分析更加方便、快捷，但是缺乏数据处理的灵活性和形成数据可视化的便捷性。下载数据后进行店铺效果分析还有一个好处，那就是数据的存档有助于商家分析长期数据的趋势和变化。商家可以根据自身的规模及要求，来选择适合自己的工作和分析方式。

第 82 讲　杜邦分析法解决效果问题

杜邦分析法在各项分析中是较为常用的一种拆解式分析法，它起源于财务分析领域。由一个顶点出发，以逐级向下拆解的形式，来分析效果的结构和波动。

顶点通常是销售额，逐级向下结构化地拆解出影响销售额的全部因素，从而在变动的因素中发现问题，优化提升。

按照杜邦分析结构拆解问题时，通常在最高处设置最核心的一项指标，然后拆分与之直接相关的指标作为第二级指标，层层拆解。每一项指标都与下级指标存在一定的逻辑关系。这样拆解的好处是，当最核心的指标出现问题时，可以快速梳理出与之关联的、影响效果波动的具体指标是哪些，将问题具象化。

在阿里国际站分析中，这一方式也可以使用。将信保金额或询盘量设置为起点，然后逐级向下拆解，它所呈现的是一种逻辑结构。在制作杜邦分析表之前，首先要做的就是收集数据，在阿里国际站后台的“产品分析”板块中，将要分析的产品数据进行下载。既可以按月下载数据，也可以按周下载数据。但不建议按天下载数据，因为一天的周期长度过短，且每天的数据表现波动较大，分析时往往要下载很多份，较为耗时也不利于分析问题。

将这些数据下载之后，还需将数据进行手工整理。在下载的数据报告中，我们可以看到产品的 ID、名称、曝光量、点击量、询盘量等近 20 项数据指标。我们首先要做的就是将下载的不同周期的产品数据进行汇总，插入一个新列，将数据对应的日期添加进去，目的是后期合并汇总后，可以按不同的时间周期进行数据筛选。

插入对应日期的方式极为简单，只需要选中 A 列，右击选择“插入”选项，即可插入一个新的空白列。在空白列中，填上数据对应的时间段，并向下填充，将数据填充满即可，所有下载的产品数据表都按照此方式做处理，如图 82-1 所示。

	A	B	C	D	E	F	G	H	I	J	K	L	M	N	O	P
1	时间	产品ID	产品名称	是否橱窗	是否顶展	是否P4P	搜索曝光次数	搜索点击次数	搜索点击率	访问人数	询盘个数	询盘人数	询盘率	收藏人数	分享人数	对比.
279	2021-07-11~2021-07-17			N	N	N	0	0	0%	1	0	0	0%	0	0	0
280	2021-07-11~2021-07-17			N	N	N	0	0	0%	1	0	0	0%	0	0	0
281	2021-07-11~2021-07-17			N	N	N	0	0	0%	2	0	0	0%	0	0	0
282	2021-07-11~2021-07-17			N	N	N	0	0	0%	1	0	0	0%	0	0	0
283	2021-07-11~2021-07-17			N	N	N	0	0	0%	0	0	0	0%	0	0	0
284	2021-07-11~2021-07-17			N	N	N	0	0	0%	0	0	0	0%	0	0	0
285	2021-07-11~2021-07-17			N	N	N	0	0	0%	1	0	0	0%	0	0	0
286	2021-07-18~2021-07-24			Y	N	N	380	15	3.95%	13	0	0	0%	1	0	0
287	2021-07-18~2021-07-24			Y	N	N	146	4	2.74%	6	0	0	0%	0	0	0
288	2021-07-18~2021-07-24			N	N	N	128	4	3.13%	4	0	0	0%	0	0	0
289	2021-07-18~2021-07-24			Y	N	N	120	3	2.50%	11	0	0	0%	0	0	0
290	2021-07-18~2021-07-24			N	N	N	117	2	1.71%	2	0	0	0%	0	0	0
291	2021-07-18~2021-07-24			Y	N	N	105	1	0.95%	8	2	2	25%	0	0	0
292	2021-07-18~2021-07-24			Y	N	N	103	0	0%	2	0	0	0%	0	0	0
293	2021-07-18~2021-07-24			N	N	N	91	3	3.30%	7	0	0	0%	0	0	0
294	2021-07-18~2021-07-24			Y	N	N	74	0	0%	3	0	0	0%	0	0	0
295	2021-07-18~2021-07-24			N	N	N	74	1	1.35%	3	0	0	0%	0	0	0

对比时间　当前时间　合并数据　杜邦分析表　说明

图 82-1　对下载的产品数据进行时间段的标注和多表合并处理

将日期标注好之后，接下来要将所有数据表的数据合并在一起，合并的方法多种多样，可以在网上搜索自己喜欢的方式。如果是 Office 2016 及以上版本，可以使用 Excel 中自带的 PowerQuery 功能来查询、合并所有的工作簿。如果是老版本 Office 软件或 WPS 表格，则需要手工复制、粘贴来完成合并。逐一打开每一个表格文件，复制其数据，按顺序合并到一张 Sheet 表单中。

数据源制作完成以后，全选数据区域并点击 Excel 中的“插入”选项卡，插入数据透视表，将“时间”字段拖至“行”区域，将其他字段逐一拖至“值”区域，修改“字段”属性为“求和”，完成数据透视表的制作，如图 82-2 所示。

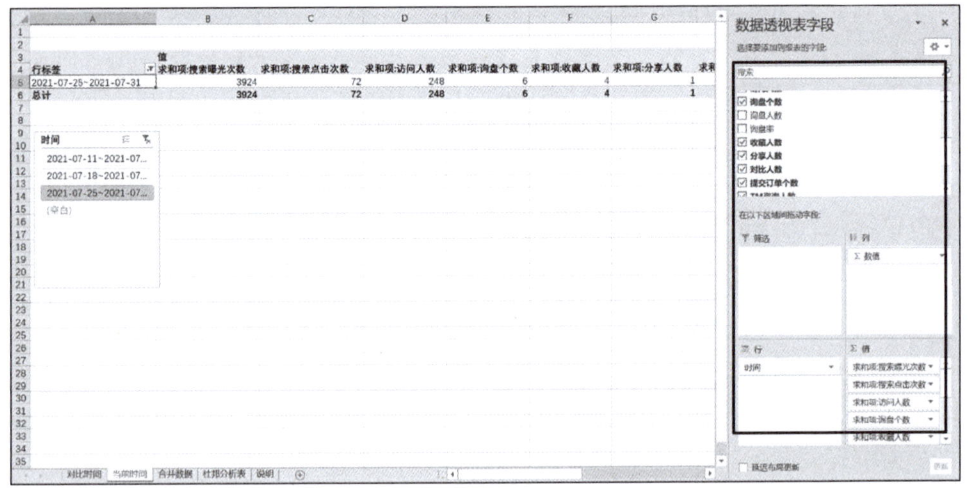

图 82-2　制作数据透视表

数据透视表制作完之后，即可按照杜邦逻辑结构图来对数据做结构化呈现。首先需要新建一个表单，按照杜邦逻辑结构将各个指标进行结构化排列，确保结构中每一个分支的呈现都是有理有据且是有一定逻辑的，自上而下形成核心效果的逻辑结构图。然后引用之前做好的数据透视表中的数据，形成带有数据结构的效果图表，即杜邦数据表。同时，为了增强杜邦数据表的实用性，商家还可额外增加一个或多个相同的数据透视表，以便在杜邦数据表中筛选不同时间周期的数据进行不同时间段店铺的数据比对，如图 82-3 所示。

在分析指标波动时，为了便于数据呈现，商家可以插入时间切片器来控制数据透视表数据的变化，在选择时间段时，商家可以用鼠标点选其中的一个时间段，也可以按住键盘上 Shift 键连续选择时间周期进行数据的自动统计，作为一个大的时间周期来汇总分析数据。通过不同时间周期的数据对比可以发现，随着时间的推移，店铺具体哪些指标发生了怎样的波动，是有所提升，还是下滑。定位到具体的指标问题后，可结合第 81 讲中提到的全店效果结构拆解去拆解该指标下具体的产品数据和词数据分布情况，从而更加立体的定位问题、分析问题，完成店铺效果的分析与优化工作。

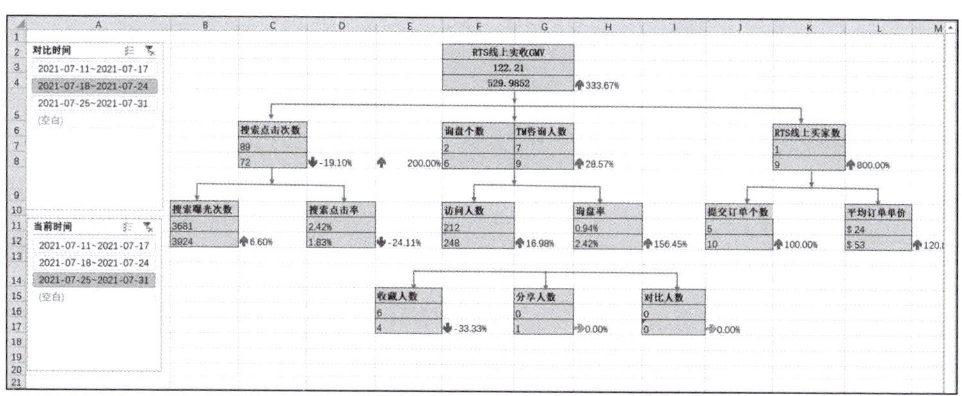

图 82-3　杜邦数据表的制作和数据引用

第 83 讲　全店关键词重叠度分析

全店关键词重叠度分析，既可以用来检验店铺产品发布的用词规模和重叠程度、识别店铺上架产品的用词质量和布局问题，也可以用来检验业务员发布产品的用词健康程度。

1. 获取全店产品标题和关键词数据

分析店铺关键词的重叠度，首先需要将店铺的用词全部整理出来，包括标题和 3 个关键词框填写的词。这一过程通常需要借助一些辅助工具，在阿里国际站后台软件服务市场中，有大量的工具可以导出店铺的标题和关键词数据，商家可以选择适合自己的工具进行试用和购买，将自己的店铺或所要分析的同行店铺的全店产品标题和关键词数据采集下来，如图 83-1 所示。

	A	B	C	D
1	全店产品标题	关键词K1	关键词K2	关键词K3
2	double glass cup	Simple Water Cup Business Cup	Creative Fashion Water Cup	
3	Advertising gift bottle business double plastic glass water	Fashion Water Cup	Creative Glass Plastic Cups	Glass Water Bottle
4	Wooden handle ceramic mug art cup coffee milk cup holiday act	Wooden Handle Ceramic Mug	Porcelain Mug	Coffee Mug
5	Intelligent color-changing temperature measuring thermos cup	Itemperature Display Water Cup	Stainless Steel Gift Cup National T	Thermos 500ml Stainless Steel Vacuu
6	Hot Selling 20 & 30 oz Skinny Tumbler Double Wall Vacuum Insu	Double Walled Straight Sublimation	Overseas Us Shipping 20 Oz Stainles	White Double Wall Stainless Steel 2
7	380ml 510ml Eco-friendly Double Walled Stainless Steel Travel	Stainless Steel Milkshake Cup	Coffee Mug Thermal Cup	Stainless Steel Irish Coffee Cup
8	Stainless steel children's cup cartoon creative cup custoumiz	A Cup	Custoumizable Mugs	Mint Julep Cup Stainless Steel
9	Double-layer plastic straight cup rubber paint straw cup larg	Double-layer Plastic Straight Cup	Straw Cup Large-capacity Cold Drink	Modern Custom Espresso Cups
10	Creative trend double plastic shell glass business handle rin	Glass Caster Cups		
11	304 double-layer vacuum draft beer glass with large capacity	Soccer Beer Glass		
12	Wholesale Custom Logo Ceramic Coffe Cup Handgrip Wooden Lid C	Wooden Lid Ceramic Mug	Ceramic Cup With Lid And Spoon	Ceramic Striped Mug
13	Simple European and American style mug creative art coffee mu	Coffee Cup With Wooden Handle	Ceramic Coffee Mug	Ceramic Mug With Wooden Lid And Spo
14	Stainless steel cartoon children bounce thermos creative stud	Stainless Steel Thermos Cup	Double Wall Stainless Steel Cup	Stainless Steel Milkshake Cup
15	children snow pony unicorn cartoon button straw kettle portab	Children Bottle	Children Bottom Kettle	Portable Hot Water Kettle
16	Spot wholesale simple glass double-layer portable advertising	Glass Cups	Bulk Tea Cups	Glass Tea Cups
17	Plastic portable summer kettle with straps for children's and	Kettle With Long Spout	Children Kettle	Humming Kettle
18	Creative children's straw cups small handsome plastic cups ou	Children Plastic Cups Drinking Cups	Plastic Cup With Swirly Straw	Snowflake Plastic Cups
19	Best selling new children's cartoon lunch box with 500ml stra	Plastic Disposable Lunch Box	Camouflage Lunch Box	Plastic Disposable Lunch Box And Bo
20	2021 new multifunctional gift box set plastic electric wine b	Wine Bottle Opener Set	Wine Glass Box Gift Set	Wine Accessories Gift Set
21	Quick sharpening stone of electric sharpener	Green Sharpening Stone	Aluminium Oxide Sharpening Stone	Carbide Sharpening Stone

图 83-1　全店产品标题和关键词数据采集

2. 对标题进行词根分解处理

数据整理好之后，提取标题中的词根。由于词义的分析手段较为复杂，这里我们可以粗略地将词根理解成单个单词，即提取标题中的每一个单词。这里用到的方法为“分列”（Excel 的自带功能，如果不会使用可以尝试网络搜索，非常简单）。将标题复制到新的表单按空格进行分列，并将分列好的词根汇总至一列，如图 83-2 所示。

	A	B	C	D	E	F	G	H	I	J	
1	汇总至一列		全店产品标题	按空格进行分列							
2	double		double	glass	cup						
3	glass		Advertising	gift	bottle	business	double	plastic	glass	water	cup
4	cup		Wooden	handle	ceramic	mug	art	cup	coffee	milk	cup
5	Advertising		Intelligent	color-changing	temperature	measuring	thermos	cup	304	stainless	steel
6	gift		Hot	Selling	20	&	30	oz	Skinny	Tumbler	Doubl
7	bottle		380ml	510ml	Eco-friendly	Double	Walled	Stainless	Steel	Travel	Coffe
8	business		Stainless	steel	children's	cup	cartoon	creative	cup	custoumizable	mugs
9	double		Double-layer	plastic	straight	cup	rubber	paint	straw	cup	large
10	plastic		Creative	trend	double	plastic	shell	glass	business	handle	ring
11	glass		304	double-layer	vacuum	draft	beer	glass	with	large	capac
12	water		Wholesale	Custom	Logo	Ceramic	Coffe	Cup	Handgrip	Wooden	Lid
13	cup		Simple	European	and	American	style	mug	creative	art	coffe
14	Wooden		Stainless	steel	cartoon	children	bounce	thermos	creative	students	unico
15	handle		children	snow	pony	unicorn	cartoon	button	straw	kettle	porta
16	ceramic		Spot	wholesale	simple	glass	double-layer	portable	advertising	cups	bubbl
17	mug		Plastic	portable	summer	kettle	with	straps	for	children's	and

图 83-2　将标题按空格进行分列，并将分列好的词根汇总至一列

3. 对拆解好的词根进行词频统计

将汇总成一列的词根数据单独复制到新的表单中，并额外复制一列“去重”备用，即分别粘贴两次相同的数据，并对其中一列进行“去重”处理。这主要是为了筛选出不重复的词根，以及对这些不重复的词根进行词频使用次数的统计，如图 83-3 所示。

C2 =COUNTIF(A:A,B2)

	A	B	C	D
1	汇总至一列	汇总至一列并去重	词频统计	
2	double	cup	540	
3	glass	mug	239	
4	cup	steel	189	
5	Advertising	coffee	187	
6	gift	stainless	183	
7	bottle	Cups	135	
8	business	with	133	
9	double	creative	129	
10	plastic	ceramic	119	
11	glass	and	118	
12	water	water	107	
13	cup	304	80	
14	Wooden	gift	70	
15	handle	glass	69	
16	ceramic	portable	69	
17	mug	vacuum	66	
18	art	lid	60	
19	cup	handle	58	
20	coffee	LOGO	58	

全店关键词重叠度分析 | 词根汇总至一列 | 词根频次统计分析 | 同行产品信息下载 | 同行产品信息

图 83-3　词频统计演示

这里用到的公式是 COUNTIF 函数，写法为在 C2 单元格处输入公式“=COUNTIF(A:A,B2)”，并向下拖动填充公式，用来统计 A 列数据中包含 B 列词根的个数。其中 A 列是全店产品标题的用词数据，B 列是去重后的独立词根，C 列是 B 列独立词根的使用频次。到此，全店产品标题的用词数据就统计出来了。全店产品 3 个关键词框的用词频次统计方式与之相同，最终处理效果如图 83-4 所示。

4. 词频分析价值

统计全店关键词的使用频次，主要用来检查店铺用词的健康程度。例如，某店铺关键词覆盖不足，则会体现在词根数量的多少上。商家可对照自身整理的产品关键词库数据来看是否有大量的词根没有被使用以致错失了一些流量，并及时发现问题和修正问题。

全店产品标题	关键词K1	关键词K2	关键词K3		标题词根	使用频率		三个关键词框	使用频率
double glass cup	Simple Water Cu	Creative Fashio			cup	540		Inspirational	12
Advertising gift bottle bu	Fashion Water C	Creative Glass	Glass Water Bot		mug	239		Stainless Stee	11
Wooden handle ceramic mug a	Wooden Handle C	Porcelain Mug	Coffee Mug		steel	189		Coffee Mug	10
Intelligent color-changing I	temperature Di	Stainless Steel	Thermos 500ml S		coffee	187		A Cup	10
Hot Selling 20 & 30 oz Skin	Double Walled S	Overseas Us Shi	White Double Wa		stainless	183		Tumbler	10
380ml 510ml Eco-friendly Do	Stainless Steel	Coffee Mug Ther	Stainless Steel		Cups	135		Stainless Stee	10
Stainless steel children's A Cup		Custoumizable M	Mint Julep Cup		with	133		Stainless Stee	9
Double-layer plastic straig	Double-layer Pl	Straw Cup Large	Modern Custom E		creative	129		Mighty Mugs	9
Creative trend double plast	Glass Caster Cu				ceramic	119		Stainless Stee	9
304 double-layer vacuum dra	Soccer Beer Gla				and	118		Mug Made Easy	9
Wholesale Custom Logo Ceram	Wooden Lid Cera	Ceramic Cup Wit	Ceramic Striped		water	107		Initial Mug	9
Simple European and America	Coffee Cup With	Ceramic Coffee	Ceramic Mug Wit		304	80		Thermos Mug Cu	8
Stainless steel cartoon chi	Stainless Steel	Double Wall Sta	Stainless Steel		gift	70		Coated Mug	7
children snow pony unicorn	Children Bottle	Children Bottom	Portable Hot Wa		glass	69		Stainless Stee	7
Spot wholesale simple glass	Glass Cups	Bulk Tea Cups	Glass Tea Cups		portable	69		Mint Julep Cup	6
Plastic portable summer ket	Kettle With Lon	Children Kettle	Humming Kettle		vacuum	66		Funny Mugs	6

全店关键词重叠度分析 | 词根汇总至一列 | 词根频次统计分析 | 同行产品信息下载 | 同行产品信息

图 83-4　全店产品用词重叠度分析

词频分析的另一个价值是，检查业务员发布产品的质量。有不少商家习惯性地让所有业务员一起发布产品，而不同的业务员发布产品的水平参差不齐，就会导致很多业务员重复用词。虽然发布了很多产品，但是词的覆盖宽带并不是很高，形成大量的重复产品。词频分析可以帮助商家厘清用词的频次。如果一家店铺除了核心类目词，还有很多属性词或边界词多次出现，也就是说，店铺产品中大量重复出现一些关键词，则说明店铺产品的用词布局不佳。大量的重复用词并没有给店铺带来更多的引流词，反而会产生店内产品相互竞争过度消耗的情况。在这种情况下，商家需要及时地调整策略，减少过度重复用词和补充未覆盖到的词根，以改善店铺的用词状况。

第 84 讲　标题有效度分析

标题是搜索过程带来流量的第一匹配要素，标题的好坏直接影响着搜索的效果。商家在发布产品之后，除了系统赋予的初始权重，标题的词根本身不具有任何权重。也就是说，商家发布产品时的自然权重与使用了哪些词无关，标题只是起到一个匹配的作用。初始排名更多地受所用关键词的搜索热度和竞争环境的影响。

当买家通过搜索关键词匹配到了我们的产品，有了一定的买家行为之后，才在真正意义上参与了权重赛马，在词根上形成买家行为数据。产品可以根据数据赛马的表现获得相应排名。

所以，在搜索匹配过程中，买家搜索了哪些词能够匹配到我们，以及搜索这些词之后的表现如何，决定了产品的发展走向。商家想通过标题带来更大的效果，就要及时关注进店搜索词数据，将效果好的关键词保留并大力扶持，将没有买家搜索的词根进行优化，并对标题的有效度进行分析。

分析标题有效度，需要将与产品相关联的所有搜索词数据进行收集。在阿里国际站后台“产品分析”板块中，商家可以根据数据表现选择要分析的产品标题，将该标题复制到 Excel 表格中，然后选择对应的“360 分析”，展开“进店关键词”数据，对进店关键词数据进行收集、整理，放置到同一份表格中，如图 84-1 所示。

产品名称	负责人	曝光	点击	点击率	访客	询盘	询盘率	进店关键词	曝光	点击
Hot selling summer microfiber print round beach towel		417	25	0.06	20	1	0.05	beach towel	64	3
								round beach towels	40	4
								microfiber beach towel	33	2
								printed towel	17	0
								towel	17	6
								round towel	13	2
								compressed beach towel	13	0
								microfiber towel sport	9	0
								compressed bath towel	7	0
								disposable compressed towel	7	0
								round beach towel microfiber	7	0
								summer towel	7	0
								quick dry sport towel	6	0
								sport towel microfiber	6	0
								towel print	5	0

标题优化　标题词根效果统计　热词选择

图 84-1　对产品“进店关键词”数据进行收集、整理

分析标题的有效度，需要将标题做拆分处理。这里使用到的方法为分列，将标题按空格进行分列，并将分列后的数据转置成一列，将“360 分析”中的搜索关键词数据同步复制到同一张表单中。

将数据放置在同一张表单之后，开始统计词根的效果，这里使用到的是 SUMIF 函数。用法为在 F2 单元格输入公式“=SUMIF(A:A, " * " &E2& " * " ,B:B)”。统计 A 列搜索关键词数据中包含 E2 词根的所有关键词，对其 B 列相应的搜索曝光次数做求和汇总，统计出包含某一个词根的所有关键词的曝光总量，如图 84-2 所示。

F2 =SUMIF(A:A,"*"&E2&"*",B:B)

	A	B	C
1	进店关键词	曝光	点击
2	beach towel	64	3
3	round beach towels	40	4
4	microfiber beach towel	33	2
5	printed towel	17	0
6	towel	17	6
7	round towel	13	2
8	compressed beach towel	13	0
9	microfiber towel sport	9	0
10	compressed bath towel	7	0
11	disposable compressed towel	7	0
12	round beach towel microfiber	7	0
13	summer towel	7	0
14	quick dry sport towel	6	0
15	sport towel microfiber	6	0
16	towel print	5	0
17	microfiber towel	5	0
18	xhy	5	0

E	F	G	H
词根分析	曝光	点击	拓展词数
Hot	0	0	0
selling	0	0	0
summer	12	0	2
microfiber	65	2	6
print	29	0	4
round	65	6	4
beach	175	10	9
towel	296	17	26

标题优化 | 标题词根效果统计 | 热词选择

图 84-2　标题词根效果统计

同理，对点击效果的统计也是如此。除了曝光和点击效果，词根的访客效果、询盘效果也是可以进行统计分析的。至此，标题中的哪些词根有效果、哪些词根没有效果、有效果的词根的效果数据是多少，即可数字化地呈现出来，据此可进行数据化的标题优化。

如果还想更进一步分析词根效果，还可插入图表—直方图来将词根的效果可视化。如果可能，也可做成动态图表的形式，如图 84-3 所示。在图表中，哪一个词根有效果，哪一个词根没效果即可一目了然。对于有效果的词根我们要进行保留，对于完全没有效果的词根，甚至连曝光都没有的词根，则可考虑删除处理。因为其连曝光机会都获取不到，也就不会有后续的买家行为数据，无法参与权重赛马为产品带来权重。对于此类完全无效果的词根，可果断删除，不会影响到后期的产品效果。对于有效果但是效果较弱的词根，则可根据自己的需要进行保留或优化。

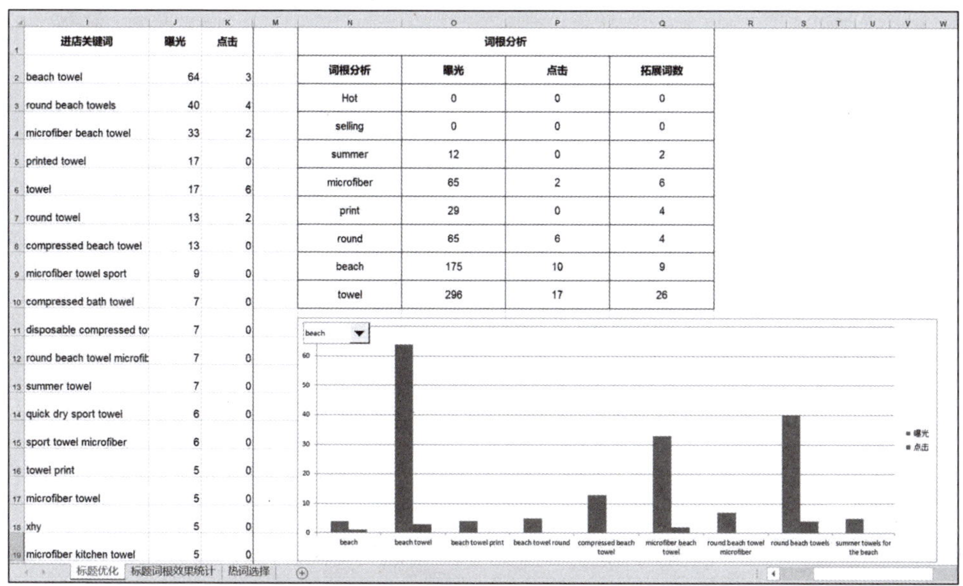

进店关键词	曝光	点击
beach towel	64	3
round beach towels	40	4
microfiber beach towel	33	2
printed towel	17	0
towel	17	6
round towel	13	2
compressed beach towel	13	0
microfiber towel sport	9	0
compressed bath towel	7	0
disposable compressed to	7	0
round beach towel microfit	7	0
summer towel	7	0
quick dry sport towel	6	0
sport towel microfiber	6	0
towel print	5	0
microfiber towel	5	0
xhy	5	0
microfiber kitchen towel	5	0

词根分析			
词根分析	曝光	点击	拓展词数
Hot	0	0	0
selling	0	0	0
summer	12	0	2
microfiber	65	2	6
print	29	0	4
round	65	6	4
beach	175	10	9
towel	296	17	26

图 84-3　标题词根的效果直方图

第 85 讲　数据化优化标题词根

在第 84 讲中提到了标题的有效性分析。对于有效果的词根必然应选择保留，而对于绝对无效果的词根，也就是连曝光机会都没有带来的词根，则可以根据词根的性质考虑是否将其删除。如果这个词根对于产品来说，是能准确描述产品且是较重要的一个属性词或功能词，则可以保留一段时间对它进行推广，根据后期的数据表现再决定是否将其保留。如果是无所谓的词根，则果断删除，空出来的空间用来换上更合适的词根。

在优化标题的过程中，有很多词根是有一些效果的，但是效果较弱，对于这些词根的处理应该慎重。在修改标题时，一定要根据词根的数据反馈来做调整，尤其是已经产生效果的标题，随意改动很可能会影响到原有标题的效果。在优化标题时，可以遵从以下思路。

1. 词根所表现的效果怎么样

在第 84 讲中，我们已经制作出了标题词根的效果直方图，从图中可以清楚地看出哪些词根是有效果的，效果是高还是低。效果最高的词根通常为核心类目词，因为所有效果关键词都要与之匹配；其次是一些属性词，即买家经常搜索的能准确描述产品的关键词。

对于效果表现好的词根，那必然不去考虑改动它；对于零效果和弱效果的词根，在做标题优化时，通常会选择优胜劣汰的方式，也就是首先淘汰零效果和倒数的效果词。将其删除后，空出来的标题空间留给新的词根，在尽量不影响原有标题效果的基础上新增一些优质词来吸引流量，以提升整体的标题效果。

在判断效果词的时候，要将多个指标一起查看，也就是不能单单以某一个指标为标准。例如，某词根的曝光量巨大，但是从来没有带来过点击量，那么这个词根也应该考虑淘汰掉，无法形成转化的词都视为弱效果词。在效果的判定上，询盘量和 TM 咨询量的重要程度要高于点击量，点击量的重要程度要高于曝光量，从一整套的数据表现来衡量词根效果。

2. 与词根相关的关键词有多少

看完了词根的效果表现，还需要看与之相关的进店关键词有哪些，通过 Excel 自带的筛选功能，可以筛选出包含某一个词根的所有进店关键词，通过筛选出的进店关键词数据来决定是否要淘汰这个词根。如图 85-1 所示，所有包含 Hot、Selling 的关键词都没有带来“曝光”数据值，所以这两个词根可以果断删除，因为其自始至终都没有带来明显效果。删除后，空余的空间可以添加更多的优质关键词来提升标题的引流效果。

在淘汰词根时，还需考虑与之相关的其他进店关键词是否会受到影响，一定要确认所有含有该词根的搜索词都是没有效果的，一旦有其他有效果且含有该词根的关键词存在，将词根删除后，买家再搜索这些进店关键词，由于文本相关性受到了影响，则很难再匹配到该产品，也就是说这个词根所影响的不仅是一个关键词，而是与之相关的所有“进店关键词”。所以这一维度也是优化标题时应该考虑到的，根据所有关联词的数据表现来决定是否要剔除它。

3. 空出来的空间要添加哪些词

根据优胜劣汰原则对标题词根进行了无效词或弱效词剔除之后，空出来的空间要补充一些新的词根进去。商家可以像写标题时一样，对阿里国际站后台“关键词指数”板块中的热搜词进行整理，从词库中重新挑选一些更能描述产品的词或新出的词，以及近期搜索指数飙升的词添加进去，为标题注入新的血液，让其良性发展。

Q3　=COUNTIF($I:$I,"*"&N3&"*")

进店关键词	曝光	点击
beach towel	64	3
round beach towels	40	4
microfiber beach towel	33	2
printed towel	17	0
towel	17	6
round towel	13	2
compressed beach towel	13	0
microfiber towel sport	9	0
compressed bath towel	7	0
disposable compressed to	7	0
round beach towel microfit	7	0
summer towel	7	0
quick dry sport towel	6	0
sport towel microfiber	6	0
towel print	5	0
microfiber towel	5	0
xhy	5	0
microfiber kitchen towel	5	0

词根分析			
词根分析	曝光	点击	拓展词数
Hot	0	0	0
selling	0	0	0
summer	12	0	2
microfiber	65	2	6
print	29	0	4
round	65	6	4
beach	175	10	9
towel	296	17	26

标题优化　标题词根效果统计　热词选择

图 85-1　数字化优化产品标题

优化标题时，除了要根据数据科学地进行调整，还要注意尽量不要破坏原有词根的紧密程度和相关性，以免排名受到影响。另外，对于数据表现较好的产品，特别是爆款产品，在优化标题时，不要大范围改动，每次只优化 1～3 个词根即可，尽量保证原有标题的完整性不被破坏。对于效果一般或很差的产品，优化标题时可以大范围修改，因为原本效果就不好，也就无须考虑影响效果波动的因素。

第 86 讲　店铺用户画像

商家在经营店铺的过程中，要想将产品持续地销售出去，首先要知道我们的目标受众是谁，能为其提供什么样的价值。如果连目标受众都不清楚，则很难将产品卖出去。举一个例子说明用户画像的重要性。

假如一个卖登山包的小摊贩在中学学校门口摆摊销售，他的销售状况可能不会很好，因为他所面对的大部分受众并没有登山包这个需求。如果我们能根据产品所具备的价值去思考需要它的人群，如去户外爱好者协会的门口摆摊销售，则可能获得一些订单。如果商家能根据目标受众持续改进和优化产品，还会有很大机会提升销量，从而占据更多的市场份额。

商家在销售产品时，如果不清楚目标受众的画像，就很难贴近目标受众的生活场景和需求去讨论和分析问题。用户画像是解决我们产品卖给谁的问题，以及为哪些人群解决问题的问题。用户画像画得越细致，其应用价值就越高。

在绘制用户画像时，商家可根据产品自身的定位进行绘制。比如，商家的定位就是围绕运动人员解决问题，即可将这些人的基础属性和需求共性全部绘制出来尝试挖掘需求，是解决户外爱好者携带东西的便捷性问题，还是解决年轻人室内健身的需求。通过深挖目标受众的需求和使用场景来做产品价值的包装和升级，从而更加有针对性地服务目标受众，为其提供更加满意的产品体验。

绘制用户画像要求我们了解目标受众的一些基础属性。用简短的关键词对目标人群进行“打标归类”，以将受众属性进行分类，如国家、性别、所处行业、浏览偏好、价格敏感度等。商家可以在“客户信息”里查看这些数据。价格敏感度需要与买家沟通之后才能进行“打标”。画像甚至可以包括在聊天过程中感知到的用户性格。

画像的标签没有定论，只要能起到分析作用的，都可以作为标签进行绘制。除了基础的属性，还有一些标签是笔者个人觉得比较重要的，那就是与产品使用和生活场景相关的一些标签。这些标签可以让商家对目标受众的需求有更加深入的了解，从而按照场景对人群进行划分归类，有针对性地设计广告宣传语和推广方案。

在挖掘产品生活场景相关的标签时，商家可围绕产品的使用场景做微观体验上的评判。比如，抱枕这款产品。抱枕是人们看电视或睡觉时抱着用的一个软支撑用具。在拆解其使用场景时，可以从舒适度、买家使用的感受、动作等进行深入挖掘。

例如，抱枕的使用高度符合人体工程学设计，使用时既可以支撑手臂，也不影响打字。将其细化的微观体验整理出来，从而作为价值切入的触点。此外，商家还可以依据用户画像指导产品升级，改变抱枕产品的填充材料或外形，使之在倚靠时能够贴合使用者的脊椎，实现长期倚靠不疲劳的效果；或者改变其表面材质，将大多数的棉质材料改成涤质材料，实现在夏天倚靠时不容易出汗的效果；等等。在挖掘需求标签时，要额外注意挖掘出的需求是目标受众的真实需求还是“自嗨”的假需求，这一点需要商家额外注意。

绘制用户画像时，有几种常见类型的画像标签，整理如下。

衡量用户的基础属性标签：国家、性别、年龄、行业、产品偏好、价格敏感度等。

衡量用户的行为标签：询盘、下单、复购、金额等。

衡量用户的生活场景标签：孤独、烦琐、劳累、烦躁、忙乱等。

衡量产品相关的标签：耐磨、轻便、续航久、功能多等。

绘制用户画像的标签没有固定的标准，大体会涉及上面几种情况，能够从这 4 个维度思考、绘制的标签就已经很完善了。绘制用户画像的目的就是分析受众人群的具体需求、行为和兴趣爱好等特征，从而更好地挖掘出价值触点可以满足他们，便于产品的销售。精准的定位用户群体和需求点，可以减小营销的难度。

第 87 讲　运营核心指标分析

电商运营过程会涉及大量指标，这些指标从不同角度描绘着店铺的状态是好还是坏。对于店铺核心的一些指标，商家要经常注意查看。

1. 商家星等级

“星等级”是综合反映店铺实力的一个指标，主要由 4 个维度组成：商家力/商品力、营销力、交易力和保障力，从 4 个层面衡量店铺的综合水平。星等级关乎店铺的流量瓶颈，同等状态下，店铺的星等级越高，所能分配到的流量规模也就越大。商家要经长查看星等级的哪些指标存在不足，及时改进和优化。

2. 曝光量

曝光量是反映店铺产品在买家面前展现次数的一个指标，曝光量的多少取决于曝光矩阵的面积，也就是由横坐标关键词数和纵坐标单个词的曝光量所围成的面积。在分析曝光量问题时，要根据最新整理的关键词库来做对比判断，适度地上新或优化一些关键词。分析曝光水平问题时则根据关键词的选择，即词性、精准度和搜索热度来做评判，努力让单个关键词有好的效果表现，以获取更高的权重、获得更多的展现机会。

3. 点击率

点击率分为两种，一种是整体点击率，俗称店铺点击率；另一种是单品点击率。店铺整体点击率过低，即店铺大部分产品的点击率都低，所以整体均值不高。店铺点击率所反映的问题是关键词布局和用词质量的问题，商家需要检查产品发布的质量水平和推广设置是否存在问题，特别是对高曝光的产品需要着重检查其推广设置有没有存在用词不准和虚假曝光的情况，及时改善头部产品的点击率以提升整体点击率水平。

单品点击率反映的是产品对曝光的转化能力，也就是产品的吸引力。尤其是主图和价格，客户第一眼看到了什么非常重要，它直接决定着买家是否会点击。所以，好的第一印象是非常重要的。当然，这一切都建设在引入的流量与产品精准匹配的基础上。所以检查单品点击率的问题时，要先考虑引流词自身的问题，再去考虑主图和价格的问题。

4. 咨询转化率

咨询转化率同样分为整体转化率和单品转化率。整体转化率反映的是店铺整体对访客的转化能力。店铺转化率是每款产品转化能力的综合体现。分析店铺咨询转化率时，通常有两种方式，一种是细分到渠道，也就是将咨询转化率细分为搜索渠道咨询转化率、活动渠道咨询转化率、场景渠道咨询转化率等。另一种方式是细分到产品，细分成产品 1 的咨询转化率、产品 2 的咨询转化率等，来看拉低整体咨询转化率的具体渠道和产品，从而细化问题，找到病症所在。

在分析咨询转化率时，主要思考买家看了产品后为什么没有发起询盘和 TM 咨询，是进店关键词的问题、价格的问题，还是产品自身、视觉设计的问题。商家应对咨询转化率低的产品进行问题排查和优化。

5. 订单转化率

订单转化率反映的是店铺成交客户的能力，以及业务员谈单的能力。同咨询转化率一样，订单转化率也可拆分为具体产品的订单转化率。商家可首先排查转化率较低的产品，思考优化方案。在影响产品成交的因素中，除了业务自身销售水平，产品的价格、咨询客户的质量、客户评价、历史销售数据等都是影响买家购买的因素。商家可根据买家购买的链路逐一排查，以尝试解决不成交的问题。

6. 访客量

访客是带来咨询和订单的根本因素，有访客才能带来销量。所以在分析效果问题时，绝对不能仅看曝光和点击的表现，因为这仅是搜索渠道的效果，非搜索渠道也可能带来大量的流量。

店铺运营重要的指标之一就是访客，有访客才能产生购买行为。所以在诊断店铺效果时，首先要看自身店铺的访客量水平，在访客量较少时，第一要务就是引入访客，因为有客户是成交的前提。当访客量达到一定水平时，则要看店铺的转化水平，这些访客是否能够转化成订单。访客量是运营指标中十分重要的一个指标，大部分效果分析都可由此而不断展开。

7．订单单价

单价是影响店铺销售金额很重要的一个因素。店铺总成交金额的波动，主要受买家订单单价的影响，同一家店铺每个月的订单数波动通常不会特别大，但是每一个订单的金额却可能波动很大。很可能因为某一个月有金额较大的订单，就导致这个月的业绩特别高。在分析店铺时，订单平均单价也是需要关注的指标。如果一家店铺长期都是小订单，根本不足以支撑店铺的收支，那么商家需要思考是否需要上架新品或更换品类。

8．纠纷率

纠纷率属于店铺核心指标中的保健因素。当店铺纠纷率过高时，这家店铺往往存在着大量的问题，甚至很可能让店铺快速衰亡。商家一定要重视自身店铺纠纷产生的原因，是产品问题还是产品之外的问题，及时解决、规避风险。商家可定期检查该指标是否超标，当纠纷率较高时，商家一定要重视起来。

9．收藏量和比价数

收藏量和比价数是评估客户对产品喜好度的重要指标，通常与产品的转化率一起查看。当产品的转化率高、销量好时，通常收藏量和比价数也会较高，它们之间呈正比例的关系。如果某一产品的收藏量高但是询盘量和 TM 咨询量低，则很可能是因为客户对此产品感兴趣，但由于某些顾虑而没有发起咨询。收藏和比价是客户对喜好产品的行为动作，不会平白无故地发生，在一定程度上反映着产品受欢迎的程度。对于此类现象，商家可以尝试通过降价或促销的形式来验证是否因为价格或某些因素导致的客户没有发起咨询和下单行为。

10．访问深度

访问深度考察的是店铺页面布局和流量引导能力，指的是平均每个访客看了几个页面，通常结合访客详情里面的页面停留时长来分析。大多数店铺的访问深度约为 3 个，过低则要考虑店铺的产品布局和页面布局问题。

11．页面停留时间

页面停留时长反映的是客户对产品的关注度，当客户满意一款产品并仔细浏览时，停留时间就会较长，反之则会较短。如果店铺内大部分产品停留时间为一两秒，则要考虑店铺流量来源和产品内页的设计问题。如果是流量来源问题导致的大量“劣质流量”进店，要及时地发觉和止损。如果是部分产品的停留时间短，则商家可尝试优化内页质量来延长页面停留时长，但内页设计导致的页面停留时间较短的现象不是很常见。

12. 上架产品数和有效产品占比

上架产品数和有效产品占比这两个指标反映的是商家对店铺的打理能力。这两个指标都用于搜索权重的计算。一家店铺的上架产品数建议不要低于 200 款，要有周期、有规划地发布新产品。店铺的有效产比占比应保持在 80%以上，及时处理 90 天以上的零效果产品，防止过多的零效果产品影响到店铺权重。

13. 免费和付费流量占比

免费和付费流量占比反映的是店铺引流的健康程度。当然，并不是说付费流量多就一定不好，要预估全店的投入产出情况。如果免费流量和付费流量的比例差异悬殊，甚至所有流量都来自付费，这是一个不好的现象，从一定程度上反映了自然搜索权重存在短板，也就说明产品自身的点击和转化能力较为薄弱，无法形成良性的搜索权重循环。同时，产品自身的点击转化不足也会影响到付费推广的产出效果，这一点也是商家需要注意的。

14. PC 端和无线端的流量占比

PC 端和无线端的流量占比反映的是店铺流量较多来自哪个终端。随着无线端各种应用场景的普及与适应，大多数电商平台都在朝着无线端发展。如果店铺以无线端的流量为主，那么在推广和视觉设计上也要迎合无线端的设计和推广，提升买家的视觉体验。同时，进入后台进行数据分析时，平台也都提供了 PC 端和无线端的独立数据，并为店铺效果的细分分析提供了更便捷的方式。

第 88 讲　单品异常的数据诊断与分析

“单品异常”主要表现在两个方面，一个是效果方面的异常，一个是趋势方面的异常。

1. 效果方面的异常

效果方面的异常主要是指点击和转化方面的异常，包括“有曝光但无点击”或“有点击但无转化”的问题。这类问题需要围绕买家的购物流程去做分析，“为什么买家看到了我没有点击我”，以及“为什么买家点击了我没有咨询我”。这个问题的根本原因在于产品的呈现和用词，也就是客户通过搜索哪些词看到了我们，以及看到我们之后做出了哪些行为动作。

影响点击的因素主要有搜索关键词和搜索结果页呈现出的内容，这两个因素涵盖了影响点击的所有要点。其中，搜索呈现结果，对点击率影响较大的因素点有周围竞争的产品、自身产品的主图和产品价格。关于点击率更加细致的优化手段可参考第 25 讲“搜索权重指标及常见提升方式”，里面有对分析点击率问题更加细致的阐述，这里不再赘述。

转化率问题是运营中的一大难题，在运营过程中，绝大多数动作都影响着转化率。影响转化最大的常见问题是推广用词和价格问题。遇到转化问题时，也应该优先思考从这两个角度出发。首先检查推广用词和价格问题，其次检查产品卖点、评价和视觉问题。详情可参考第 25 讲“搜索权重指标及常见提升方式”，里面有对转化率优化的具体描述。

2. 趋势方面的异常

单品异常的第二个表现是趋势的异常。常见的现象是一款产品卖得好好的，突然有一天开始咨询量骤减，且之后长期持续如此，也没有任何的违规受处罚行为。对于这种情况要如何分析呢？商家可以从 3 个角度去分析。

（1）大盘问题。

大盘问题主要受政治和环境影响，如 2020 年新型冠状病毒肺炎疫情（简称新冠肺炎疫情）问题导致的大部分类目的客户需求减少，新冠肺炎疫情相关类目的客户需求增多，大盘波动会影响整个类目下的所有商家，大盘的客户需求减少了，所以大多数店铺也会受到波及。单品出现异常时，首先要检查是否为大盘波动产生的影响，可以直接对照同行平均数据和同行优秀数据，尤其是同行平均数据，看其是否出现了大范围波动。如果大家都出现了下滑或上涨趋势，那么很可能是重大的政治或环境因素导致的。其中可能存在着一定的机遇或风险，商家要及时感知。

（2）自身问题。

对于自身问题导致的单品趋势异常，首先需要排查该产品的上一级指标是否出现了趋势异常。例如，某产品的咨询量出现了骤降，首先要看其访客量是否也出现了同步的骤减。如果访客量相较原来没有发生大的变化，则是转化层面出现了问题。其次检查是否因为出现了差评，或者折扣到期没有及时改正价格导致的转化下滑，又或者是因为该产品的进店引流词出现了大的变化，以致进店流量不佳，从而影响到店铺的转化效果。商家应围绕影响转化的相关要素进行逐一排查。

如果单品的咨询量骤降，访客量也出现了同步的骤降现象，则要考虑进店流量丢失的原因，是因为突然停止了推广活动，还是因为修改了标题以致部分进店关键词流量缺失，商家可对比以前的进店关键词数据来检查搜索流量的变化情况；抑或是因为活动到期，场景和活动流量突然截止，以致访客大幅下滑。总之，商家可围绕进店流量的渠道进行逐一排查，找出访客量大幅下滑的具体原因。

（3）竞争对手。

最后一种影响效果波动的因素是竞争环境发生了变化，也就是同类型产品中出现了一个或多个强大的竞争对手，在价格上或在产品上比我们有优势。当平台上多了几家这样的竞争对手时，也会影响到我们自身产品的数据表现。对于这类问题商家需要重视，尤其是对于有些品类来说，产品更新换代对销售的影响是巨大的，商家要及时更新迭代产品避免落后，定时对市场环境进行调研观察。

总的来说，造成单品效果波动的因素大体就这 3 类：大盘问题、竞争环境问题和自身问题。当单品效果出现大幅波动时，商家可根据这 3 类情况依次进行排查，从而找到影响产品效果波动的具体原因。

第 89 讲　店铺效果监控表

分析店铺效果和发展趋势最常用的方式就是监控店铺指标数据，对店铺指标数据及时进行记录、整理并绘制成图，通过数据对比和走势来深入了解店铺。

在绘制店铺效果监控表之前，商家需要先规划一下要监控的店铺指标，知道有哪些指标是重要且值得长期记录和分析的。首当其冲的就是高频效果指标，如曝光量、点击量、询盘量和 TM 咨询量等。在第 87 讲“运营核心指标分析”中，也提到了十几项较为重要的核心指标，商家可以选出一些与效果贴近的指标来进行长期监控。

监控店铺指标数据并不是为了单纯地记录数据，而是要通过一段时间的数据变化来指导运营工作。一味地收集数据并把数据当作教条并没有意义，数据必须能够为商家提供一些指导意义。记录分析的好处在于数据可以长期保存，不会随着时间的推移而丢失，这相对于平台自身记录的数据周期来说，更便于店铺自身数据的存档。记录分析的另一个好处是，可以将多个指标综合进行分析，甚至可以转换出平台自身没有提供的评估指标进行多维度的数据呈现和可视化操作。

多维度了解店铺运营情况，首先要做的就是收集店铺各个维度的数据。首先建议对高频分析的店铺指标进行收集，如曝光量、点击量、访客量、TM 咨询量等数据。因为这些都是直观描述店铺效果的数据，对于商家分析店铺运营效果有很大的帮助。

在制作店铺监控表时，建议商家按天为单位进行数据的收集。将数据按尽可能小的周期进行记录，在分析、归类时可选择的方式就会更多，分析的数据也就更细致。商家可以在每天工作开始之前，利用 5 分钟的时间来专门收集数据。不要小瞧这一个小的动作，长期坚持的话，它可以为店铺提供更多的指导价值。数据收集、整理的方式可以参考图 89-1 所示。

	A	B	C	D	E	F	G	H	I	J	K	L	M	N
4	日期	5月1日	5月2日	5月3日	5月4日	5月5日	5月6日	5月7日	5月8日	5月9日	5月10日	5月11日	5月12日	5月13日
5	自然曝光量	688	893	1117	726	558	675	1098	1222	1127	1084	925	566	958
6	直通曝光量	1897	2185	2223	1905	1988	2436	2442	2595	15384	15087	4513	3832	15670
7	自然点击量	9	17	13	32	21	19	42	30	36	20	31	10	38
8	直通车点击量	11	5	5	9	7	7	6	6	10	11	9	9	10
9	自然点击率	0.013	0.019	0.012	0.044	0.038	0.028	0.038	0.025	0.032	0.018	0.034	0.018	0.040
10	直通车点击率	0.006	0.002	0.002	0.005	0.004	0.003	0.002	0.002	0.001	0.001	0.002	0.002	0.001
11	曝光量	2585	3078	3340	2631	2546	3111	3540	3817	16511	16171	5438	4398	16628
12	同行曝光量	1494	1554	1546	1423	1237	1450	1624	1592	1517	1559	1413	1235	1469
13	TOP曝光量	12029	11655	11736	11091	9848	9935	10653	11160	10581	11332	9449	9012	10690
14	点击量	20	22	18	41	28	26	48	36	46	31	40	19	48
15	同行点击量	18	20	19	17	14	18	20	19	19	20	17	14	18
16	TOP点击量	110	159	164	144	138	138	146	134	152	161	133	133	162
17	访客量	55	32	52	47	28	39	43	38	50	50	48	34	62
18	同行访客量	37	37	37	34	31	38	41	39	38	39	35	32	38
19	TOP访客量	445	478	506	461	434	527	569	496	443	481	435	417	494
20	询盘量	1	1	2	24	26	18	26	21	26	22	30	19	23
21	同行询盘量	3	2	2	2	2	2	3	3	2	3	2	12	2
22	TOP询盘量	25	20	21	20	20	23	25	20	19	22	20	19	20
23	TM咨询量	5	5	5	5	5	5	5	5	5	5	5	5	5

数据汇总　数据看板

图 89-1　数据收集、整理演示

做店铺运营效果数据分析时，由于记录的数据较为密集，分析的难度较大，在这一过程中可以借助 Excel 自带的图表功能来将数据进行可视化处理，将数据做成可视化的数据看板。这样，下次使用时，只需要更新数据内容，即可直接查看可视化的数据表现。

对于 Excel 使用水平不是很高的新手来说，可以直接利用 Excel 自带的图表功能。选中数据，插入柱形图或趋势图来制作数据看板。将各类数据指标，按每一个指标的自身水平、同行平均水平和行业优秀水平分别制作成数据图表，并将多个数据图表进行对齐排列，以便查看可视化的数据。而对于有较为丰富的 Excel 使用经验的运营人员来说，还可制作动态图表，在一个数据看板中通过控制数据标签控件的形式来呈现数据，如图 89-2 所示。

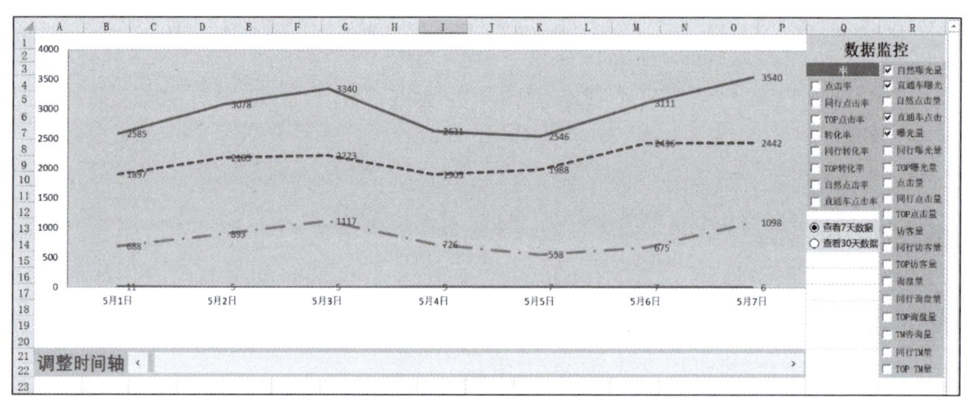

图 89-2　多维数据分析看板

不论采用哪一种方式，只要能够帮助商家更便捷地查看数据，不必追求过于复杂的图表技术而浪费过多的时间。甚至当商家的数据分析能力达到一定水平时，连数据图表也可舍弃，直接在后台打开多个数据页面进行分析也是可以的。这就是“心中有数，脑中有图”的状态。

观察、分析图表时，所用到的数据分析思维以对比和趋势分析为主，通过数据对比来了解效果的强弱，主要通过和同行之间的对比寻找差距。趋势分析则看自身效果的波动，观察最近一段时间的趋势是在向上发展还是在向下发展，以预测店铺的发展方向并及时做出判断。当趋势下滑时，及时检查原因、发现问题。长期的历史数据还可用于商家的总结规划，尤其是以往发生的大的数据波动和数据转折点十分值得商家重视和回顾，商家可以通过总结经验和规律来指导今后的运营动作。

第 90 讲　数字化询盘分析

在阿里国际站运营中，很少有人主动去做询盘分析，阿里国际站后台数据也没有提供这方面的分析数据。但是询盘作为店铺效果中较为重要的一个指标，也是值得分析的。

分析询盘首先要获取询盘数据，阿里国际站后台提供了一种申请获得的方式，但其获取方法较为烦琐，需要先写申请函办理导出手续然后导出，并且每年只可获取一次，不便于数据的分析，因此不建议使用这种的方式。商家可以在询盘网页的代码中获取到这些数据。打开网页登录阿里国际站后台进入询盘页面，按 F12 键进入“开发者”模式，单击“询盘”页面下方的“切换”按钮，选择每页展示 100 条数据，目的是让网页数据重新加载且一次性加载出尽可能多的数据，减少复制收集的次数。在代码中找到询盘数据，并全选复制到 Excel 表格中，如图 90-1 所示。

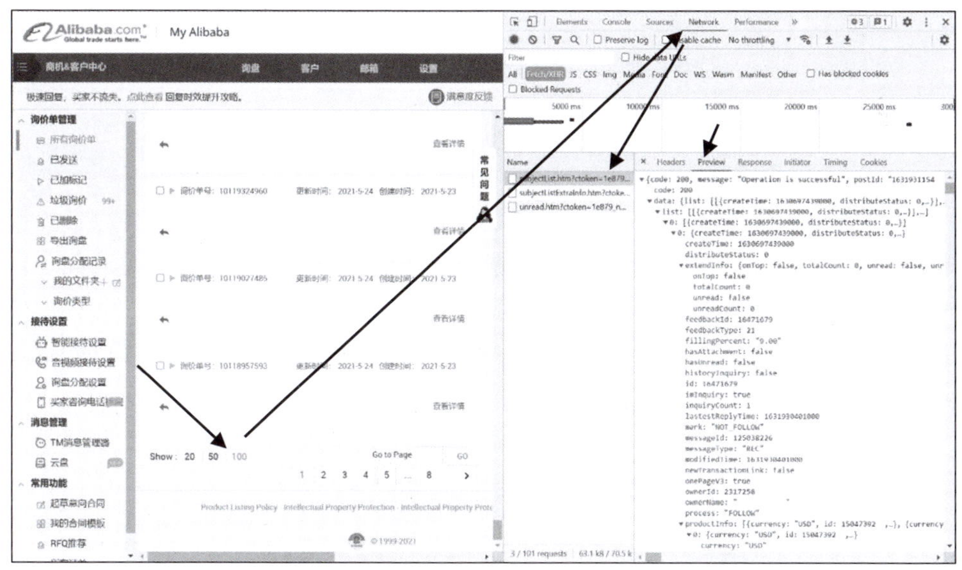

图 90-1　获取询盘数据

根据商家的需求，可依次翻页来收集不同页面的询盘数据，每次翻页后网页数据都会重新加载，商家要在“开发者”工具中找到新出现的询盘数据标签，将其内容全部复制下来，并汇总到 Excel 中的一列进行分析。

数据获取之后，接下来就是，在杂乱的代码数据中提取出我们需要的数据内容，如图 90-2 所示。首先将整理的询盘数据按标签字段和标签内容进行分割，即按冒号对数据进行分割，冒号前的内容为标签字段，冒号后的内容为标签值。图 90-2 中 B1 单元格用到的函数是“=LEFT(A1,FIND(" : " ,A1,1)-1)&COUNTIF($A$1:A1, " createTime* ")”，C1 单元格用到的函数是 “=RIGHT(A1,LEN(A1)-FIND(" : " , A1,1))”。填写函数并向下填充。

B1 =LEFT(A1,FIND(":",A1,1)-1)&COUNTIF($A$1:A1,"createTime*")

	A	B	C
1	{code: 200, message: "Operation is suc	{code0	200, message: "Operation is successful"
2	code:200	code0	200
3	data:{,...}	data0	{,...}
4	list:[[{createTime: 15920400uteStatu	list0	[[{createTime: 15920400uteStatus: 0, fee
5	0:[{createTime: 1592040004000, d	00	[{createTime: 1592040004000, distribute
6	0:{createTime: 1592040004000, (	00	{createTime: 1592040004000, distribute
7	createTime:1592040004000	createTime1	1592040004000
8	distributeStatus:0	distributeStatus1	0
9	feedbackId:10133553	feedbackId1	10133553
10	feedbackType:1	feedbackType1	1
11	fillingPercent:"9.00"	fillingPercent1	"9.00"
12	hasAttachment:false	hasAttachment1	false
13	hasUnread:false	hasUnread1	false
14	id:101063933	id1	101063933
15	imInquiry:true	imInquiry1	true
16	inquiryCount:1	inquiryCount1	1
17	lastestReplyTime:15920504000	lastestReplyTime1	15920504000
18	mark:"NOT_FOLLOW"	mark1	"NOT_FOLLOW"
19	messageId:100876843476	messageId1	100876843476
20	messageType:"REC"	messageType1	"REC"

询盘分析函数模板 | 询盘信息 | 各国家产品偏好 | 询盘与时间 | 询盘与渠道 | 询盘渠道特征 | 询盘与地域 | 询盘产品排序 | 产品与时间

图 90-2　对整理的询盘数据按标签字段和标签内容进行分割

数据分割之后，接下来就是根据数据标签来获取需要的数据内容。首先提取询盘的时间，在获取的网页代码数据中，我们可以发现询盘的创建时间是以时间戳的形式进行记录的，我们先将其提取出来，然后还原为北京时间。提取询盘创建的时间戳，并向下填充，如图 90-3 所示。F2 单元格函数为"=VLOOKUP (" createTime " &ROW(1:1),B:C,2,0)"。

F2 =VLOOKUP("createTime"&ROW(1:1),B:C,2,0)

	A	B	C	D	E	F	G
1	{code: 200, message: "Ope	{code0	200, message: "Operation is			时间	还原
2	code:200	code0	200			1592040004000	2020-06-13 17:20:04
3	data:{,...}	data0	{,...}			1592030750000	2020-06-13 14:45:50
4	list:[[{createTime: 15920	list0	[[{createTime: 15920400ute				
5	0:[{createTime: 15920	00	[{createTime: 159204000400				
6	0:{createTime: 15920	00	{createTime: 159204000400				
7	createTime:159204	createTime1	1592040004000				
8	distributeStatus:0	distributeStatus1	0				
9	feedbackId:101335	feedbackId1	10133553				
10	feedbackType:1	feedbackType1	1				
11	fillingPercent:"9.00"	fillingPercent1	"9.00"				
12	hasAttachment:false	hasAttachment1	false				
13	hasUnread:false	hasUnread1	false				
14	id:101063933	id1	101063933				
15	imInquiry:true	imInquiry1	true				
16	inquiryCount:1	inquiryCount1	1				
17	lastestReplyTime:15	lastestReplyTime1	15920504000				
18	mark:"NOT_FOLLO	mark1	"NOT_FOLLOW"				
19	messageId:100876	messageId1	100876843476				
20	messageType:"REC	messageType1	"REC"				

询盘分析函数模板 | 询盘信息 | 各国家产品偏好 | 询盘与时间 | 询盘与渠道 | 询盘渠道特征 | 询盘与地域 | 询盘产品排序 | 产品与时间

图 90-3　提取询盘创建的时间戳演示

提取询盘创建的时间戳以后，这个数据还无法直接使用，还需要将其还原为北京时间，如图 90-4 所示。G2 单元格输入的函数为“=TEXT((F2/1000+8*3600)/86400+70*365+19, " yyyy-mm-dd hh:mm:ss ")”，并向下填充。

G2 =TEXT((F2/1000+8*3600)/86400+70*365+19,"yyyy-mm-dd hh:mm:ss")

	F	G	H	I	J	K	L	M
1	时间	还原	年	月	日	时间段	国家	产品
2	1592040004000	2020-06-13 17:20:04	2020	6	13	17-18	"Russian	"产品11"
3	1592030750000	2020-06-13 14:45:50	2020	6	13	14-15	"United	"产品1"
4								

图 90-4 将询盘时间戳还原为北京时间

到此，我们就将询盘的创建时间提取了出来，接下来还需要提取询盘的国家和询盘的产品等内容，如图 90-5 所示。L2 为提取询盘国家的公式，公式写法为“=VLOOKUP(" countryName " &ROW(1:1),B:C,2,0)”。M2 为提取询盘产品的公式，公式写法为“=VLOOKUP(" productName " &ROW(1:1),B:C,2,0)”。提取其他内容的方法也是一样的，使用 VLOOKUP 函数进行查找提取对应的标签值即可。

L2 =VLOOKUP("countryName"&ROW(1:1),B:C,2,0)

	A	B	C	D	E	F	G	H	I	J	K	L	M	N
1	{code: 200, message: "O	{code0	200, message: "Op			时间	还原	年	月	日	时间段	国家	产品	来源
2	code:200	code0	200			1592040004000	2020-06-13 17:20:	2020	6	13	17-18	"Russia	"产品11"	"main_
3	data:{,...}	data0	{,...}			1592030750000	2020-06-13 14:45:	2020	6	13	14-15	"United	"产品1"	"main_
4	list:[[{createTime: 1592	list0	[[{createTime: 1592(											
5	0:[{createTime: 1592	00	[{createTime: 15920											
6	0:{createTime: 159	00	{createTime: 15920											
7	createTime:15920	createTime1	1592040004000											
8	distributeStatus:0	distributeStatus1	0											
9	feedbackId:10133	feedbackId1	10133553											
10	feedbackType:1	feedbackType1	1											
11	fillingPercent:"9.0(	fillingPercent1	"9.00"											
12	hasAttachment:fal	hasAttachment1	false											
13	hasUnread:false	hasUnread1	false											
14	id:101063933	id1	101063933											
15	imInquiry:true	imInquiry1	true											
16	inquiryCount:1	inquiryCount1	1											
17	lastestReplyTime:	lastestReplyTime1	15920504000											
18	mark:"NOT_FOLL	mark1	"NOT_FOLLOW"											
19	messageId:10087	messageId1	100876843476											
20	messageType:"RF													

询盘分析函数模板 | 询盘信息 | 各国家产品偏好 | 询盘与时间 | 询盘与渠道 | 询盘渠道特征 | 询盘与地域 | 询盘产品排序 | 产品与时间

图 90-5 提取询盘的其他数据内容

最终整理好的数据如图 90-6 所示。我们全选数据，选择“插入数据透视表”选项，即可对询盘数据进行分析。根据现有的询盘数据，商家可以分析不同时间段的询盘量分布情况，来统计哪一个时间段的询盘最多，以便于后期安排业务做好接待工作。图 90-7 所示为不同时间段的询盘量分布图。

日期	年份	月份	日	时间	时间段	标题	联系人	国家	业务员	询盘来源	询盘产品名
2019/3/24	2019	3	24	17:06	17--18	打乱处理	Henry Faolotoi	Samoa	业务员B	main_app_detail	产品N
2019/3/24	2019	3	24	13:34	13--14	打乱处理	darrell potter	United Sta	业务员C	main_app_detail	产品M
2019/3/23	2019	3	23	15:23	15--16	打乱处理	Deepak Purusharthy	India	业务员B	main_app_detail	产品A
2019/3/23	2019	3	23	9:56	9--10	I want to buy the product you are	Robert Baschangel	United Sta	业务员A	main_en_detail	产品G
2019/3/24	2019	3	24	6:24	6--7	I want to buy the product you are	Giorgi Tsiskarishvili	Georgia	业务员B	other_main	产品L
2019/3/20	2019	3	20	4:05	4--5	打乱处理	Jorge Gallegos	Mexico	业务员B	main_app_detail	产品Q
2019/3/16	2019	3	16	21:23	21--22	打乱处理	David Becerra	Peru	业务员C	main_en_detail	产品N
2019/3/24	2019	3	24	0:37	0--1	打乱处理	thang vnu	Vietnam	业务员C	main_wap_detail	产品K
2019/3/24	2019	3	24	0:13	0--1	打乱处理	kishore KABIR	India	业务员A	main_app_detail	产品F
2018/12/21	2018	12	21	5:18	5--6	打乱处理	Ashlen Naidoo	South Afric	业务员B	main_wap_detail	产品K
2019/3/23	2019	3	23	17:30	17--18	I want to buy the product you are	Andrey Nikitin	Russian Fe	业务员A	main_en_detail	产品K
2019/3/23	2019	3	23	17:30	17--18	I want to buy the product you are	Andrey Nikitin	Russian Fe	业务员C	main_en_detail	产品Q
2019/3/23	2019	3	23	17:29	17--18	I want to buy the product you are	Andrey Nikitin	Russian Fe	业务员B	main_en_detail	产品D
2019/3/23	2019	3	23	17:29	17--18	I want to buy the product you are	Andrey Nikitin	Russian Fe	业务员B	main_en_detail	产品D
2019/3/16	2019	3	16	3:51	3--4	I want to buy the product you are	Leonardo Orjuela	Colombia	业务员A	main_en_detail	产品F
2019/3/6	2019	3	6	19:50	19--20	打乱处理	laura king	Australia	业务员A	main_app_detail	产品I
2019/3/21	2019	3	21	20:32	20--21	I want to buy the product you are	halis polat	Turkey	业务员B	other_main	产品K
2019/3/21	2019	3	21	14:53	14--15	I want to buy the product you are	kakhi chagiashvili	Georgia	业务员B	main_en_detail	产品B

图 90-6　最终整理好的询盘数据演示

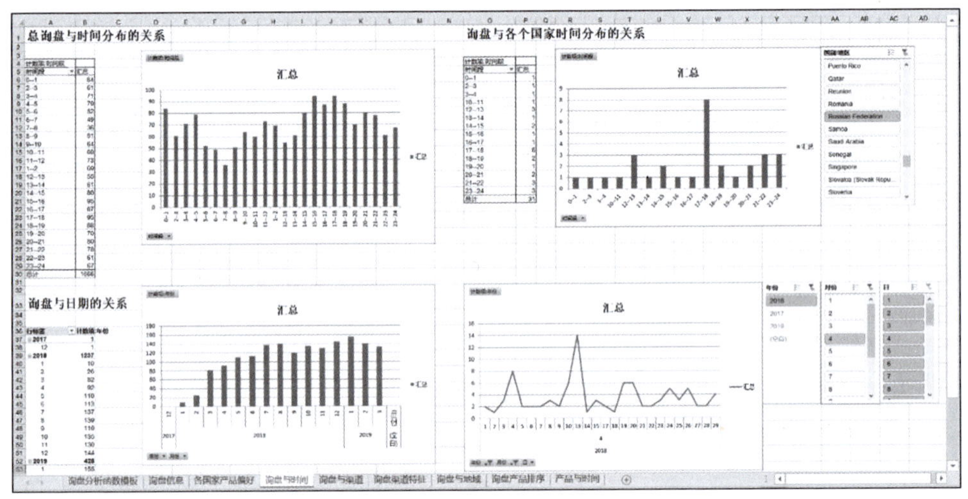

图 90-7　不同时间段的询盘量分布图

除此之外，商家还可分析的内容有不同国家的询盘产品偏好情况、不同国家询盘量分布情况等。商家可根据自身需求来选择要分析的数据方向。

询盘分析报告可以为商家的很多运营工作提供数据指导。询盘的时间可以用来指导直通车的推广工作，在必要的时候，商家可以通过定时推广来节省预算，在询盘较多的时间段进行推广和溢价调整。除了推广时间上的指导，询盘分析的结果还包含了国家维度的数据。商家可以从中了解到哪些国家的询盘最多，哪些产品的询盘最多，不同国家各自偏好的产品品类是什么。这些对于直通车的推广设置都可以起到指导作用。

同时，不同国家的产品偏好也为商家的营销策划和关联推荐工作提供了数据参考。例如，墨西哥的客户询盘的产品大多都是产品 A 和产品 B，那么就可以在谈单的过程主动向墨西哥客户推荐这两款产品。不同国家的产品偏好通常还反映着一个国家的文化和习俗，这也是商家深入挖掘客户需求的方向。商家可以沿着这个方向对产品进行升级，挖掘出更贴合客户的产品价值。

在分析询盘数据过程中用到的思维主要是分组归类和数据排序，也就是通过归类来找出数据的共性。比如，挖掘不同产品的询盘分布、不同国家的询盘共性、询盘的时间分布、不同时段的询盘量对比，以及按年份、月份的汇总询盘量和趋势规律等。在第 73 讲“数据分析的 10 种常用思维”中也提到了一些高频使用的分析方式，都可以用来启发思维做询盘的分析工作。

第 91 讲　媒体中心短视频的数据分析

媒体中心发布视频是一种吸引粉丝的获客渠道，如果商家能够持续输出高质量内容，也有助于提高店铺业绩。阿里后台媒体中心支持发布 TrueView 视频和产品视频内容，商家投稿的视频可进入 TrueView 短视频展示频道和“猜你喜欢”等系统推荐场景，获取免费流量。

1. 视频效果的数据趋势分析

阿里国际站后台媒体中心“视频数据”板块提供了商家发布视频内容的效果数据，在这些数据中，商家需重点关注点击人数、引导进店人数和互动人数。因为这 3 个指标是直观描述买家行为的指标，一切效果的来源都是由买家行为产生的，人流量是店铺效果的第一前提。

另外，商家要观察曝光次数或曝光人数，以了解所发布视频的展现情况。如果展现规模过小，也就是曝光量太低，则要看发布的数量是否够多，只有持续发布内容才有机会获得更多曝光，尤其对于私域流量运营而言，这一点是非常重要的。除此之外，商家可以通过联结各指标之间的转化关系，了解店铺的现状和不足。如果曝光过低，要优先考虑发布的视频数量是否足够多，是否有在坚持发布新的视频内容。如果是转化的问题，则要看发布的视频内容的标题和视频介绍内容是否有认真、仔细地填写，足以引起客户兴趣。

和以往数据分析的过程一样，在分析各项指标之间的转化效果之后，还需要关注效果趋势的变化。长期经营视频营销的商家可以逐一查看各指标随着时间的推移，效果趋势发生了哪些变化。当趋势出现大幅度下滑时，也要及时与店铺历史状态进行对比排查，通过对比变量和梳理逻辑的形式，挖掘导致问题出现的原因，及时修正方向。

观察趋势变化时，商家应重点关注两个趋势，即粉丝量的增长趋势和曝光量的增长趋势。这两个指标是评判视频营销经营质量的核心指标，当粉丝数量越来越多，曝光量也越来越高时，说明店铺正在朝着积极的方向发展，通过正比例的关系判断，其他的指标效果也不会太差。粉丝量和曝光量是其他所有指标能够产生效果的源头指标，也映射着店铺内容触达客户的规模大小。

2. 所发视频的详情数据分析

在“视频数据”—“内容详情”板块，平台提供了商家发布内容的详细数据，如曝光量、点击量、互动次数、引导进店次数等。这些数据是商家了解每一条视频效果的反馈数据。商家可根据这些数据反馈总结优秀视频的共性，提炼出要点，作为下次发布视频和制作视频的参考方向。

商家分析所有发布内容的效果时，可使用数据分析思维中的排序思维，对每一个指标进行降序排序，将各个指标下的优势内容挑出来。对多指标表现都较好的内容做特征分析，复制该类内容进行推广，以获取更多的曝光和互动。

3. 视频经营的粉丝数据分析

在粉丝数据板块，平台提供了累计粉丝数、新增粉丝数、活跃粉丝数等数据，商家可以通过涨粉速度和粉丝活跃度来评价自身内容营销的效果。当粉丝量较小时，商家的首要工作就是高频次地发布视频内容，且发布的视频内容要具备一定的吸引力，尽可能地保证客户能够注意到并有兴趣持续看完，精心的策划和经营才更容易获得效果反馈。此外，粉丝数据的趋势变化也反映着店铺的发展状态，是朝着良性发展还是恶性发展。趋势和数据量级都在一定程度上指导着商家的诊断和决策工作。

商家在做短视频营销时，一定要养成发布视频后查看效果的习惯，对效果好的主题要及时分析其内容特征，通过模拟类似视频和隔期重复发布的方式，持续唤起店铺活力。

第 92 讲　直通车推广效果数据分析

很多电商商家都选择了开通直通车的方式来获取流量。使用付费的形式购买流量，对于其效果反馈要十分重视，毕竟是花真金白银买来的流量。在分析流量效果时，首先要看钱花得对不对，其次是看钱花得值不值。如果付费流量不能带来效果，要及时进行止损，对于能够带来效果的词品，也要定期调整优化，让其产出最大化。

1. 看钱花得对不对

分析直通车花费时，可在店铺后台“营销中心”—“外贸直通车”—“流量报告”中按点击量降序排序或按花费降序排序来看钱花得值不值，这两项指标都是与钱直接相关的指标。排序的目的是将花费高的词挑选出来，看这些产生花费的词是不是对的词，即是不是我们需要的、与产品匹配度高的、容易带来成交的词。如果不是我们需要的词，并且占据了大量的预算，一定要及时关闭或调整，让预算转移到其他合适的关键词身上。

同理，对直通车推广产品的检查也是如此。进入直通车的产品报告中，按花费降序排序，查看主要产生花费的产品是不是我们需要推广的产品，如果不是我们需要推广的产品，则需要及时调整，减少不必要词品的花费。

除了推广错误的词品导致预算浪费，还有一种情况是推广的词品本身没有问题，只是效果表现不佳，这类情况要看最终是否能够带来询盘和订单，如果不能，即便有再好的点击率和曝光率，也需要暂时停止或减少推广。需要先加强转化，在转化问题没有解决之前，大力推广无外乎是在浪费预算。

按点击量和花费降序排序分析直通车钱花得对不对，主要是看两点。第一点是降序后按点击量来看，当点击量达到一定量级后是否可以带来效果，如果产生点击、花费的关键词和产品中出现了无关词品或无效词品要及时进行止损操作，停止其推广花费。第二点是按花费降序排序后，看花费高的关键词的平均点击单价是多少，如果平均点击单价太高，则会占据大量的推广预算，甚至这类词下几个点击就占据了全部的预算。要考虑其是否有必要长期推广，避免因高点击单价的词花费大量预算而降低直通车所能带来的整体点击量。

2. 看钱花得值不值

分析直通车的另外一个角度是看钱花得值不值，也就是直通车的投入/产出是否值得继续投入。这其中涉及的最重要的两个指标就是搜索点击率和咨询转化率。其实很容易理解，当搜索点击率和咨询转化率很低时，买多少曝光都难以产生效果。

客户点击浏览一款产品之后，是否会发起咨询或下单，更多取决于客户看到了什么，也就是产品的视觉呈现，包括图片表达的内容和价格等重点决策信息。当大量的客户看了某款产品后都没有发起咨询或只有零星咨询时，则说明该产品所对应的引流词可能太“泛”，或者流量来源的渠道不佳，抑或是产品本身无竞争力，不利于产品的转化。

出现这类问题时，为了避免其长期消耗费用无法带来效果，商家可执行的操作有两个。一个是及时制止多余花费，采取停止推广、降低出价、降低推广时长的方式，来减少无效词品和弱效词品的广告花费，检查推广关键词的词性是否精准且优质。如果是完全不相干的词性或特大的虚词，如服饰、电器、健身用品、生活用品等完全不是描述具体产品的词，则可考虑直接停止推广，让预算过渡到其他产品上。

另一个可执行操作是做优化。在确定推广关键词和品本身没问题时，商家可考虑优化产品视觉和价格，或者更换词品的对应关系。因为当一个词的效果表现不佳时，并不一定是词不行或产品不行，可能仅仅是词品对应关系的问题或主图和价格设置的问题，需要优化后继续观察效果。在面对词品准确但无效果的情况时，商家应该优先考虑的是优化操作，其次才应该是删除或替换操作。

不得不提到的一种情况是，直通车能够带来点击，但是点击量过少，不足以反映直通车推广效果。这时应如何调整？在这种情况下，要看产生的花费是否较多，如果产生的花费不多，则可继续推广让其持续积累点击量，直到数据样本量可以说明效果问题时再考虑进一步的调整处理。如果这类词带来的点击量很少，但是花费又很高，也就是平均点击单价较高时，则建议停止推广，因为此类平均点击单价较高的词需要很多的推广预算才能验证其效果，一旦测试效果表现不佳，则会浪费大量的预算。而且即便此类词的效果表现不错，由于同样的预算所能购买的点击量过少，也很难产出明显的效果。

运营人员接触一家新店铺时，诊断直通车的推广状态都可以从这两方面入手，看直通车推广的花费水平、钱花费的对不对，以及花费的值不值，来对直通车进行初步的评判和调整。

第 7 篇 直通车

本篇主要讲述直通车的推广设置和效果分析工作，旨在帮助读者建立直通车推广的知识体系。直通车是电商运营的一项核心技术，是付费推广的实用性工具，能够“开”好直通车，可以有效节省企业的推广费用，快速拉升店铺的流量效果。

直通车的操作其实并不复杂，但是需要商家首先明确自己“开车”的目的，很多商家“开车”是漫无目的的，甚至连推广设置都是毫无逻辑的，一头雾水地操作直通车也必然很难得到好的效果。本篇将围绕直通车的常见目的来展开讲述，由浅入深地为读者讲述直通车是什么，以及如何操作直通车，细致地讲述直通车常用的相关技巧。

第 93 讲　直通车通识

国际站直通车是阿里国际站付费引流的一个工具，通过付费手段购买曝光展现机会，进而获取点击流量。买家在阿里平台上搜索想要的关键词，系统将商家推广的产品给予更高的展现，从而实现买家点击浏览感兴趣的产品、商家获取客户、平台获取广告费的目的。

1. 展示位置

直通车在 PC 端的展示位置为首页的第一名到第五名，当搜索词有顶展时，第一名为顶展位置，接下来是直通车位置，也就是第二名到第六名的位置，其次是每个页面最下方的 5 个直通车展示位置。

无线端的展示方式为 1 带 3 展示，也就是第一名是直通车位置，后面加 3 个自然排名，接下来再是一个直通车位置加 3 个自然排名。当搜索词有顶展时，第一名为顶展位置，然后是 1 带 3 展示，累计展示 10 个直通车位置。

Web 端的展示方式为 2 带 1 展示，也就是第一名为直通车位置，连续展示两款产品后加一个自然排名，接下来继续是两个直通车位置加一个自然排名。当搜索词有顶展时，第一名为顶展位置，然后是 2 带 1 展示，累计展示 15 个广告位置。

除了 PC 端、无线端和 Web 端，站外和部分二级页面也有直通车的位置，由于规律难寻、规模未知所以通常不作为商家重点研究的对象。

2. 展示原理

直通车在推广产品时，依据竞价排名的方式来进行展示。竞价排名的规则为按推广评分×出价降序排序。当推广评分×出价越高时，直通车排名的位置也就越靠前。这里的推广评分并不是直通车后台展示出的星级，而是一个隐藏值，这个分值商家看不到，实际推广评分与星级成正比。这里的出价也并非商家所设置的出价，而是综合各种溢价因素之后在某一时刻和场景下最终的实际出价。

3. 直通车扣费原理

直通车在推广产品时，系统按照点击扣费的形式来收取广告费，免费展现。每点击一次扣取一次费用，直到日限额消耗完为止，不点击则不扣费。扣费公式为单次点击扣费=（下一名的出价×下一名的推广评分）/自己的推广评分+0.01。

4. 直通车本质上是一个付费搜索程序

直通车本身也是搜索程序，只不过是通过付费的手段来提升产品的展示位置和展量规模。直通车是一个程序，它本身并不会思考，只会按照开发者设定的规则去工作。

在直通车工作之前，商家需要设置好直通车的控件状态，如日限额、添加产品、添加词和出价等。直通车依据商家设置的这些参数进行工作。在这里可以把直通车比喻成一台汽车，日限额就是汽油，出价就是油门，词品和推广方式就是方向盘、转向灯等。在操作直通车的过程中，大家所能操控的东西都是一样的，通过不同的预算、不同的设置形态从而产生出不同的推广结果。

在操作直通车时，只要有固定方向上的输入，经过程序的运行，基本就会有固定方向上的输出。当然，实际的直通车操作较为复杂。在输入端，商家可以控制输入的推广关键词、推广品和日限额；在“开车”过程中，商家可以控制出价、溢价和推广方式的选择。最后，直通车通过竞价展现程序进行产品的展现。买家看到产品后产生一系列行为动作，形成直通车各项数据的输出，输出的效果数据再作为商家调整直通车的方向，如此循环。

直通车是商家用来花钱买流量的工具，目的是给商家的产品带来展现和访客。随着直通车的发展和各种技术的兴起，直通车也被越来越多的人“神话”，甚至已经成为操控运营工作的一种形式，需要各种操作技术，甚至是黑技术才能玩得好，其实并不是。

直通车作为一个引流工具，既然是工具，就应该是被商家利用的，而不是用来牵制商家工作的。商家在操作直通车前，首先应该清楚知道自己操作直通车的目的，根据目的采取合适的手段，下达合适的指令（设置合适的推广控件状态）让它发挥价值、形成产出。在不同的阶段，商家应该有不同的推广目的，以及不同的推广形式（控件组合方式）。

第 94 讲　添加关键词及出价

关键词是连接买家需求与产品的介质，使用关键词推广工具需要商家手动添加关键词进行推广的设置；使用智能推广工具，系统会根据添加的产品自动匹配关键词。商家在首次开通直通车或想要增加推广关键词时，需要向直通车内添加关键词。添加关键词的方法较为简单，直接进入后台，在“关键词工具”页面单击“添加关键词”按钮即可进入“关键词导入”页面，在该界面的左侧有一个“加词清单”。

“加词清单”支持选择要在直通车的哪一个关键词组内添加关键词，默认为未分组选项。分组选项下方是添加关键词的框，商家可将准备添加的关键词直接输入或复制进去，每行一个关键词，添加好之后单击“下一步”按钮，将自动跳转到“关键词出价”页面，设置出价，单击“完成”按钮，即可完成关键词添加和出价动作，正式开启新增词的推广。

在添加关键词时，商家可以选择先将关键词整理好，然后进入“关键词工具”页面进行统一加词的方式，也可以直接在“关键词工具”页面的右侧选择系统推荐的词，如图 94-1 所示。

图 94-1 在“关键词工具”页面添加关键词

1. 批量加词

采用批量加词的方式可以减少在直通车上的时间花费，但是效率通常不如手动精细选词高。对于初期不知道去哪整理词，以及想大范围测词的情况，商家可以使用批量添加关键词的形式一次性添加大量关键词。批量添加关键词常用的方式有两种，一种是根据关键词库进行筛选，将关键词库中某一品类的相关词全部复制到“加词清单”中，单击“下一步”按钮，设置出价，完成新增词的推广。

另一种更为便捷的方式是，利用直通车自带的关键词工具，在“加词清单”

右侧的“关键词工具”页面中输入想要推广的产品核心关键词后单击“搜索”按钮。系统会推荐出大量与之相关的关键词，商家可以快速浏览并点击想要添加推广的关键词即可自动添加至左侧“加词清单”中。这也极大地提高了加词的效率。

同时，在“关键词工具”的下方，系统推荐模块还提供了多维度的选词工具，商家可以选择包含某核心词的热门词、高转化词和低价词等，多维度筛选要批量添加的关键词。例如，选择包含 MP3 的五星低成本词，来批量添加指定类型的关键词，如图 94-2 所示。

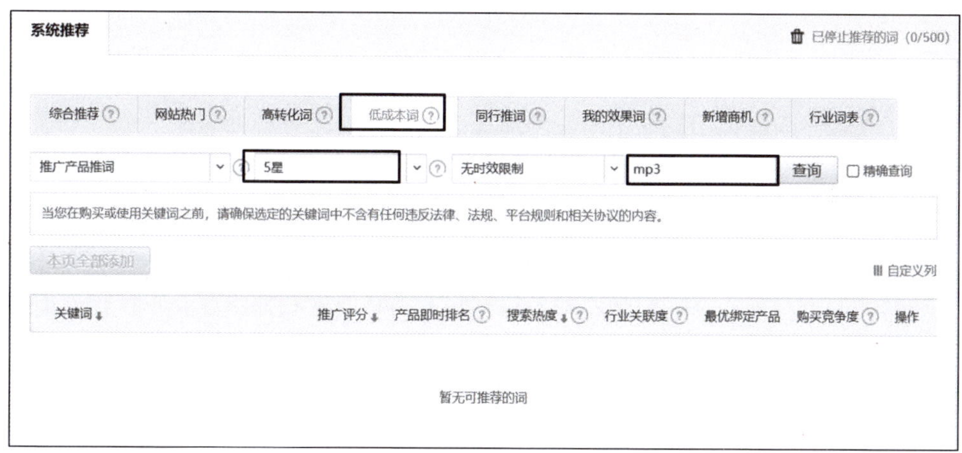

图 94-2　在“关键词工具”中按条件筛选关键词

2. 批量出价

在加词之后，下一步动作就是出价。这是完成推广设置必不可少的工作。不论是加词时的批量出价还是日常调价时的批量出价，系统都提供了两种批量出价的方式。一种是按照底价加自由值的形式进行出价，另一种是按照同行平均出价加自由值的形式进行出价。

在前期加词测试阶段，如果加的词较多，建议统一按照底价加一个小的数值的形式进行出价，维持推广状态跑两天，观察词的表现效果。对于占用大量推广预算且无法带来效果的词和不相干的词要及时进行删除，因为在推广过程中如果预算被大量的无效词和弱效词占据，由于总预算是固定的，则其他关键词将无法得到推广预算。有些词即便出底价也会抢走大量的预算，如果这类词不能有效带来反馈时要及时停止掉，使预算可以分配到更多词上。

在批量出价时，对于商家主观认为的优质词，可以适当提升出价，并不一定要全部保持统一出价，这样也有助于优质词的排名和展现。后期一切行为都要按照词的数据表现来做调整，对不能带来转化的词要及时暂停或降价，根据词的数据量和表现效果进行出价的调整。通过调整出价让好的词获得更多流量，让不好的词获得较少流量或不获得流量，将预算让出，分配到更多优质词上。

第 95 讲　添加什么样的关键词

关键词作为连接买家需求与产品的介质，在添加时要额外多一层思考，主观上多选择精准词来进行推广。说起精准词，有部分人认为长尾词就是精准词，大词就不是精准词，还有部分人认为相关的就是精准词，不相干的就是非精准词，其实都是不对的。

精准词本身是一个形容词，只是用来形容一种状态和性质。并不是说大词就一定不是精准词，相关的词就都是精准词。精准词的划分没有一个明确的界限，就像大家在划分优良差 3 个等级时，把 90 分以上划分为优秀是可以的，把 80 分划分为优秀也是可以的，那么把 85 分或其他分值当成界限呢？当然也是可以的。划分的标准取决于划分人如何评判，对关键词的划分也是一样的。况且，压根也不可能有一种明确的界限能够把词的精准度作为划分标准来统一评判。当然，这里只是说精准词的划分没有明确的界限，但是依旧可以通过粗略归类来对关键词进行更好的区分和管理。

1. 多添加精准词

通常来说，在核心大词匹配的前提下，词的属性、功能、特征限制条件越多，词就越精准，大部分的长尾词都是精准词。过度精准的长尾词的搜索指数往往不高，但是转化效果相对较好，在追求转化和数据赛马阶段，商家应该多使用这类词。在选用精准词推广时，可以参考关键词的搜索指数和商家规模指数，按照搜索指数做降序排序，删除不相干的词，挑选出有一定搜索人气且优质的精准词添加推广。

2. 少推广泛词

在核心大词匹配的前提下，词的属性、功能、特征限制条件越少，词就越广泛。大部分的大词都是广泛词（有些类目的大词是精准词，其效果表现要好于其他词）。广泛词由于限制条件少，或者关联度较弱，所表述的产品卖点不够清晰，且满足条件的产品竞争范围较大，转化水平往往一般。在选用广泛词进行推广时，要额外注意观察其效果表现，及时修整表现不佳的词，防止推广预算的过度浪费。

3. 停止不相干词的推广

不相干词，即与产品毫无关系的词，要停止推广这类词。这类词在误添加后，往往会获得大量的展现和点击机会，抢占预算资源，使得其他关键词难以获得流量。商家要定期检查推广关键词的词库状态，及时关停不相干词的推广，以节约推广预算。

4. 多推广具有需求属性的关键词

具有需求属性的关键词指的是含有产品属性和产品功能的关键词。这类词可以满足买家的某一需求，也是买家在搜索时会携带的限定词，属于精准词中的优质词。如摇头风扇、定时风扇、可充电鼠标等具有一定搜索热度且能清晰表达买家需求的词可以多添加一些，这类词的转化效果通常较好。同时，这类词由于添加了一些限定条件，其竞争环境也会相对缩小。

在选词、加词的时候，最好选择与产品极其匹配的关键词，即所选关键词的词根完全包含在标题中，且词根均为清晰描述产品品类或属性的词。这样在推广时，推广效果和推广评分都较容易获得。商家可根据预算规模设置推广关键词的配比。通常状况下，建议商家推广的词池中精准词和核心大词的配比为初期长尾词占主导，中期各类词配比均匀分布，后期大词占据流量主导位置。

第 96 讲　在哪里找词

直通车的找词渠道很多，常用的找词渠道有以下几种。

1. 在“关键词指数”中找词

阿里国际站后台“关键词指数”记录了阿里国际站平台上全网买家的搜索词数据，并按照搜索频次降序排序之后展现给商家，商家可根据需要输入要查询的关键词，最多可以拓展出包含某核心词的 5000 个热门搜索词来使用。由于关键词指数统计的是平台上买家在前台搜索页面实际搜索的关键词，所以十分推荐商家使用。同时，平台也提供了按实际搜索频次进行函数处理之后的衡量搜索频次的数据——关键词搜索指数，来为商家提供不同关键词搜索频次的对比，为商家选词提供了数据依据。

2. 在“引流关键词”中找词

引流关键词包含了商家主动设置的关键词和直通车中推广的关键词，以及买家通过搜索找到产品的关键词。在引流关键词里面找词，可以找到一些商家未使用但是买家通过搜索找到产品的关键词。这类词通常数量不多，并且长期效果也难以估量。如果商家的精力允许，可以在后台“数据分析”板块下的“引流关键词”中挖掘关键词，找词的过程同时也是加深对店铺关键词认知的过程。

3. 在“访客详情”中找词

访客详情记录了买家经常使用的偏好词。在访客详情数据中，商家可以将词和产品连接起来分析，最后一个偏好词通常是搜索进店的词，阿里近期更新时去掉了进店标志显示，但最后一个偏好词依旧是进店关键词，需要商家着重关注。在这里经常可以找到一些小众买家使用的搜索词，但是由于搜索热度不是很高，在直通车推广时所获得的曝光也十分有限。

4. 在搜索下拉框中找词

搜索下拉框词是较为优质的词，买家在搜索框中输入关键词，系统会自动推荐一些词。由于买家习惯的原因，肯定会有大量的买家点击这些词，所以推广这些词通常会带来较高的曝光量和点击量，是直通车引流的首选词。这类词的搜索热度通常较高，竞争也较为激烈，实际推广时要依据词的效果表现做调整，不能因为搜索的人多就拼命推广。

5. 在直通车后台找词

直通车后台提供了找词工具，找词工具的可操控维度更多。商家可以选择系统综合推荐词、网站热门词、高转化词、低成本词、新增商机词等。同时，这些维度又可与推广评分和包含某一关键词等条件组成更加复杂精细的维度，作为关键词筛选的条件，为商家找词提供了极大的方便。

第 97 讲　出价设置技巧

加词和出价是完成推广操作必经的两个过程。很多运营新手在操作直通车时，总是畏畏缩缩不敢出价，其实大可不必。在日限额的约束下，即便出价失误，短时间内也不会带来很大的影响，只要商家经常关注直通车的效果就不用过于纠结出价的问题。直通车的影响再怎么大也不会一两天就使产品出现重大问题，在数据测试时期盯盘操作是商家必须记住的。

直通车出价的目的就是获取流量，如果出价拿不到流量，那么出价就失去了意义。所以商家在操作直通车时，一定要能保证出价可以获取流量，流量是产生一切效果的前提，有了流量才有后续的各种行为。以下列举一些常见的出价方式。

1．按词的性质出价

按词的性质出价是依据词性来设置出价的方式。对于精准词来说，通常要出高价，最好能够展现在首页或在前两页，通过精准的关键词引流以求带来不错的转化效果。而对于广泛词来说，通常要出低价，不同的关键词可参考词的热度和相关性来做调整，相关性较弱的词可直接出底价或停止推广，完全不相干的词则可直接删除。

2．参考热度出价

参考热度出价也是直通车出价常用的一种技巧。对于热度高且精准的词，根据日限额的限制，可设置相对低一点的价格。因为热度高的词的搜索流量较大，设置较低的价格也可以获取不错的流量，虽然不在靠前的位置进行展现，但是出低价时，相同的推广预算可以获得更多的点击量。如果是热度低的精准词，则出价要相对高一些，因为搜索人数较少，如果出价也低，则很可能拿不到流量，并且热度低的词竞争也低，价格往往不会太贵。

热度高且广泛的词要出低价，因为广泛词的推广效果通常不好确定，后期要根据词的具体表现来做调整，效果好可继续推广，效果不好则可直接删除。如果是热度低且词性也较“泛”的关键词，可果断删除处理，这种词即便有效果也是“半死不活”的效果，容易耗费商家精力。

3．参考直通车星级出价

商家在选择出价的时候，还可以参考直通车推广星级。直通车推广星级是系统给商家的一个反馈，与匹配度成正相关，相关性越强，点击率越好，推广星级就越高。商家可通过批量筛查星级的方式进行出价，优先推广高星级词。值得注意的是，星级是可以被优化和改变的，五星词不一定精准，一星词也不一定不精准。商家需要根据关键词的词义来看其是否精准，对关键词的星级进行优化后推广。

4. 参考首页前五名价格出价

参考首页前五名价格出价是大多数商家使用的方式，如果词性精准，首页前五名的价格又可接受，那么建议果断出价前五。排名在首页前五被点击的概率相对要大一些，可以为产品引入较多的流量。如果首页前五名的价格较高，可以参照第五名的出价，出一个相对低一些的价格，根据词的精准程度选择可以承受的出价，观察后续展现效果进行微调。

5. 经验技巧出价

在参考首页前五名价格出价的时候，有一个小的技巧可以参考，那就是看前五名所需出价的分布。如果前五名出价几乎相同，那么果断出价首位；如果前五名出价分布较为均匀，则建议出价第四、第五位；如果前五名出价分布不均匀，则出价性价比高的位置，如选择出价第三位。这样的出价方式可以让出价更具性价比。

参考排名出价时，系统所呈现出的排名是预估排名，所以商家出价稍微高一点或低一点都无所谓，影响不大，不需要太过于纠结或频繁地更改出价。商家在前期测试阶段设置出价时，无法确定出价多少可以获得稳定的流量，调价幅度可以稍微大一些。当测试出一个稳定值之后，可小幅度降价，以寻求到一个能获取到流量的最小出价。只有不断地测试，才能找到合适的出价。

第 98 讲 直通车添加及设置推广产品

设置直通车推广，要将准备推广的产品导入直通车中。直通车平台自身提供了几种不同的推广方式，每一种推广方式都支持各自产品的导入。推广时，商家可根据自身需要选择合适的推广方式。

1. 关键词推广添加和设置产品

在关键词推广工具中，系统支持自定义设置推广的产品。如图 98-1 所示，商家可以在后台“推广产品设置”界面自由选择想要推广的产品。需要商家注意的是，系统有一个“新增产品默认：暂不推广”的选项，商家可以选择打开和关闭。对于习惯手动操作添加推广产品的商家，建议将其打开，避免在不知情的情况下系统自动推广新发产品。对于不习惯手动添加产品且想将后续新发产品都自动加入直通车推广的商家，这里可以选择关闭，关闭后发布新产品时系统会自动添加到推广产品库中。

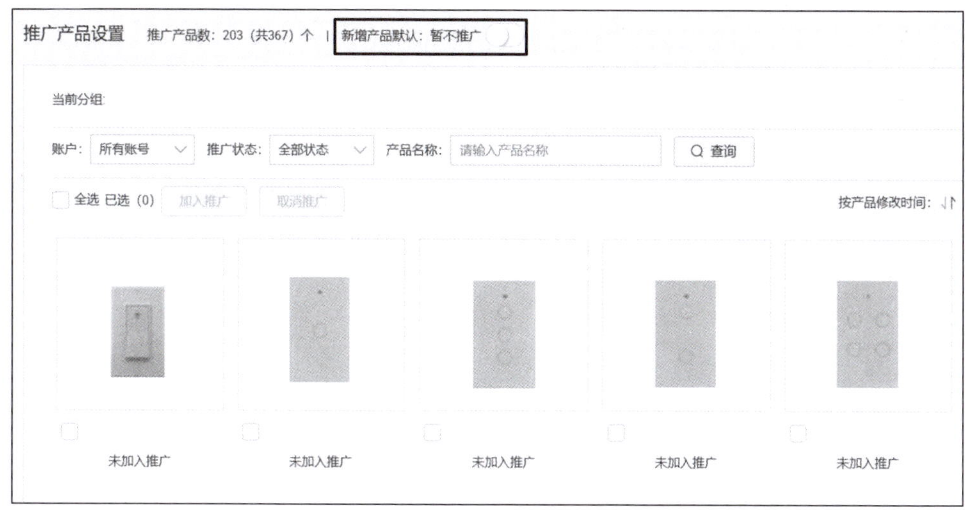

图 98 1　所示　推广产品设置界面

添加推广产品之后，关于产品设置的另一个要点就是优推和非优推的设置。使用关键词推广工具时，商家可以自定义关键词和产品的匹配。同一个关键词一般情况下会匹配到多款产品，这里建议使用优先推广的方式进行推广，设置优先推广的产品，系统会对其权重进行提升，有针对性地推广该产品，这样可在一定程度上保证系统推广的产品都是我们想要的。同时，主观更换推广产品的可操控性也更强，当某款产品表现不好时，可优先推广另一款产品进行替代，避免系统轮播选择产品时，总是发生个别无效产品长期推广，而其他产品轮不到展现的情况。

优先推广很明显的优点是商家能够灵活控制让哪款产品获得更多流量，使得数据能够快速沉淀在一款产品上。对于转化好的产品来说，能带来更多的产出，对于转化不好的产品来说能及时更换调整，便于效果控制。

关键词推广的另一个灵活优势在于指定词与指定品的绑定。添加关键词和产品后，系统会自动进行匹配，在同一个关键词下自动匹配多款产品，如果想要推广的产品没有出现在指定关键词下，商家可手动添加要推广的产品到指定关键词下进行优先绑定，以修正系统自动匹配可能出现的错误和不足。

至于关键词推广工具中的拓展匹配功能要不要开启，笔者的建议是如果日限额可以正常消耗完，则尽量不要开启，因为系统拓展的词通常转化效果一般，而且在预算可以完全消耗完的情况下，自己选择的词的可控性更佳。如果日限额不能消耗完或压根无法消耗，则要开启，否则无法产生消耗，直通车推广也就失去了意义。面对此类问题，当添加词、添加产品和提升出价的形式都无法产生消耗时，建议打开拓展匹配功能，让系统尽快跑出数据。

2. 智能推广添加产品

智能推广包含定向推广、测品测款和爆品助推 3 个类型的推广工具。新品成长也属于智能推广，但是使用频次不是很高，这里暂且忽略。智能推广工具添加产品时需要先建计划，在计划内添加要推广的产品。添加产品的方式非常简单，系统还提供了几种筛选按钮，帮助商家在所有产品中快速选择优质转化品、新发产品、橱窗产品和已经设置的优先推广品等。

使用智能推广工具添加产品时需要注意的是，同类型的产品可以放置在同一个计划中，不同类型的产品应尽量将其分开，另建计划进行推广。这样设置的好处是，一方面可以避免部分产品得不到预算而导致流量过度集中，从而不利于不同品类的数据收集；另一方面可避免计划内出现过于杂乱的关键词数据，从而影响系统识别和判断。

3. 快速引流添加产品

快速引流是针对全店产品进行推广的引流工具，系统默认推广店内的全部产品不需要商家手动操作，但是商家可以选择屏蔽不想推广的产品，从而实现半自由选择推广产品的目的。屏蔽产品时，最多支持屏蔽 100 款产品。快速引流的推广方式通常用于新店引流，能够随机带来大量流量，但由于推广的产品较多，词也是系统智能识别的，商家无法干预，其效果也难以保证，通常不作为商家长期使用的推广工具。

第 99 讲　什么样的产品适合推广

在直通车推广产品的过程中，由于商家的预算有限，所以并不是每款产品都适合推广。在选择推广产品时，可以采用以下方式。

1. 首次推广，没有数据参考时

（1）主打产品适合推广。

首次开通直通车推广和添加新的推广品类时，由于没有数据参考，建议优先推广具备优势的主打产品和平台热卖的产品。这类产品由于受众面广，容易获得不错的点击流量，从而带动店铺人气，况且主打品类也理应是商家大力推广的。

在不确定主推品类的情况下，商家可以主观指定产品进行推广，但商家所选产品必须是现有产品中较为优质的产品，或者是运营人员主观认为较为优质的产品。在使用直通车推广时，商家可以快速对产品的优劣性进行验证，通过在短期内积累大量的曝光量和点击量来看它的效果表现。如果产品表现具备优势，则长期推广，如果推广了一段时间后，数据表现一般，则需要进行优化或删除推广。

在不确定主推品类时的另一种推广方式是，大量添加产品进行推广，通过一段时间的轮番推广，来对比各自数据的好坏，从而在一堆产品中进行数据择优，选择数据表现不错的产品来长期推广。

（2）新品适合推广。

还有一种产品也是值得推广的，那就是新品。新品在上新前期获取流量较为困难，并且平台给予的新品曝光也是随机的，不利于数据表现和积累。直通车可以很好地解决这一问题，通过为新品注入精准流量，在短期内积累大量的曝光和点击数据，看新品表现实力如何，为后期运营规划提供参考方向。

2. 直通车已经处于推广状态，有数据参考时

（1）点击率高、转化率高的产品适合推广。

在有数据参考的产品中选择长期推广产品时，应该优选择那些点击和转化数据都不错的产品。这类产品由于自身实力较强，能够承接住系统给的展现量。在曝光量增加的同时，依据其良好的点击率和转化率，能够持续地转化流量、输出咨询反馈，为商家提供商机。好的产品，或者说店铺的尖刀产品，是理应获得更

多流量的，钱要花在刀刃产品上。

（2）点击率高、曝光量低的产品适合推广。

点击率高、曝光量低的产品也适合推广。因为点击率优秀通常能够说明产品是具备一定买家喜好度的，当曝光量增加时，如果其点击率依旧能表现优秀，那么自然能带来不错的点击量，为店铺引入大量访客。

推广时，如果随着曝光量的增加，产品点击率出现下滑，我们也能及时了解到这个产品实际表现是不行的，不能承接住大量的曝光，无法引入访客，从而对其进行优化或舍弃。在没有经过测试之前，任何人都无法预测它的实际效果，对于有潜力的产品注入大量流量进行测试是正确且合理的方式，即便最终的数据表现差强人意，其测试花费也不算浪费。

（3）有点击且咨询转化率高的产品适合推广。

在点击之后，还需关注产品的转化效果，只有点击没有转化的产品也是不适合推广的，毕竟商家最终追求的是转化，是买家咨询量和订单量，而不是曝光量、点击量这类数据。对于点击率高的产品，要看其转化能力如何，转化不行则要优化转化，如果转化实在跟不上，也应该及时将其淘汰，换其他产品进行推广。

（4）长期有咨询的产品适合推广。

最后一种适合推广的产品是长期有咨询（询盘和 TM 咨询）的产品，这类产品通常具备优秀的买家喜好度，能够产生不错的转化率。不管当前的点击量和点击率的表现如何，只要能够将点击转化成询盘，就值得去推广。大多数情况下，一个产品的咨询量特别大时，增加点击量的同时也能够同步增加咨询量。

第 100 讲　解读直通车推广方式

1. 推荐推广

（1）搜索人群再营销。

这是新兴的一种推广方式，以信息流的形式主动向买家推荐产品，依靠大数据对买家行为和商家产品进行打标，通过多维度的标签匹配主动为买家推荐合适的产品，从而形成产品曝光和流量引入。

在使用此功能时，系统依据商家推广的词来生成关键词搜索行为人群包，其实就是各种人群标签。系统通过对标签的分析来判断买家意图，并根据标签匹配规则自动推荐合适的产品给买家，为商家带来流量。

这种推广形式的好处是改变了以往人找货的形式（人通过搜索关键词找货），演变成一种新的货找人的形式（通过大数据标签主动推荐产品展示在买家面前）。对于买家来说省去了很多步骤和思考，买家无形中被产品所触达，进而依据意向（历史行为标签）对所展现的产品进行识别和思考，甚至产生购买行为。对于已经搜索过的店铺来说，还能实现二次营销的效果，加强买家印象。

相对于搜索词来说，这种方式可以培养一部分没有明确需求的买家，使其尽情体验漫无目的地逛产品的乐趣和生活习惯，从而对有兴趣的产品产生购买。久而久之，这种方式对搜索也会产生一定的冲击。有一部分买家会习惯从系统推荐的场景中完成交易，从而减少搜索寻找产品的频次，形成两种不同的人群习惯。

这种方式相对于搜索行为，依据不同的品类、不同的买家群体，转化水平可高可低。在实际推广过程中，商家可以根据自身的产品属性和优势来选择是否选用此类推广方式。虽然在自身产品没有进行数据测试之前，不好下定论这类推广方式是否值得选用，但通常来说，服饰等时尚类产品和电子类产品由于受众广、属性多大多是适合选用的。

（2）行业高价值人群。

行业高价值人群是对人群标签分类之后，筛选出优秀的人群标签进行推广展现的方式。这种展现的好处是依托大数据划分买家群体，舍弃掉非优质的买家，专门针对优质群体进行展现，对提升交易的概率和金额都有帮助。但由于此类推广方式仍是主动将产品展现在买家面前，买家的购买需求不是那么明确，实际的效果还是不好下定论，依旧需要商家亲自测试后才可知晓。

2. 常规营销

（1）关键词推广。

关键词推广既是最传统也是最灵活的推广方式。在推广中，商家可以自定义设置的控件较多，不同的变量组合可以实现不同的产出结果，尤其在对关键词、产品和词品匹配的控制上，要高于所有的推广形式。对于目的性强、追求可操控性的商家来说，关键词推广是最为好用的形式。通过各种控件变量的任意组合，几乎可以实现一切想实现的运营目的。

（2）定向推广。

定向推广和关键词推广的原理相同，都是通过搜索关键词的形式进行推广的。二者最大的区别点在于定向推广是系统选词，含有智能推广程序，支持国家和人群溢价（新版的直通车也开始支持国家和人群溢价，申请升级后方可实现）。除此之外，其他的设置控件几乎相同。

在使用定向推广时，由于是系统选词，所以在选词的操控性上会弱一些。在推广前期，商家要经常关注定向推广的效果，及时屏蔽无效词，避免预算过度浪费，将更多的预算匀给更多关键词以便收集不同关键词的数据表现，后期依据大量关键词的数据对比进行针对性调整。

在设置溢价时，商家前期可以设置小幅度溢价，或者依据主打国家和询盘国家的分布来设置有针对性的溢价。溢价设置前期不建议溢价太高，以免人为干预过度，从而影响效果测试。为了收集定向推广的国家的表现数据，建议将不需要溢价的区域全部设置为溢价 101%。设置最低溢价是为了获取溢价国家的数据报告，不设置则无相应数据报告显示。但是，不设置溢价的区域为 100%的溢价正常推广，并非不推广该区域。

使用定向推广的另一个好处是前期不需要考虑选词的问题，非常适合前期不知道推广哪些词的商家。商家将这一耗费时间和脑力的工作交给系统，经过一段时间推广，依据大量的展现测试自然也能收获一波词的效果数据，省去了前期选词的过程。缺点是定向推广的选词可控性不如关键词推广，还可能因此产生过多的测试花费；优点是测试范围更广，相对省心。

（3）快速引流。

快速引流是在定向推广的基础上，进一步把推广产品的工作交由系统完成，任由系统选品、选词和设置词品的匹配方式，将全店产品进行推广。使用这种推广方式的好处是更为省心，引流的效率也大幅度提升；缺点是可控性极弱，其中难免含有大量不需要推广的词和不需要推广的产品，推广时会浪费一部分预算。此方式适合商家前期开通店铺时，大范围引流使用，但不建议商家长期使用。

3. 货品营销

（1）新品成长。

新品成长是为商家最近 90 天新发布的产品单独出品的一个推广工具，旨在帮助商家为新品快速积累一波流量。众所周知，新品想要快速成长，第一波流量是十分重要的，可在一定程度上加速产品的生长速率。商家可利用此工具的特性，专门推广最近新发布的产品，提升新发产品的运营工作的工作效率。

（2）测品测款。

测品测款可以粗略地理解为定向推广的约束版本，约束点在于平均用力。其工作原理为当产品 A 获取了一定规模的流量时，就推广产品 B。以此类推，通过平均用力的形式让更多的产品获得一定的数据，从而通过数据对比测出产品的优劣好坏，实现测品测款的目的。

（3）爆品助推。

爆品助推和测品测款的设置方式基本一致，工作原理也同为搜索，只是约束点不再是平均用力，而是择优推广。一个产品的表现越好，系统就会为其注入越多的流量，助力爆品的形成。商家还可通过设置溢价的形式，对不同的国家和人群进行区别选择，来让整体的产出更好。

直通车的本质是一个付费搜索程序，其核心原理也是搜索。随着电商的发展，越来越多的推广工具出现，如信息流（智能推荐）。不同的推广工具有着不同的渠道受众和自身优势。商家在了解了这些原理之后，可以任意选择适合自己的方式，或者自己擅长的方式来推广店铺的产品，从而带来流量，形成效果转化。使用直通车的目的就是带来流量，实际转化效果还是要依靠产品自身的表现。

影响直通车最终效果的方面有两个，一个是直通车的技术，一个是产品自身。直通车的技术在于操控什么类型的买家通过什么样的词看到什么样的产品，在于对词、对产品、对溢价的把控。而直通车引进流量之后，在买家进入详情页浏览产品时，直通车则完全用不上力，完全依靠产品自身的呈现来转化访客。

第 101 讲　认识直通车推广评分

直通车推广评分，也称直通车质量分，是衡量推广关键词与推广产品相关性的指标，同时也是平台限制商家不合理竞争的控制手段。

推广评分最大的意义在于评判产品与买家搜索词的相关性和买家喜好度，当买家搜索一个词时，如果系统展现的产品都是与买家需求不相干的，或者非买家喜好的产品，久而久之，买家就会脱离平台，造成平台用户流失，竞争力低下。

为了给买家提供更优质的体验，促进平台自身的良性发展，并解决大商家垄断问题，直通车推广评分应运而生。另外，平台在衡量推广评分时，除了相关性，还加入了买家喜好度要素。也就是说，如果商家的产品表现不行，那么要想排在前面，就要给出更高的出价，花费更多的金钱。这样可在一定程度上避免大商家高价垄断流量的局面。同时，在流量分配上，平台还制定了一些规则，通过流量打散的形式让流量分配更加均匀和分散，让更多的商家在这个平台上存活下来，这也是平台得以向上发展的基础。

不仅阿里国际站如此，大部分搜索平台都有推广评分这项考核。它们考核的框架原理也都极为相似，不同平台根据自身情况会有一些小的调整，均是为了让推广竞价不仅只和价格有关，让受买家欢迎的产品通过较少的竞价也可展示在买家面前，提升网站的服务体验。

阿里国际站平台对于产品的买家喜好度的考核是通过多指标综合评价的。这是因为买家从了解产品开始，一直到最终成交的全环节都是在阿里国际站平台上完成的，平台可轻松掌握每一个产品全部的买家行为数据，并据此为产品的买家喜好度进行评分。

为了综合平台的广告收益与兼顾网站的用户体验，直通车最终排序以“出价×推广评分”的形式作为最终竞价的考核，其中推广评分是提升用户体验很重要的一个环节，主要与买家搜索词的相关性和圈选产品的买家喜好度有关。这也意味着，与买家搜索意图越相关、历史表现越好的产品，排在同样位置所需的实际出价就越小，同时兼顾了网站用户体验、平台收益和商家公平竞争的 3 个方面。

第 102 讲　推广评分的组成要素

直通车推广评分由四大部分组成：整体的账户质量、类目相关性、文本相关性和买家喜好度。其中整体的账户质量是平台没有明文介绍的，另外 3 个影响要素都可以在平台上找到相应说明。

1. 整体的账户质量

整体的账户推广评分由商家店铺权重和直通车历史表现决定，用来反映直通车的整体状况，通过其历史表现识别直通车账户质量。直通车账户分影响账户内所有的词和产品，账户权重越高的直通车，被系统识别、推广的可能性也就越大。大部分高热词出高价还得不到展现，基本都是由于系统对直通车账户权重的识别出现了问题。

直通车整体的账户推广评分记录了直通车一段时间的历史表现，当数据表现越好时，直通车整体的权重也会越好，反之则会下滑。其考核的是一个时间段内的表现，所以商家在开通直通车时，不要像过山车一样随心所欲、断断续续，毫无稳定性，这样不利于直通车整体的账户推广评分。

此外，直通车账户内所有的计划表现，包括计划中词和产品的表现，也都影响着整体账户权重的评判，包括直通车内无效词的数量。在直通车自带的诊断工具中，系统也会提示无效词超过多少天未清理，已经影响到直通车账户分。

直通车账户分对于单个词的推广效果影响是较小的，但是其影响范围较广，影响着店内所有词品的综合评分。所以商家在操作直通车时，要定期调整和清理无效词，让整体的账户质量较为优秀。

2. 类目相关性

类目相关性是评价产品与搜索词的第一重匹配指标。通常来说，一个产品可以属于多个类目，一个词也可以属于多个类目，其间有一个相关性的评判。在判断类目相关性是否达标时，商家可以利用发布产品时用到的类目选择工具，通过输入关键词的形式，让系统自动推荐一些相关类目。商家所推广的产品要在这些类目之中，否则这一项相关考核很难达标。甚至有时必须选择系统推荐的第一个类目，系统才认为强相关，给予更高的星级展示。选择类目时，必须以系统的评判为准，因为系统在工作时是不考虑商家解释的，即便系统错了，要想获得更高的展现，也要按照系统的评判为准。

3. 文本相关性

文本相关性是评价产品和搜索词的第二重匹配指标，用来评判产品与买家搜索意图是否完全吻合，以向买家展现合适的产品。在匹配文本相关性时，与自然搜索匹配的原则基本一致，可以粗略地理解为包含即相关。商家所推广的关键词要完全包含在推广产品的标题中。

另一个评判文本相关性的标准是对属性和详情中的文字内容进行识别、匹配，属性填写和详情中最好不要出现与标题相违背的内容，确保整体的页面准确度和质量没有问题。标题词序对文本相关性的影响暂时没有发现稳定的规律，商家可以通过调整位置测试来观察推广评分的变化。在大多数情况下，词序的影响是很小的，但也有调整个别推广关键词词序致使星级变动的情况。

4．买家喜好度

买家喜好度是影响直通车推广评分较为动态的一个维度，通过一段时间的表现来评价产品被买家喜好的程度。主要通过拆解买家行为，在其关键行为节点设置数据指标的形式来识别买家偏好，点击、转化、收藏、比价、浏览、停留等都是买家喜好的行为标签。系统通过大量的买家数据对产品做出评判，对表现优秀的产品赋予更高的分值和展现。

系统在评判买家喜好度时，进行的是多指标同量级的评判，不会通过单一的指标来为产品打买家喜好分，也不会用不同曝光量级的点击率来进行比较。比如，1 个曝光产生 1 个点击，对应 100%的点击率，系统不会将 1 个曝光的产品与 10000 个曝光的产品的点击率做比较。总的来说，在买家喜好度的评判上，系统综合了大量买家行为数据，采取多指标科学运算的形式来衡量产品的买家喜好度，是较为科学、公正的。

以上即 4 个影响推广评分的要素：账户质量、类目相关性、文本相关性和买家喜好度。

第 103 讲　养分的目的和逻辑

1．养分的目的

养分的目的主要有两个：一个是增强相关性，使产品能够被展示在靠前的位置进行推广；另外一个是降低点击花费。根据直通车扣费公式：点击扣费=（下一名的出价×下一名的推广评分）/自己的推广评分+0.01，可以得出一个结论，即当自己的推广评分提升时，出价在同样的位置，实际所需的出价会变小。

这里所说的推广评分并不是商家所看到的推广星级。理论上商家所看到的推广星级与真正参与排名和扣费的推广评分成正比，实际参与扣费的推广评分是一个隐藏值，商家无法查看。而且实际的推广评分并不是星级所对应的 1～5 分，而是更高、更广泛的分值。同样的星级实际对应的可以是不同的推广评分，两个 5 星产品背后实际参与扣费的推广评分也可能相差很大。

2. 养分的逻辑

在养分之前，商家首先需要知道星级受哪些因素影响。上篇内容提到了影响星级的四大要素。除了整体的账户推广评分用来反映直通车整体的账户水平作用于整体之上，对于单个关键词推广评分影响最大的就是类目相关性、文本相关性和买家喜好度。

（1）0～2 星词的优化逻辑。

0～2 星词对应的问题是类目相关性和文本相关性不符合要求。在优化 0～2 星词时，首先要看文本相关性是否合格，以及所推广的关键词有没有完全包含在标题中。因为文本相关性的排查较为方便，直接观察推广产品的标题是否完全包含了推广关键词即可。如果不是，则先优化文本相关性，将没有包含的词根添加到标题中。优化标题时，首先要看所推广的词是否为值得被优化的词，如果不是则不要轻易改动标题。另外，如果需要删除标题中的词根，也要注意直通车中是否还有其他相关词在推广这个产品，防止误删词根，从而影响到其他推广关键词的相关性评分。

0～2 星词对应的另外一个问题是类目相关性错误。在商家确定文本相关性没有问题时，要检查类目相关性是否正确。检验方式为在产品发布的类目推荐工具中输入推广的关键词，查询与此词相关的类目有哪些，来选择调整 0～2 星产品的类目。当类目相关性和文本相关性都确认没有问题时，关键词的星级有 99%的概率会变成 3 星及以上。

操作直通车推广时，并不是说 0～2 星词就是不好的，5 星词就是好的，还是要看词的性质。对于合适的词，商家可以通过优化的手段来使之成为 3～5 星词，而不是因为星级低就无动于衷地放弃这个词。星级高的词也是一样，并不是星级高的词就一定是好词，也要依据词的精准性来决定推广设置。

（2）3～5 星词的优化逻辑。

3～5 星词是直通车的标准星词，3 星是合格的标志，也就是类目相关性和文本相关性都达标的起始分值。3 星和 5 星的差距主要在于买家喜好度的差别，重点是买家喜好度中的点击率指标。商家可以将鼠标分别放置在 3 星、4 星和 5 星的星级上，系统会有消息提示，其大概意思就是要想提升 3 星产品和 4 星产品的分值，就要提升点击率。经过普遍商家的测试，在保持高点击率的情况下，短期积累大量点击量确实可以有助于直通车星级的提升，有效降低点击所需出价，与系统提示相符。

（3）5 星及以上词的优化逻辑。

在 5 星之上还有更高的推广评分，所以直通车也是可以长期被优化的。当直通车的推广点击体量越大、买家喜好度越高时，虽然表面星级同样为 5 星，但也可以持续缓慢降低直通车前五的所需出价，也就意味着 5 星之上还有更高的实际参与扣费的推广评分。5 星之上的分值也是商家应该长期追求的。

了解了这些影响推广评分的要素和逻辑之后，商家只需要判断对应星级所对应的问题，即可轻松找到问题的根源，为提升推广评分做出调整。

第 104 讲　养分实操

实操提升直通车推广评分时，商家需要明确一点，那就是推广评分是衡量什么的。推广评分表面看是衡量词的推广评分，其实不是，当然也不是衡量产品的推广评分，而是某一个产品在某一个词上的推广评分。理解了这一点，商家在提升推广评分时，思路就会清晰很多。针对某一个产品在某一个词上进行优化，优化方式可以是更改词品对应关系，如原来的 a 词绑定 B 产品，变成 a 词绑定 A 产品，也可以是在不更改词品对应关系的基础上，通过优化产品的表现来提升星级。

1. 通过更改词品对应关系养分

更改词品对应关系是较为简单的提升推广评分方式。同一个产品在不同词上的推广评分和数据表现是不同的，不同产品在同一个词上的推广评分和数据表现也是不同的。词品对应关系是直通车推广设置的核心之一，不同的词、不同的产品在无形中生成了数不尽的对应关系。如果商家能一下子就准确地匹配出优秀的词品对应关系，那么直通车的表现通常也不会差。遗憾的是，没有任何人可以保证用某一个关键词推广某一个产品的效果就是所有对应关系中的产出最好的，所以需要商家不断进行测试，在数据表现中择优。

不同的词品对应关系所对应的星级是不同的。这里建议商家首选 3 星以上的产品来对应推广关键词，在主观连接词品对应关系时，要将优秀的产品与精准的词进行绑定，尽可能地形成不错的买家喜好度。当实际效果与商家预测不相符时，也要及时调整对应关系来改变买家喜好数据的产出方式，达成提升产出和养分的目的。

2. 通过优化产品的表现养分

商家在实操提升推广评分时，对于 0～2 星词，可以通过直接修改类目相关性和文本相关性来解决问题，实操方法在上一讲中有提及。如果实在不能确定是哪里的问题，还可以借助直通车自带的诊断工具来诊断该词的表现。在诊断工具中，系统会提示影响该词推广评分低的具体原因。

提升 3～5 星词的方法是提升产品的买家喜好度。除了更改词品对应关系，优化买家喜好度，或者说重点优化点击率最大的发力点在于视觉呈现和出价。一张优秀的主图可以带来更多的点击，优化主图的方式可以参考第 6 讲“主图优化”的内容。好的主图和详情页，对于直通车买来的流量的转化能力会更好。在推广前，商家就应该注意到这一点，对点击率、转化率、收藏量、比价数、停留时间依次进行优化，做好视觉内功的呈现。

优化点击率的另一个方法是调整词品对应关系来提升点击率。因为不同产品在同一个词上的点击率是不同的，直接更换高点击率的产品是提升点击率最直接的方式。在出价的技巧上，通常高价所能带来的点击率要高一些，低价容易出现因展示位置不佳而导致点击率相对较低的情况。通过调整出价的形式也只是轻微地提升点击率，往往不能产生多大的变化，实际决定买家行为的还是买家搜索了哪些词，以及看到了哪些视觉呈现。

利用直通车提升点击率，可以多个维度同时操作，在更改词品对应关系、优化点击率的同时优化出价、优化主图来提升点击率。当高点击率的词积累到足够多的点击量时，其实际推广评分也会随之明显提升。5 星以上的词也是同样的道理，优秀的买家喜好度是商家长期追求的。因为除了推广评分，实际的成交和产出也是需要良好的买家喜好度来转化流量的，只有产品表现真的好、真的被买家喜欢，才能持续地为商家带来业绩。

第 105 讲　直通车优化到底是优化什么

直通车优化的最终目的就是盈利，也就是让收入大于花费，即优化投入产出比。毕竟直通车如果只是一个固定“烧钱”的工具，不能带来任何效果，那么就不会有商家长期使用了。直通车优化大的框架可分为两个动作：止损（花钱）和投资（赚钱）。

1. 止损

优化投入产出比的第一个动作就是止损。止损的第一步是要找出那些不能带来效果的词，停止推广或减少它的花费。商家以按月或周为单位把店铺的推广数据拉出来，看哪些词产生了高额的花费，重点关注花钱的词是哪些，以及它们的效果表现如何，表现不好的词要及时地停止。

商家对于直通车的总消耗要有大概的了解。商家应关注一个周期内，花了多少钱，平均点击单价是多少，点击量是多大，对这些花钱的数据都要做到心中有数。哪怕不做什么分析，商家也要做到心中有数，这对于运营店铺、思考决策很有帮助。

2. 投资

对于直通车来说，除了关注花钱的数据，还需要关注赚钱的数据。有哪些词和产品是能够带来询盘和订单的。能够持续产生咨询和订单的产品要长期推广，甚至可以考虑给它加大预算和绑定更多的推广关键词。优秀的产品加大推广，表现不佳的产品减少推广，简单的道理不再赘述。

使用直通车的另一个视角是投资，商家每推广一个词、每操作一个产品，实际上都是在投资。既然是投资就会有赚钱的情况和不赚钱的情况。对于商家来说，如果投入的广告费能够带来不错的产出，那么投资就是值得的；如果投入的广告费没有带来产出，那么也只能接受亏损；甚至在大的投入下，很可能出现一蹶不振的情况。所以商家在投入推广时，尽量先选择小范围试错，让每一步都有逻辑、有确定性，否则大力度地投入很容易发生严重亏损的现象。

优化直通车时，有历史数据支撑的词品很容易做调整，根据数据表现优胜劣汰，择优推广。对于没有历史数据支撑的词品，要看运营人员的眼光，对于成功概率大的产品、优势产品、供应链强的产品，可以加大投资金额去尝试，对于精准的关键词也可加大投资去尝试，而对于成功概率无法确定的词品项目就做比较小的投资。一段时间之后，再以一个投资商的视角来看店铺的投入产出情况，这也是一个很有趣的运营角度。

如果大部分投资都成功了，也就是直通车推广的这些词品的表现都很优秀，有不错的访客量、咨询量、订单量等数据，这将是一件很难得的、值得高兴的事情。如果大部分投资都失败了，那也是一个十分正常且普遍的现象，看懂这些对于调整运营人员心理状态和复盘、总结经验有很大的帮助。在今后操作产品也好，调整推广也好，这个思维可以提升运营人员的视角，从更高的维度去审视现状，从而产生更多的运营思考。

从投资的角度来看待直通车是十分有趣的，也确实容易给人更多启发。尤其是在精细化操作产品的时候，每操作一个产品都是在经营一个项目，都需要投入精力和金钱。在总预算有限的情况下，如何优化投资策略来产生高额回报，就等同于用直通车推广时，如何优化推广策略，来使得效果朝着好的方向发展。

第 106 讲　是什么在影响直通车的投入产出比

投入产出比一直都是商家十分重视的指标，那么到底是哪些因素影响投入产出比呢？商家在计算投入产出比的时候，可根据直通车相关的公式进行拆解。

首先来看投入。商家的投入也就是总的花费。因为直通车是按点击扣费的，所以总投入就等于点击量和平均点击单价的乘积。接下来看产出。直通车的产出等于商家通过直通车推广所赚到的钱，即直通车为商家带来了多少利益。了解了这些基础逻辑，接下来我们依据公式推导一下影响投入产出比的具体因素。

投入=点击量×平均点击单价

产出=（直通车带来的）订单总数×每一笔订单的平均单价

订单总数=（直通车带来的咨询，询盘+TM 咨询）咨询量×订单转化率

询盘量=（直通车带来的）点击量×询盘转化率

产出=（直通车）点击量×询盘转化率×订单转化率×订单平均单价

投入产出比=产出/投入=（点击量×询盘转化率×订单转化率×订单平均单价）/（点击量×平均点击单价）

投入产出比=（询盘转化率×订单转化率×订单平均单价）/平均点击单价

经过几番推导，在最终的这个公式中，我们可以知道，影响投入产出比的四大因素有询盘转化率、订单转化率、订单平均单价和平均点击单价。换句话说，当我们的订单都是大金额订单，且订单平均单价足够高时，回报率自然也高。当我们的订单单价不够高，但订单的数量特别多时，最终也能够带来大量的成交金额时，那么回报率自然不会差。订单数量多，也就意味着订单转化率高、询盘转化率高，这些都是成正比例的关系。

如果产出能力有限，也就是分母不变，要想优化投入产出比，那么只能减小分子的值，即降低平均点击花费，靠同样的预算，产生更多的点击，实现整体产出的提升。

在运营店铺的过程中，有一些指标是无法具体衡量的。比如，无法衡量哪些订单是直通车流量带来的、哪些订单是自然流量带来的，对于这一点，商家可以将效果按照点击的比例进行估算。因为买家通过搜索一个词所产生的行为，并不取决于买家看到的是直通车产品还是自然排名产品，更多取决于买家看到的内容，所以在搜索效果的产出上，其产出比例理论上是等同于点击的比例的，这个方法相对粗糙，但姑且可以这样估算。

然而，这里就又涉及了一个问题，即商家无法判断订单是不是通过搜索行为产生的。这里就又产生了一个影响直通车投入产出比计算的点。的确，阿里国际站平台不太适合计算详细的投入产出比，也没有具体的细分数据能够支撑详细的投入产出比的计算，但是由于推导出的这些指标切切实实是影响店铺投入产出比的，所以商家可以用总数据替代搜索数据来衡量，也无须纠结总数据和搜索数据之间的影响关系，这样可粗略地对店铺的投入产出情况做一个感知和评判。并且，这几个指标就是能实实在在反映店铺投入产出效果波动的指标，抛开直通车来讲，这些指标对店铺的表现状态也能起到监控作用。

在分析 B 端平台投入产出比时，B 端的产出有一个特征，即产出受订单单价的影响较大。这个数值可能会根据客户性质的不同产生较大的波动。比如，当月刚好有一个大的订单就可以将平均订单单价提升很多，下个月没有超大订单，则该指标又会掉下来。波动较大也会造成投入产出比忽高忽低，极不稳定。面对这种情况，商家在计算投入产出比时，可以去掉一个最高值和一个最低值，来尽可能地让数据稳定，从而对店铺的发展起到合理考核和衡量的作用。

除去特殊情况，对于店铺阶段性发展分析来说，如果店铺的投入产出效果波动较大，那么也能够通过这个公式及时定位到影响效果的具体指标并及时感知问题。当然，衡量投入产出比的方法只适用于具备一定规模效果的商家，对于新开店铺，或者压根就没有成交过几个订单的商家来说，没有实战意义。

第 107 讲　提升产出效果的几种方式

提升产出效果的第一种方式是从上讲提到的影响投入产出公式的几个指标入手，也就是提升询盘转化率、订单转化率、订单单价和降低平均点击花费。

提升询盘转化率，需要从产品内功塑造、加强视觉呈现方面着手思考。客户搜索一个关键词后，做出什么样的举动，完全取决于客户看到了什么东西，一个产品好不好、视觉内容是否有吸引力是客户发起询盘的根本因素。除此之外，价格和其他客户的评价也是影响客户购买行为的参考要素。

提升订单转化率，主要看业务员的销售能力。好的业务员可以把 100 个访客转化掉 50 个，不好的业务员可能只转化出几个订单，这是一个十分关键的环节。提升订单转化率可以从分析客户特征，培训业务员挖掘客户需求，促进订单进度的角度入手。

订单单价的提升是比较困难的，主要还是看客户的性质和质量，大客户和老客户是维持商家业绩的主要力量，需要商家做好客户跟进和客户维护工作。对于所有生意来说，这都是极其重要的。

降低点击单价的方式主要有两种。一种是主动降低关键词出价，这样点击单价自然会下降，通过推广大量低价词，或者高价词出低价的形式来获取更多的流量。

降低点击单价的第二种方式是养分，通过提升推广评分来降低出价。这种降低平均点击单价的好处是商家可以花费更少的金额获得同样的推广位置，从而提升投入产出效果。详情可参考第 104 讲“养分实操”。

除了按指标拆解投入产出比的相关要素，还可以通过调整词品对应关系来提升投入产出效果。不同的词品对应关系所带来的产出也是不同的。在效果产出的过程中，每一个词的效果产出都是独立的，商家可以将效果细分到每一个词的效果，将无效词及时删除或屏蔽，再进一步将词的效果细分到绑定的产品上，通过测试哪一个产品在这个词上表现得更好，来择优长期推广。

直通车的投入产出效果主要受于关键词和产品的影响，此外，其他的变量和投入产出比也有一定关系。在直通车的众多推广工具中，平台都提供了人群溢价和国家溢价的功能，同样的细分道理，在同样的推广状态下，不同国家、不同人群所带来的产出也是有差异的。在调整推广产出时，根据询盘数据和订单数据将主要带来询盘的国家筛选出来，通过分析不同国家的产品偏好有针对性地提升溢价，从而提升直通车的产出效果。

在调整直通车产出效果时，人群可以择优溢价、国家可以择优溢价、时间可以分时推广、词品选择和词品对应关系更是可以灵活设置，可以形成千百种状态。通过单一维度的测试择优和多维度的择优合一，利用直通车设置的技术手段，可以有效改变产出的状态，提升店铺的投入产出比。

第 108 讲　直通车优化的细化指标

上一讲讲到了优化直通车的投入产出比，那么第二个要优化的就是各种细化指标。其实这两者之间也有很多的关联，甚至可以说完全就是一回事，都是为了提升直通车的推广效率和效果。

与直通车相关的核心指标主要有曝光量、点击量、点击率、平均点击花费、推广评分和询盘效果。

1. 曝光量

先说曝光量，影响直通车曝光量的因素有 3 个。首先是推广关键词的数量，推广关键词的数量越多，理论上其曝光量求和的值也就越大。另外两个影响曝光的因素影响着单个词的曝光获取，分别为词的热度和排名出价。单个词的曝光不足时，首先需要考虑的就是这个词有没有热度。如果是热词，那么就是出价的问题。如果词也热，出价也高，但依旧没有展现，这种情况通常是系统对直通车计划识别出现了问题。商家可以通过更换计划，大范围地调整推广关键词和推广产品的形式来让直通车重新识别计划，或者联系客服来排查原因，判断是直通车冷启动的问题，还是系统故障的问题。

2. 点击量

影响点击量的首要因素是曝光量，没有曝光量的基础，点击量也就不复存在。除了曝光量，第二个影响点击量的因素是买家搜索了哪些词，不同词所对应的购物意图也是不一样的，广泛词所代表的购物意图通常会弱一些。第三个影响点击的因素是点击率，买家看到了什么内容、做出了哪些行为，主要是由产品的视觉呈现所决定的。如果某一种视觉呈现十分舒适，大量的买家都喜欢，也就是点击率高，在同样的展现量下，所带来的点击量也自然会更多。

3. 点击率

点击率与点击量是同时产生的，反映的是产品对曝光的转化能力，主要影响因素是产品的主图、名称、价格、起订量和历史交易数据（包括其他买家评价）。在同样的展现量下，产品的视觉呈现越吸引人越能够吸引买家点击，点击率也就越高。当点击率低下时，分析手段同点击量一样，先看是否有大量的虚曝光，其次看词的性质，有些词所带来的曝光就是比较虚的，最后通过主图、价格、买家评价等依次对比排查问题。

4. 平均点击花费

平均点击花费受推广的词和单个词的花费的影响。当平均点击花费太高时，同样的预算所带来的点击量就会较少，不利于效果的转化。分析平均点击花费时，首先看哪些词的花费比较多、比较贵，根据预算适当调低这些词的数量和出价。

另外就是看具体的哪一个词相对排名前五的出价较高，过高的出价也会导致平均点击花费上涨。对于广泛词来说，在部分时段和部分国家，出底价进行引流即可。2 星及以下的推广评分也要及时优化为 3 星及以上的推广评分，推广评分也是影响点击扣费的重要指标。

5. 推广评分

推广评分直接影响着产品的推广和点击扣费，主要由四大维度构成，即整体的账户推广评分、类目相关性、文本相关性和买家喜好度。详细优化推广评分的方法，可参考第 103 讲“养分的目的和逻辑”及第 104 讲“养分实操”相关内容，这里不再赘述。

6. 询盘效果

询盘效果是商家追求的最终目的。一个产品的表现好不好，能否带来询盘和

TM 咨询，主要取决于买家的行为表现。买家通过搜索关键词可以看到一些搜索结果，但商家无法干预数据，只能从搜索结果中对自己的视觉呈现做优化，做好主图、价格、详情、评价等模块的把控。

在直通车中影响询盘效果的因素为推广关键词、推广产品和词品对应关系。通常在首次设置时，直通车的效果往往不理想，需要在多次测试和调整之后，才能找到一些合适的推广形态设置。直通车在这方面的技术表现为对词品的主观评判和对产出效果的数据调整。

以上为直通车操作的几个重点指标，在推广时可对其做有目的的分析和调整。

第 109 讲　直通车的几大数据报表

1．基础报告

在基础报告中，商家可以查看搜索推广和推荐推广的数据报表，其中都包含了两个选项可以选择：计划报告和产品报告。商家可以通过控件的选择，查看各报告详细的数据表现。基础报告中展现了直通车推广的整体概况，如曝光量、点击量、点击率和花费情况，商家可利用排序功能看各个指标的分布表现，以便了解推广效果的具体数据结构。

基础报告反映的是直通车整体的花费数据和效果数据，也就是花了多少钱买了多少流量。在产品报告中，系统也为商家提供了所推广产品的效果数据，商家同样可以按各个指标降序排序来了解产品的详细效果结构。产品报告是商家了解店铺推广效果的概况性报告。

2．流量报告

流量报告是了解整体概况之后要了解的一个报告，将店铺的整体数据细分到了词。在流量报告中，商家可以查看词报告、定向报告、小时报告和地域报告，其中小时报告和地域报告需要达到直通车 LV4 以上才可查看。

在流量报告中，商家既可以在关键词报告中查看自己主观设置的关键词效果数据，也可以在搜索词报告中查看系统智能推广的关键词效果数据，从主观设置和系统设置两个维度来了解店铺的推广效果。分开的数据报表也为单独调整关键词推广和智能推广提供了单独的决策依据。

除了词的数据维度，平台还提供了地域维度、人群维度、时间维度的数据报表，商家可以从多维度来感知店铺的推广状态。实际上，直通车的本质就是花钱买流量，流量报告可以清晰地让商家知道其所购买流量的一些具体特征，为后续直通车优化提供数据依据。

3. 定制营销报告

定制营销报告属于参加了特定的活动才有的报告，所显示的是特定活动场景的效果报告，包含具体产品的曝光量、点击量等，用来衡量活动推广效果。定制营销报告的使用频率通常不高，不是商家运营重点关注的内容。

在直通车的几个数据报表中，常用的有基础报告和流量报告。一个是从整体上反应直通车的推广概况；另一个是从细分角度来描述商家所购买流量的具体特征，便于商家从多指标、多维度了解店铺推广的健康程度。

第 110 讲　报表中主要查看的地方

1. 花费情况

商家可以从基础报告中了解店铺的花费情况。比如，每天的消耗和平均每天的消耗是多少（商家不需要记住太具体的数据，只需要了解一个大概值）、平均点击花费是多少，以及推广时长是不是 24 小时、预算每天能支撑的时间。

2. 效果状况

商家还可以从基础报告中了解曝光和点击情况。比如，每天能获得的曝光量和点击量分别是多少，引入的这些流量是否可以产生质变，从而切实影响店铺的运营效果；每天所购买的流量是零星的、难以改变店铺状态的，还是有一定数据量足以表现效果和给商家数据反馈的，从而对店铺付费引流的大小规模有一个评判。

3. 整体趋势

商家可以通过查看整体的趋势是变好的还是变坏的，是否花了更多的钱，带来的点击反而更少，或者调整过出价之后，同样的花费是否带来了更多的点击，从而对店铺付费推广的发展趋势进行监控。一般情况下，商家看到的都是平稳的趋势。

4．流量集中的产品

在产品报告中，按点击降序排序，商家可以查看流量集中的产品是否为店铺主推产品、付费流量的分布是均匀的还是过度集中的、流量集中的产品询盘表现如何等。这些都是分析直通车付费效果的核心内容，如果流量集中的产品长期无法带来询盘，要及时考虑更换，防止预算过度浪费。

5．流量集中的词

在流量报告中，对词报告的点击量降序排序，观察流量集中的词是否为商家主观想推的词，以及付费带来的点击量分布是否合理，是过度均匀的还是过度集中的。流量集中的词如果效果表现一般，无法带来咨询和订单，也要及时调整或更换，毕竟对于直通车来说，每一个点击都代表着一笔费用支出，对于长期的无回报的支出要进行止损动作。

除了按点击排序，商家还可按曝光排序，挖掘曝光能力强的词有哪些，是否存在过度的虚曝光在影响着店铺的整体数据表现。对高曝光低点击的词，也要考虑调整词品对应关系。

6．花费集中的词

在词报告中，对花费降序排序，商家可以快速定位到影响消耗的主要关键词。通过观察这些关键词的花费，可以及时挖掘出不精准和产出效果一般的关键词，及时进行屏蔽止损，从而省出预算匀给更多的词做曝光测试。在分析广告花费效果时，还要查看广告的花费是否均匀，是否过度集中在个别词上，从而影响其他词流量的获取。个别精准词占据大部分预算是正常且合理的，但如果预算长期被几个词全部占据致使其他词得不到预算，那么这些词就没有推广的意义了，最好是有一小部分预算能够匀给更多的词做动态调整。

7．单次点击花费较贵的词

商家操作直通车时，由于推广的词较多，所以经常会有些高价词产生了大量花费而没有注意到情况。这类高价词产生点击时会消耗过多的预算，从而让直通车整体所能购买的流量减少。按照平均点击单价降序排序，可以及时发现这类问题，对高价词做调整和处理，可避免其长期浪费预算，及时止损。

8．细节趋势

词品趋势也是商家应该关注的，特别是重点词品的趋势。要及时发现有哪些核心词品的曝光、点击等效果数据是在逐渐变好或下滑的，避免原本有效果的词品数据逐渐下滑，等到出现严重问题时才发觉。当核心词品的效果趋势出现波动时，要及时排查原因，是由出价问题导致的还是由外界因素导致的，根据这些词的词性和产品数据效果来做调整。比如，某一个精准关键词或询盘量较多的产品的点击量持续走低，是否可以通过提价的形式来稳定它的效果？商家可根据实际情况来做调整。

9. 询盘产出

询盘产出是商家最应该关注的地方，但由于其不是直通车报表中能直接反映出的，所以在分析直通车报表时通常不分析它。但商家依旧可以对照后台“数据分析”板块中的产品分析数据，同时直通车推广数据来对照产品效果进行分析、调整。这样对关键词推广工具的设置调整更为便捷，商家可直接根据产品的数据表现，调整其推广关键词和出价，对表现不好的词品及时调整、止损，将预算匀给其他词品进行效果测试和择优。

商家在查看和分析直通车报表时，要善用报表中的筛选字段进行数据的筛选和排序，这样有助于分析和调整。

第111讲　直通车效率诊断

商家在使用直通车时，需要对直通车的推广效率有一个认知和评判。直通车的推广效率大体体现在两个方面。一个是直通车的流量够不够用，一个是直通车的产出效果是不是够好。如果这两点都做得不错，那么商家使用直通车的推广效率就算较为优秀的。

1. 流量够不够用

在评判流量够不够时，可以参考两个方面，一个是发展阶段，一个是数据量大小。在刚起步阶段或推广新品阶段，正好是需要为其注入流量的时机，如果因为日限额的原因，直通车平均每天可以给店铺带来四五个点击，随机分布到四五个关键词上，那么这种推广效率对于广告层面来说就是不划算的。因为店铺日常每天的点击量是变化的，随时可能多几个或少几个点击。当开通了直通车之后，点击效果依旧维持在原来的水平，那么每天这样的消耗就是浪费的，虽然是少量浪费，但长期来说也是一笔不小的费用。

如果直通车每天能够引入十几个或二十几个点击，并且这些点击能够集中在少数的产品和关键词上，对于单个产品的测试和打造来说，就可以产生质的变化。在充足的数据量下看各指标的表现、评估产品的真实效果，能够有效地实现阶段性运营目的。

直通车流量主要是由日限额和平均点击花费决定的。商家在调整点击量的问题时，可以从这两个方面入手思考。在必要的阶段，有必要提升日限额来短期内为产品注入一波流量，当目的达成之后，再调整回去。

在日常引流的过程中，为了让直通车每天能带来一定规模的流量，商家也需要适时地调整关键词和出价，尽可能地让日点击量维持在十几个到二十几个之间，当然越多越好。如果每天只有三五个点击，点击又较为分散，那么直通车的作用会大打折扣。因为在运营过程中，很多数据都是依据概率来产生的。没有一定的量级支撑，概率问题很难掌握和把控。

2. 产出够不够高

评判直通车的推广效率的第二个点在于投入产出比，在第 106 讲“是什么在影响直通车的投入产出比”中提到了影响投入产出比的要素和一些优化投入产出比的方法，从 4 个影响投入产出比的指标和词品对应关系的设置上入手调整。

直通车的核心效果也在于词品设置，即通过哪些词为哪些产品买来流量，与自然搜索买家搜索哪些词看到哪些产品是一一对应的，从买家和卖家的双重角度去思考词品对应关系的设置，从而提升直通车的产出效果。当然，实际效果一定在经过市场检验之后才能知晓，在这之前，商家能做的就是通过行业经验、运营知识等来主观预设，尽可能地减小失败的概率。当实际效果与商家主观预想不符时，也只能依据实际数据做优化或舍弃调整。

优化直通车投入产出比的方式有 3 种，即从公式指标入手、从词品对应关系入手、从直通车操作控件入手，本篇都有介绍。直通车的推广效率问题经常会被人忽略，甚至大部分人在“开车”时都意识不到这一点，导致直通车长期处于低产出状态，商家需要时刻关注这个问题。

付费引入的流量够不够用、产出效果够不够好既是衡量直通车工作质量的指标，也是帮助商家思考如何更好地利用直通车的指标。

第 112 讲　直通车后台实操思维解析

1. 确认目的

商家在操作直通车的过程中，首先要清楚自己“开车”的目的。漫无目的地“开车”是很难开好的，不知道自己去往哪里，也就无法知道如何才算达标。

直通车常用目的有测图、测款、养分、日常引流、优化投入产出比和塑造爆款等几项，在不同阶段商家“开车”的目的应该是不同的。通常在正式、稳定推广前，商家“开车”的目的主要是测词、测图和测款；在正式、稳定推广时，商家“开车”的目的则变成日常引流和塑造爆款；而在正式、稳定推广的后期，商家又开始追求投入产出比和更好的推广评分。在不同阶段，商家可根据自身规划形成各种目的。

2. 确认工具选择

在确认了推广目的、清楚了解自己当下的行为和决定之后，商家便可以进行直通车的推广操作了。不同推广工具的性质和使用方式可以参考第 100 讲“解读直通车推广方式”。商家应根据自己的目的选择合适的推广工具。例如，测款时选择关键词推广工具或测品测款工具，根据一段时间的表现，根据数据结果进行择优。

3. 确认控件设置

选定好推广工具之后，就要进行各种控件的设置，如日限额的设置、加词加品的设置等。在设置这些控件时，商家也需要依据自身的目的来进行操作，而不是随意地设置一种状态就让它持续推广了。

举一个例子，我们的目的是测图，有 5 张图想测试一下哪张的点击率最好，那么需要给这 5 张图分别注入能够说明效果问题的流量。比如，每张图给 15 个点击，平均一个点击五元，那么一个图所需要的费用就是 15×5=75 元，那么 5 张图所需要的费用就是 5×75=375 元。也就是说，商家要想测出一张点击率相对优秀的图，需要花费 400 元左右。

很多运营人员不喜欢测图这个环节，或者说不清楚测图这个环节的作用。但不要小瞧这个环节，对于大多数商家来说，每天的直通车投入都在为几百元，用这几百元测试出来的结果很容易在短期内就能为商家省出这笔钱。对于直通车长期产出情况不好的商家来说，每天都有大量的预算是浪费的，长此以往便是灾难。而有目的的测试过程，最多就是产生几天的浪费，相比直通车长期产出疲软的账户在总体上节省了许多。

在设置推广控件时，如果想在短期内获得测试结果，那么就要在短期内加大数据量的积累，日限额也要相对提升。设置推广控件的目的是得出测试结论，长期测试和短期测试所需要的能够说明问题的点击量是一样的，只是将原本要花费 10 天的钱规划在 5 天内花完，所拿到的数据量和数据效果也是相近的，只不过是通过付费的形式加大数据量来缩短数据生成的时间。

除了日限额，其他的控件也是一样的。例如，出价要出一个中间价，如果前五的价格不是很贵，那么最好出价到前五，控制好变量的设置。在测图过程中，除了主图这个变量，其他的变量尽量保持不动，以通过控制变量法来观察不同主图下点击率的效果。

商家在设置这些控件时，一定要有一个把控，要清楚地知道控件这样设置之后所发生的效果方向会是什么。比如，出高价就意味着点击单价会上升，店铺总点击量会相对下降。溢价会导致某些国家的实际推广出价提升，主观预设溢价太高会影响数据测试的准确度等。商家在设置每一个控件时，都要经过思考，是应该出高价还是应该出低价，这样设置合适么？操作直通车没有太具体的标准，但是商家要能够预判直通车大致的发展方向。

商家在实际操作直通车时，依据这个思维框架一般不会出错，能清楚地知道自己的目的、选择合适的推广工具、设置合理的推广形态（控件组合方式），并在大的框架下把控直通车的发展方向，实现运营的阶段性目的，这就是操作直通车正确的方式。直通车并不需要商家每天都做调整，稳定引流时，哪怕偶尔不调整也是合理的。前提是运营者要清楚地知道自己在做什么，以及能够把控直通车的产出方向和效果。

第 113 讲　直通车推广设置从 0 到 1 的全过程

本讲主要介绍直通车从 0 到 1 的操作过程，以巩固前面所学知识。在直通车的操作过程中，大体分为以下 8 个步骤。

1. 选择推广方式

（1）关键词推广：适用于各种推广目的。操作灵活，控件组合方式更多，可控性强，操作难度也更大。

（2）定向推广：适用于长期推广和新品测试。系统选词，人工屏蔽不合适的词，留下好的词长期推广，同时可配合关键词推广，作为系统随机选词流量的补充。

（3）爆品助推：适用于爆款打造或主推优秀款。让流量集中推广，系统认为越好的产品越拼命推广。

（4）测品测款：适用于新品测试。流量均匀，轮播推广，通过数据对比择优。

（5）快速引流：适用于新店引流，或用来快速补充一波随机流量。效果可控性较弱，通常用来为新店快速引入流量，或者为了维持直通车 LV4 等级，临时补充曝光量和点击量等指标数据。

2. 加品

推广的第二步是添加推广的产品。不论采用哪一种方式，都需要主动设置推广产品。推广产品也是根据目的来选择的。常选的产品大体有两种，一种是表现优秀的产品，一种是需要测试的产品。具体添加产品的行为由运营人员根据公司发展规划和主观意识决定。

3. 加词

加品之后就要加词，关键词推广要手动加词，其余推广方式都是系统选词，亦可以加入少量自选关键词。使用智能推广系统选词时，商家要注意及时屏蔽无效词和调整出价。

4. 出价

出价是推广过程很重要的一个环节。对于没有数据表现的词，在出价时需要根据词的性质和同行出价来做思考。通常精准词的出价会高一些，也可以使用批量出价的形式来测试一堆词的表现，根据数据表现择优调整。

5. 设置词品对应关系

词品对应关系是影响产出的重要因素，但是具体哪一种词品对应关系的产出是最好的，任何人都无法保证，必须经过市场数据的验证。在设置词品对应关系之前，商家需要做好的就是不要在主观设置上出现错误，如把不合适的词绑定到一个不合适的产品上，这种由于马虎导致的预算浪费是可以避免的。在经过思考的基础上做词品的匹配设置，剩下的事情就是根据数据反馈做调整。

6. 调整出价

当推广了一段时间之后，商家需要根据数据反馈做直通车的调整。调整的方式也很简单，值得花钱的地方就继续花钱，不值得花钱的地方就停止推广或降低花费。那么，什么样的数据值得花钱呢？

（1）有点击且有询盘的产品肯定值得花钱。通常有稳定询盘的产品，随着流量的引入，其所获取到咨询的概率也是很大的，对于这类产品商家应持续推广。对于点击量大但询盘少的产品，即虽然有效果但是投入高、产出低的产品，商家可根据实际的承受力，选择降低花费或停止其推广。

（2）有点击，没询盘，但是停止推广之后，全店的询盘都跟着下降。在这种情况下，要把这个词的点击拉回来试试，看通过这个词引进的流量是否流去了其他产品。直通车产出效果的表现五花八门，但大体都要看点击和询盘的连锁反应（直接反应或者间接反应）。有些明显不对的，或者无法带来询盘的词品要及时修改和调整，然后让数据再跑一段时间，再次依据数据反馈做调整优化，如此循环。

7. 盯盘操作①

直通车推广前期，尤其是测试阶段不稳定的推广时期，商家要时刻关注直通车的数据效果。这个时期盯盘的重要性要高于一切，甚至高于推广的设置。因为推广设置出错，最多就是浪费了几天的预算，而缺少盯盘操作，浪费的则可能是很长一段时间的预算。测试阶段要时刻关注修正方向，严禁中长期不关注或不调整直通车的产出效果，尤其是智能推广的前期阶段。

---

① 盯盘操作：即时刻关注直通车的效果表现。

8．根据数据优化

根据数据优化主要体现在根据数据反馈来对直通车控件变量组合方式的修改上，商家可以通过查看直通车数据报表的形式对直通车效果进行数据分析。另外，关键词调价界面也可作为一个数据报表。在调整词的出价及更换产品时，商家可以同时打开后台产品分析数据页面，参考数据表现做优化。数据优化的核心原则也很简单，那就是对于表现好的地方维持投入，表现不好的地方进行修改、测试。

第 114 讲　直通车推广的注意事项

1．切忌产品没有认真挑选就推广

在直通车推广过程中，不建议一次性加入所有的产品进行推广。在推广前，要先思考哪些产品是应该推广的，哪些产品是不应该推广的，认真挑选之后再去推广。不要一股脑地加入一堆，然后凌乱、无主、漫无目的地推广。

2．切忌产品页面质量不佳就推广

正式推广前，确认好主推产品之后，商家还需要对推广产品进行页面的检查和优化，因为产品“上车”之后是要去转化流量的，好比战士上战车之后是要去打仗的，打仗之前的准备工作要做好。推广前，标题和视觉呈现都应进行仔细的检查和优化，确认没有问题后再去推广。

3．切忌词没有认真挑选就推广

推广关键词也是一样，在推广前也需要认真挑选和出价。不相干的词不要推广，非精准的词不要出高价，确保推广的词都是精准的、合理的。

4．切忌词与产品没有认真匹配

设置推广时，词与产品的匹配是重中之重。在关键词推广时，最好都设置为优先推广，这样对词品对应关系的控制力会强一些，避免发生不合适的对应关系影响预算的消耗效果的情况。

5．切忌出价忽高忽低

商家在出价的时候，要准确、稳定地出价。当准备降低某一个词的出价时，一步到位和缓慢减价都是可以的。但是不要“今天出底价，明天抢前五”，过山车一样地出价。价格直接影响的就是排名竞价，对应的就是曝光量和点击量。要出高就出高，要出低就出低。高高低低的出价对于产品的产出效果分析和发展都不友好。

6. 切忌词开开停停

同出价一样，直通车开开停停对产品的产出效果的分析和发展也是不友好的。要开就好好开，要么就不开。

7. 切忌添加过多的词品，以免负载过重

在添加词品时，不建议添加过多，但由于平台有分数等级的考核，也不能过少。在添加词品时，建议以能拿到分值的数量为主，然后在添加的这些词品中再次划分重点，挑出一些合理的词品去重点推广。当词品太多时，商家的精力便不可能都顾及，而且每一个词对应每一个产品的产出，理论上都是独立的、不同的，商家应该把精力花费到重点的词品上面。在无法确定哪一个词对应哪一个产品的产出就是最好的之前，可通过测试更多的词品来挑选出真正表现较好的组合方式，然后进行长期推广。

8. 切忌直通车数据大范围波动

这一点主要是说日限额不要像“过山车”一样波动。在直通车考核的过程中，有一些指标是随着时间段的推移动态考核的。当日限额高高低低地大范围波动时，其考核的效果也会极不稳定，对直通车整体的账户发展不友好。要开就好好开，要降低预算时也一步到位，波动一下之后继续稳定发展，忽高忽低不利于直通车数据的综合评判。

9. 切忌不参考数据反馈就调整

数据是行为的产物，也是行为的体现。商家在调整直通车时，一定要根据数据量和数据效果做调整。很多时候人的感知是不准确的，当数据量不够时，不要轻易对产品效果下结论。如果主观上认为产品后期的发展肯定不会好，那么调整是可以的，不然还是建议等积累到一定数据量时再做调整。这一过程可能会花费少量的预算，目的是得到更合理的数据反馈。否则，在没有数据量之前，任何人无法评价具体的好坏，数据量越大，评价就越准确、稳定。

第 115 讲　直通车常见玩法 1——测款

1. 为什么要测款

测款是为了验证某款产品的表现到底好不好，或者是为了在多款产品中选出一款相对优秀的产品来长期推广。在测试的过程中，商家需要为准备测试的产品注入一些流量，最好是可控的流量，来观察其效果表现。这时，直通车作为可控性较强的引流利器往往会被大家选中。直通车在测款的过程中，也确实可以起到方便、快捷的作用。

2. 测款的逻辑

测款是为了验证一款产品的表现好不好，或者是为了选出一款优秀的产品。那么什么样的数据表现才算合格呢？测款的逻辑、步骤是怎样的呢？首先是判断一款产品的表现好不好，在这个过程中我们所需要看的指标有 6 个：点击量、点击率、询盘量、转化率、比价数和停留时长。至于产品的表现好坏，这个没有具体的标准，完全看运营人员的评判。既可对比行业均值来判断，也可以围绕大众说法：1000:10:1 的比例去衡量产品的表现。

选款的逻辑顺序是通过控制变量法来选出最优的那款产品，也就是为这些产品注入高度类似的流量，来看其表现。在实际测试的过程中，我们不可能做到完全一样，但是可以做到尽可能的类似。在直通车设置的变量组合中，可以保持变量的设置不改变，只更改推广产品的设置从而减少测试结果的偏差，通过只改变唯一变量的形式看此变量对最终效果的影响。

3. 测款的过程

当了解了测款逻辑，接下来就要做规划：要花多少钱、要测多少款产品。比如，我们准备测试 5 款产品（最好是同细分品类），每款产品所对应的点击单价为 8 元，为了让每款产品积累的数据有一定说服力，我们设定为每款产品准备 20 个点击，那么预算就是 5×20×8=800 元，也就是说我们需要 800 元的预算来选出一款较为优秀的产品。假设要测试的那款产品平均每天累计得到 10 个点击，那么测试时间就是 10 天。

计划好之后，则要建立计划。以关键词推广为例，选出 10 个左右的精准词，如果是细分品类，则多推一，共用一组词，先后进行测试。如果不是细分品类，要测试哪一品类更好卖，则分别选出一组词，可同时进行测试。在测款的过程中，关键词可单独建立一个组，便于观察数据和执行操作。推广方式一定要选择优先推广，单独绑定要测试的产品。出价尽可能出价到前五，如果前五较贵，可适当降低出价，目的是快速地拿到数据。

在测款的过程中，全天候推广，时间、国家溢价、人群溢价等最好不做设置，或者统一设置。日限额在测款的过程中可适当提升，如果不做提升，积累数据的时间可能相对较长。这样的设置方式，除了产品不一样，其他的变量基本设置成完全一致的。也就是说，我们可通过单一的变量变化来看总效果的变化，从而在诸多产品的表现中择优选取，用来长期推广。

4. 测款的评判标准

随着测款的进行，我们控制好每一个产品的点击量达到一个标准就更换下一个产品。测款结束之后，我们可以得到几组数据。在这几组数据中，不仅询盘、咨询的表现会不同，曝光水平也会不同，所以有多个指标可以衡量产品的好坏。通常来说，在相同点击量下，点击率越高的产品的潜力越大，转化率越高的产品的潜力越大。如果点击和转化表现都不错，那么该产品可作为爆品培养。

5. 测款之后

测款之后，我们要考虑对数据表现优秀的产品进行长期推广。在推广前，还需要根据数据表现进行优化，提升产品内功和优化标题的用词等。在打造好产品视觉呈现之后，再加大推广的力度，通过放大数据带来更多的效果。同时，测款之后的数据也为每一个产品存在哪些问题提供了一些指导意义，点击率不行的优化点击率，转化率不行的优化转化率。

测款的过程主要是通过控制变量的形式来选择出一款或多款表现较为优秀的产品。因为直通车推广的过程是长期进行的，一款好产品能带来的效果也是长期的。有目的、有方向地调整测款过程中的“开车”动作，可以得出一个实战结论，但没有任何人可以确定哪款产品的表现就一定怎样，即便是通过丰富的行业经验选出的产品，也只是加大了成功的概率，还是需要经过市场验证之后才能大力推广。

为了提升测款的成功概率，最好同时测试多款产品，这样也利于优秀产品的挖掘与选取，为长期推广做准备。

第 116 讲　直通车常见玩法 2——测图

1. 为什么要测图

测图是为了验证一张图的点击率（图片对曝光的转化能力）是否优秀，或者是为了在多张图片中选出点击率较为优秀的那一个。一张高点击率的图片不仅能够转化大量的点击，同时对于直通车推广评分的提升也有很大的帮助，可以有效提升直通车的推广评分、降低单次点击的成本。

2. 测图的逻辑

测图的逻辑和测款的逻辑基本一致，都是通过控制变量法来测试单一变量对最终效果的影响。商家在测图时中最好同时准备多张图片，这样测试出来的结果会更好。准备的图片差异要较为明显，如果都是高度雷同的图片那么就没有测图的意义了。

测图主要是测图片中的哪些东西，或者说图片中的哪些东西在影响着买家的感知？其实影响点击率的主要因素在于买家看到了什么，这一点是较为重要的。

图片的差异性主要体现在色调、卖点、角度、和排版的区别上。因为阿里国际站的主图中少有文字所以也就排除了文案上的差异（当然也是可以尝试的）。商家应遵从平台的要求，尽可能地保证图片简单、干净。色彩对于人的吸引力是比较强的，在买家浏览众多产品的过程中，好看的图片自然是吸引人的，商家可通过色彩的运用角度进行多次测试。

卖点、角度、排版也都是吸引点击的因素。商家在设计主图时，应尽量符合第 2 讲“主图策划”中提到的一些要求。角度和排版是一个“大学问”，有兴趣的商家可以自学一些设计方面的知识，这对运营也是很有帮助的。视觉向来都是运营中核心的一部分，从不同的角度、用不同的排版所设计出的图片具有很大的差异，其对应的点击率通常也有很大的差异。

3. 测图的过程

对于测图的过程，商家也需要做一个规划。当商家准备好了几张图片，准备测试哪一张的点击率更为优秀时，需要做一个规划草案。比如，要测试 5 张主图，平均每张主图要积累 20 个点击，平均一个点击要花费 5 元，那么测图工作的预算就是 5×20×5=500 元。对于这 500 元，商家既可以在一周内花完，也可以在两周内花完，所实现的目的和数据量是基本一样的。

在测图的过程中，设置控件的组合方式和测款工作的设置基本相同。选择 10 个左右的精准词，制定一个能够拿到流量的价位，如果达到前五名点击量的花费不高，那么最好将出价定为能获得前五名点击量的价位。产品固定为同一款产品，设置为优先推广，溢价最好也不要设置，如果非要设置则设置为相同，只替换首图，其余变量都不要改动。

当每一张主图积攒够 20 个点击时，就更换主图，继续推广。如此反复，当全部主图测试完毕之后，商家能够得到几组数据，每一组都包含曝光量和点击量数据。在评价图片的过程中，商家需要重点考察点击率这个指标。

4. 测图的评判标准

在相同的点击量下，点击率越高说明图片对曝光的转化能力越好，因为我们将所有的变量都固定了，只有图片是更换的，所测试的结果也具有一定的说服力。在选出了一张高点击率的图片之后，剩下要做的就是长期推广了，商家可以围绕高点击率的图片的特征设计出更多类似的主图，用于产品的发布和优化。

在测图、测款的过程中，商家可以根据自身的情况做一些小的调整，在规划上并不一定要和本书中的操作一模一样，更精细一点或更粗糙一点都是可以的。但是有一点必须是一样的，那就是要通过控制变量法来测试单一变量对最终效果的影响。另外一点需要注意的是，分析问题所需的数据量必须是能够说明问题的。在运营人员觉得当前数据量已经可以说明问题时，测试积累的数据量之间有些差异也是允许的，因为最终目的都是一样的，那就是通过科学、合理的测试方法，选出一款优秀的产品或一张优秀的图来长期使用。

第117讲　直通车常见玩法3——辅助搜索

1. 直通车为什么可以辅助搜索

直通车的本质作用，就是让我们的产品有更多的排名展现，有了展现，就会有相应的点击和转化行为，从而在产品上形成一整套买家喜好数据。由于直通车和自然排名共用搜索渠道，同为搜索行为，所以系统在衡量权重的时候是会互相参考的，并且很多数据指标是直接作用在产品上的。如果产品的表现不错，这些不断积累的优质数据可以使产品的权重逐渐增加，排名也逐渐提升，从而获取更多的流量，形成良性循环。

2. 直通车辅助搜索的前提

直通车辅助搜索的前提是这个产品本身的表现就较为不错。产品好，则数据越积累越好；产品差，则效果难理想，竞争力越来越小。直通车可以加快好产品的数据积累速度，使其快速获得权重，并在权重赛马中获取更高的数据量级，从而提升自然搜索流量的规模。当然，前提是这个产品的数据表现能够赛过同行，如果产品本身不行，直通车也难以带动自然流量的增长。直通车的作用更多在于“加速剂”，只能加速数据的积累，而不能从本质上改变产品自身的数据表现。总之，只有数据表现好的产品，直通车才能辅助其自然搜索数据的成长；反之，会加速非优秀数据的积累，不利于产品的成长。

3. 直通车辅助搜索的过程

直通车辅助自然搜索，首先需要选出一些优质的词。这些词的热度要高，要有一定的搜索规模，并且与产品的匹配度要高，最好竞争度不要太大，这样便于获得更多优质词的流量。其次是看产品的表现、点击率、转化率和收藏量，只有数据表现好的产品才有可能带来更高的自然搜索权重。

（1）确定词。

通过测词或根据历史数据选择出一些表现优秀的关键词，或者根据表现优秀的产品圈选一些关键词，用于直通车重点推广。不同时期，可重点推广不同类型的关键词，前期的效果表现要比流量规模重要很多。在追求流量规模之前，先稳定流量的转化效果。

（2）确定款。

通过测款或根据历史数据表现选出几款优秀的产品，即点击率、转化率都还不错的产品，确保这些产品在直通车推广后能够持续承接住流量并产出一套优秀的产品数据。

（3）做优化。

当找到了一些表现优秀的词或产品之后，为了能够让数据放大之后依旧可以产生不错的效果，通常需要商家在大力推广前再做一次检查和优化，分别从词的性质、词品对应关系和产品页面质量上入手检查和优化。词本身要与产品完全吻合，最好是 2～3 星的词（有一到两个属性限制的词）。产品本身的页面内容、页面详情和主图要确认处于一个比较优秀的状态。尤其是图片内容的表达，需要做利益点的塑造和需求的关联，在原本就表现不错的情况下做到精益求精。

（4）加大推广力度。

当一款优秀的产品表现不错时，也就是对曝光有着超强的点击转化能力和咨询转化能力时，商家要做的就是加大它的产出效果，为其注入更多的流量。商家可适当加大推广预算让这些产品、这些词的各种率指标和各类量指标表现得较为优秀。当基于优秀词、优秀产品产生大量优秀的买家喜好数据时，这些词品下的数据被搜索引擎拾取，经过一系列的权重算法，这些词品就可以获得更高的词权重和品权重，提升综合自然权重。

（5）减小推广力度。

当产品获得更大规模的流量之后，商家可关注自然曝光和排名的变化。通常，产品流量规模较大，并且数据表现较为优秀时，其在权重赛马时的排名是会持续升高的。当产品的排名表现变好，稳定一段时间后，商家便可慢慢地降低预算，观察效果的波动。如果能稳定住，可多次缓缓地阶梯性降低预算，以使得自然流量规模能够稳定住。如果自然流量规模无法稳定住，通常是因为数据表现不足以支撑它的实际权重，还需要继续优化或扶持。

通过直通车辅助搜索时，并不是每一次的搜索辅助都可以稳定住较高的自然流量规模，通常会随着直通车投入的减少而减少，最后稳定在一个它本应该存在的位置。这个过程需要直通车送它一程，辅助产品自然流量的成长。但有一点是对的，那就是优秀的数据被放大之后，所产生的权重是实实在在的，与自然搜索的权重是相辅相成的。

第118讲　直通车常见玩法4——打配合

直通车作为引流利器，是商家运营过程中得心应手的引流工具。流量对于运营的重要性不言而喻。在运营的诸多阶段、诸多场景中，都是需要一波流量来让运营进程继续的。直通车就是带来这一波流量最好用且最便利的利器，可配合运营的多种目的、多种阶段和场景来注入流量，让运营进程得以顺利推进。

1. 配合活动

不论是商家自己举办的活动，还是参与平台报名的活动，都需要预热和带动销量。预热和带动销量则需要一波流量的支持，商家不可能面向空气预热，这个时候直通车可以为商家带来一波潜在新客的流量进行预热推广。在活动进行的过程中，由于活动本身带有一定的促销（打折、降价等利益）属性，所引来的流量也容易加大转化率，进而带动活动的促销效果。

2. 配合上新

在产品上新初期，由于没有任何的数据支撑，系统依据标题的相关性来随机选择关键词进行展现。随机展现的劣势就是展现的词不一定精准，并且由于初期展现的量级较小，很多词都是零星地展现，其效果产生的随机性就越大，不利于产品的自然生长。在产品上新阶段，直通车不仅能为产品带来一波初始流量，促进产品的曝光和数据表现，还能依靠直通车主观选词的特性选择一些精准的二三星词来进行推广。这既有利于整体词的转化率表现，也利于产品上新初期的权重赛马。

3. 配合类目特征

对于热门类目来说，由于行业的原因，有些类目会具备大量的关键词，并且大多数关键词都是有一定热度的。对于这种类目，商家可以选择低价引流的形式，也就是只推广低价词或高价词出低价的形式，因为低价词的数量够多，热度也足以支撑流量的获取，全部购买低价词可以在同样的预算下引入更多的点击和访客。女装、户外等类目极为适合这种引流方式。当然，低价引流只适合类目下关键词数量特别多且平均热度也较高的类目，特别是类目下产品之间有很强的关联销售关系，能够加深流量的转化价值，并不适合所有类目，且对于大部分类目都是不适合的。

4. 配合打造爆款

打造爆款是电商人热衷的一种技能。直通车是可以打造爆款的，前提是这款产品具备成为爆款的一些潜质，也就是这个产品的热度足够高，且表现也较好。利用直通车快速放大它的流量规模，以求通过优秀的数据表现稳定在较高的流量规模下。同辅助搜索一样，直通车可以起到加速器的作用，顺应搜索引擎的工作原理来快速提升权重。当所推广的产品的数据表现不是很惊喜，但也算得上优秀时，商家也可以通过多词推一品的形式，持续为该产品注入更多的流量，达到锦上添花的产出效果。

5. 配合常见运营目的

在日常运营的过程，会遇到很多无法确定的事情，如推广哪个词、哪个产品的效果会更好等。这个时候就需要一波流量来验证哪一个产品的实际表现会更好。直通车在这个时候是首选的引流工具，不仅因为其可以快速带来流量，也因为其同为搜索工具，引流方式和自然搜索行为完全一致，所产出数据的参考价值也更大，是配合完成测品测款等常见运营目的的首选工具。

除此之外，凡是涉及需要流量的场景，都可以考虑利用直通车来帮助商家推进工作进程。同时，直通车多种推广工具的选择和多种控件的组合方式也完全由商家自由掌控，所能产出的效果方向可控性也较强，是配合商家实现运营目的、做好运营工作的得手利器。